언박싱
코로나

코로나가 드러낸 한국의 민낯

UNBOXING
COVID-19

언박싱
코로나

연세대학교 디지털사회과학센터 지음

백신

거리두기

민주주의

양극화

멀티
버스

페이퍼로드
paperroad

| 목차 |

1장 팬데믹 속 전쟁의 언어와 민주주의의 위기

김정연(연세대학교 디지털사회과학센터 연구교수)

2장 가짜뉴스와 팬데믹의 "디지털 결혼"

이병재(연세대학교 디지털사회과학센터 연구교수)

3장 백신 거부와 과학의 정치화

송정민(연세대학교 디지털사회과학센터 연구교수)

메타버스와 미래의 정치 참여

김범수(연세대학교 디지털사회과학센터 연구교수)

5장

피할 수 없다면 누리자!
코로나-19로 인한 고령층의 일상 변화와 적응

오주현(연세대학교 사회발전연구소 연구교수)

6장

흩어지면 살고, 뭉치면 죽는다?
- 거리 두기와 마음의 건강

임정재(한국형사·법무정책연구원 부연구위원)

7장 코로나-19로 앞당겨진 노동의 미래

손연우 (연세대학교 사회과학연구소 전임연구원)

8장 온택트 시대의 경제 양극화

이나경 (서울여자대학교 경제학과 교수)

9장

나도 살고 지구도 살 수 있을까
– 팬데믹 한가운데서 친환경을 외치다

김민정(연세대학교 정치외교학과 강사)

『언박싱 코로나』는 2022년 1월부터 매달 한 번씩 세 시간 넘게 진행된 연세대학교 디지털사회과학센터 자체 세미나에서의 치열한 토론과 소통의 결과물로서, 모두가 말하고 있지만 여전히 제대로 이해하고 있지 못한 코로나-19가 만들어낸 변화상을 알기 쉽게 풀어내고자 하였다. 이 책의 가장 눈에 띄는 특징은 코로나-19 이후 사회의 다양한 영역에서 나타난 변화들을 공백 없이 포착하고 있다는 점이다. 『언박싱 코로나』는 디지털사회과학센터가 그동안 중점으로 연구해 온 정치, 선거, 커뮤니케이션 분야뿐만 아니라 경제, 사회, 복지, 노동, 심리, 환경에 이르기까지 각 분야의 전문가들이 참여하여 코로나-19가 만들어낸 전 지구적이고 복합적인 변화상을 분석한다.

『언박싱 코로나』에는 우리의 실패한 대응에 대한 반성과 고민이 담겨 있다. 전혀 예측하지 못했던 바이러스의 급격한 확산 앞에서 인류는 성공적으로 대응하지 못했고 잃지 않아야 할 수많은 생명들을 잃었으며, 이에 더해 겪지 않아도 될 사회적 혼란을 경험하고 있다. 어떤 국가들에서는 백신에 대한 가짜뉴스의 확산 속에 제때 백신을 접종받지 못한 고위험군 환자들이 생명을 잃었고, 또 어떤 국가에서는 사회적 비용을 고려하지 않은 무조건적인 통제 속에 사회적 약자들이 보호받지 못한 채 방치되기도 하였다. 『언박싱 코로나』는 한국뿐만 아니라 해외의 사례를 함께 분석하여 국가의 제도적, 문화적 맥락에 따라서 코로나-19에 대한 대응이 어떻게 달라졌으며, 그 결과는 어떠하였는지 살펴본다.

그러나 『언박싱 코로나』에 우리의 실패와 좌절의 이야기만 담겨 있는 것은 아니다. 코로나-19는 팬데믹 이전의 우리 사회, 즉 '뉴 노멀(New Normal)' 이전의 '노멀(Normal)'이 갖고 있었던 여러 한계점들을 수면 위로 꺼내주었고, 이는 사회의 구시대적인 제도들을 새롭게 개선할 수 있는 기회를 제공하였다. 또한 이미 팬데믹 이전부터 빠르게 진행되고 있었던 4차 산업혁명의 흐름은 코로나-19의 확산과 함께 구체화되고 현실화되어 언택트(Untact)라는 새로운 생활 양식의 발전으로 이어지고 있다. 특히 메타버스 등 새로운 디지털 기술의 도입은 정치 참여 등 사회의 각 분야로 확산되어 보다 생생한 시민들 간의 의사소통과 정치 참여를 가능케 하고 있다. 급격한 사회적 변화의 흐름 속에서 불안함을 느끼고 있는 사회의 구성원들에게, 이 책은 불안감을 넘어 성공적으로 적응할 수 있는 전략을 함께 제시한다.

이 책은 학계의 연구자들뿐만 아니라 관련한 배경 지식이 없는 일반 독자들과 학생들도 편하게 읽을 수 있는 대중 교양서의 형태로 집필되었다. 저자들은 코로나-19 이후의 거시적인 변화에 대한 이론적 설명에 더해, 우리의 일상 속에서 많이 볼 수 있었던 구체적인 경험과 사례들을 중심으로 이야기를 펼쳐나간다. 이 책은 세대를 가리지 않고 모두가 공감할 수 있는 이야기들을 담고 있는데, 예를 들어 장기화된 사회적 거리 두기가 어떻게 노인층들의 일상을 바꾸고 트로트 열풍으로 이어졌는지를 다루는 한편, 일자리를 잃고 플랫폼 노동이라는 새로운 노동의 형태를 적극적으로 받아들이고 있는 젊은 층의 이야기도 담고 있다.

이 책을 통해 보다 많은 사람들이 코로나-19의 영향력을 보다 폭넓게 이해하고, 더 나은 우리의 미래를 위해 고민할 수 있기를 기대한다. 이 책은 2020년 대한민국 교육부와 한국연구재단의 지원을 받아 수행된 연구(NRF-2020S1A5C2A03093177)의 결과물이다. 이 책의 집필을 위해 기꺼이 매달 시간을 내어 세미나에 참여하고 귀한 원고를 작성해 주신 저자들에게 감사드리고, 이 책의 출판에 선뜻 동의해 주시고, 좋은 책을 출판하기 위해 노력해 준 출판사 페이퍼로드의 최용범 대표께도 고마운 마음을 전하고 싶다. 또한 책의 기획 단계에서부터 저자들과 활발하게 교류하면서 원고 내용을 조율하고 교정해 준 송정민 박사와 책의 발간 작업을 도와준 함지현, 박제연, 이지연 조교에게도 고마움을 전한다.

2023년 2월
연세대학교 디지털사회과학센터장
조화순

팬데믹과 사회정치적 변화

조화순(연세대학교 정치외교학과 교수)

2020년 1월 한국에서 최초의 코로나-19 확진자가 확인된 이후 팬데믹은 무려 3년이라는 시간 동안 우리의 일상에 심대한 영향을 미쳐왔다. 일상적인 삶이 극히 제한되는 상황 속에서 델타, 오미크론, 스텔스, 델타크론과 같은 변이 바이러스들이 다시 유행하고 텅 빈 공항과 거리가 팬데믹의 세계적인 유행을 실감하게 했다. 팬데믹이 유행하기 전의 삶이 무엇인지 쉽게 떠올리기 어려울 만큼 코로나-19가 우리의 삶 구석구석에 미친 영향력을 부인하기는 어려울 것이다. 죽음의 공포는 사람들의 행동 방식에 다양한 영향을 미쳤고, 이는 사회적 소통과 일하는 방식, 교육 제도 등 다양한 부분에 많은 변화를 가져왔다. 일상의 변화들은 정치, 경제, 사회 영역에서 새로운 방식과 변화를 요구했고, 혹자는 우리가 새로운 현실을 보통의 일상으로 받아들여야 한다고 주장했다. 코로나-19 이후 변화한 세계는 이제 '뉴 노멀'이며, 우리는 여기에 적응해야 한다는 것이다.

한편 코로나-19 이후의 상황이 과연 뉴 노멀인지에 대한 문제 제기도 만만치 않다. 코로나-19가 표면적으로 많은 것을 바꾼 것 같아도 전체적으로, 또는 적어도 특정한 영역에서는 실제로 의미 있는 변화를 만들어내지 못했다는 것이다. 2022년 방역 상황이 안정기에 접어들게 되면서 고요했던 거리는 다시 밤늦게까지 사람들로 북적이고, 무관중으로 진행되던 야구장과 축구장에는 흥겨운 응원가와 함성이 돌아왔으며, 랜선으로만 진행되던 대학가의 수업과 축제들도 예전처럼 대면으로 열리고 있다. 생각해 보면 우리의 행동이나 사회 제도는 쉽게 변하지 않는다. 역사를 거시적인 흐름으로 보았을 때, 2~3년의 팬데믹 기간은 인류 전체의 삶의 방식을 바꿀 만한 거대한 변화가 일어나는 시기로 보기 어려울 수 있다. 그래서 『파이낸셜 타임스(Financial Times)』의 저널리스트 자난 가네시(Janan Ganesh)는 코로나-19가 바꾸어놓지 못한 정치 풍경들을 제시하면서 팬데믹 사태를 '정치적인 비사건(political non-event)'이라고 부르기도 하였다.

그렇다면 코로나-19가 가져온 변화는 무엇인가? 코로나-19가 진정한 의미의 변화를 가져올지는 여전히 관찰해야 할 부분이지만 팬데믹이 잠재되어 있던 모순들을 수면 위로 끌어올리고, 변화를 요구하고 있다는 것을 부인하기는 어려울 것이다. 다시 말하면 팬데믹은 우리의 지난 '노멀'이 가지고 있던 여러 가지 문제점들을 부각시키는 계기가 되고 있다. 팬데믹 이전 우리의 지난 노멀에서도 가짜뉴스와 정치적 양극화의 문제는 심각했고, 이러한 문제점들은 인류가 발전시켜 온 공동체의 가치와 민주주의 제도를 위협해 왔다. 또한 인공지능과 자동화 기술을 핵심으로 하는 4차 산업혁명의 영향력은 코로나-19를 거치며 더욱 커졌지만, 코로나-19 이전에도 그

랬듯 사회의 지난 제도에 익숙한 구성원들은 이와 같은 급격한 변화에 잘 적응하지 못하고 있는 것이 사실이다.

이와 같은 변화 속에서 우리는 다음과 같은 질문을 던질 수 있다. 코로나-19 이전의 '노멀'의 상태가 무엇이었으며 그것은 코로나-19의 확산과 함께 어떻게 변화하였는가? 코로나-19라는 팬데믹 상황에서 사회의 다양한 영역들은 어떻게 상호 작용하며 대응하였는가? 그리고 우리는 현재의 뉴 노멀이라는 위기 상황을 어떻게 해결할 것인가? 이러한 질문은 코로나-19로 인해 일어난 정치, 경제, 사회적 변화에 관심을 가져온 사회과학자들뿐만 아니라 코로나-19로 인한 변화를 매일 생생하게 경험하고 있는 일반 독자들에게도 흥미롭고 중요한 의미를 갖는 질문들이다.

이 책은 연세대학교 디지털사회과학센터를 중심으로 모인 정치, 경제, 노동, 사회, 복지, 환경 등의 전문가들이 코로나-19 이후의 정치와 사회 변화에 대해 질문하고 토론한 결과물이다. 각 분야의 연구자들은 코로나-19 사회에 대해 다양한 해석과 관심사를 표출했지만 모두 공감한 것은 네트워크 사회의 '연결성(connectedness)'과 이러한 연결성이 가져오는 영향력이었다.

첫 번째로, 코로나-19 바이러스는 지리적 세계의 연결성을 각인시키는 계기가 되었다. 바이러스는 세계화 이전에는 상상도 할 수 없는 속도로 전 세계로 퍼져 나갔다. 2020년 1월에 중국에서 처음 발견된 코로나-19 바이러스는, 2020년 2월에는 이미 지구의 정반대편에 있는 라틴아메리카에 퍼져 나갔고 2020년 3월 말 전 세계에서 가장 많은 확진자 수를 기록하고 있는 국가는 만 km 넘게 떨어져 있는 미국이었다. 그리고 4월 초가 되었을 때 전 세계의 확진자 수는 백만 명을 넘어섰고, 171개국에서 이미 5만 1천 명이 넘는 사망자가 발생한 뒤였다. 과거 1910년대 후반, 스페인 독감이 전 세계에서 확산되며 수많은 희생자를 만들어냈던 원인에는 1차 세계대전이라는 수백만 명의 사람들이 밀집했던 특수한 상황이 있었다. 그러나 코로나-19는 전쟁이라는 특수한 상황 없이도, 세계화된 연결망을 통해 빠르게 확산될 수 있었다.

둘째, 코로나-19는 네트워크의 연결성과 이를 통한 정보의 확산을 실감하게 했다. 전 세계를 하나로, 초 단위로 연결하고 있는 디지털 공간에서 코로나-19 바이러스와 백신에 대한 허위 정보는 그 어느 때보다 빨리 확산되었다. 코로나-19 바이러스의 심각성을 부정하고, 코로나-19의 확산에 대해 특정 국가 혹은 특정 정치 세력에게 책임을 돌리는 음모론이 광범위하게 확산되었다. 이 과정에서 미국의 트럼프 대통령, 브라질의 보우소나루 대통령 등과 같은 포퓰리스트 정치인들이 주목받았다. 이들의 검증되지 않은 정보들은 소셜미디어 플랫폼을 통해 대중들에게 유포되었고, 이는 곧 사회적 거리 두기에 반대하는 시위와 백신 접종 거부 운동 등으로 이어졌다. 많은 국가들은 바이러스와의 전쟁뿐만 아니라 정부의 신뢰를 떨어뜨리고 방역을 방해하는 허위 정보들과도 맞서 싸워야 했다.

셋째, 코로나-19는 사회적 이슈의 연결성을 부각시켰다. 우리는 바이러스에 맞서 시민들의 생명을 지키는, 이 기초적이면서도 당연한 임무를 수행하기 위해서 의료·보건 영역뿐만 아니라 긴밀하게 '연결'된 사회의 다양한 영역의 협조가 필요하다는 사실을 알게 되었다. 사회적 거리 두기로 대표되는 방역 조치들은 의료 전문가들의 결정으로 시행되는 것이 아니라, 거리 두기에 수반되는 경제적 비용 문제, 가정에서의 돌봄 문제, 학교에서의 교육 문제, 시민들의 심리적 건강 문제 등까지 동시에 모두 고려되어야 하는 정치적인 결정이었다. 바이러스의 사회적 영향력은 확진자 숫자, 사망자 숫자라는 두 가지 수치로 이해될 수 있는 것이 아니었다. 코로나-19라는 팬데믹은 기존의 사회에 존재하고 있던 문제들과 결합하여 그 영향력을 증폭시켰고, 그 영향력은 정치, 사회, 문화, 경제, 환경 등 우리 일상의 모든 순간에 강력하게 침투하였다.

넷째, 코로나-19는 시장의 연결성과 그 취약성을 노출시켰다. '세계의 공장'이라는 타이틀로 전 세계에 상품을 수출하던 중국에서 장기간 동안 락다운이 지속되었고, 이는 전 세계 상품 공급망(supply chain)의 위기로 이어졌다. 바이러스의 확산을 막기 위해 각국이 국경을 폐쇄하거나 여러 제한 조치를 취하면서, 항공·해상 운송 수단들은 운행을 중단하였고, 이는 물류망 단절로 이어졌다. 이미 수십 년간 진행되어 온 시장의 연결 속에서 상호 의존해 온 각 국가의 경제는 갑작스런 공급 중단과 부족에 적절히 대응할 수 없었다.

사회과학자가 코로나-19 이후의 세계를 진단하는 방식은 인식(idea), 제도(institution), 이익(interests)이라는 세 가지 변수에 어떤 변화가 일어나고 있는지를 관찰하는 것이다. 먼저, 팬데믹이 기존 사회의 보편적 인식이나 신념을 어떻게 바꾸어놓고 있는가를 관찰해 보아야 한다. 바이러스의 공포 속에서 사회적으로 통용되던 상식이나 믿음에 대한 인식은 변화할 수 있다. 예를 들어 특히 바이러스 확산 초기 확진자와 무증상자를 경계하는 사회적인 분위기는 타인에 대한 경계와 불신을 증가시켰고, 이와 관련한 허위 정보의 확산을 조장하기도 하였다. 코로나-19로 타인에 대한 시각, 권력과 돈, 일상에 대해 가지고 있는 인식이 바뀌면 이를 둘러싼 관계들도 바뀔 수 있다. 또한 과거엔 당연하게 여기고 반복되던 관습적 행동과 제도가 비대면 사회에서는 생략되고, 사람 사이의 직접적인 만남과 소통보다 효율성과 편리함이 보다 중요하게 인식되면서 회의나 교육 방식, 일하는 방식 등에도 커다란 변화가 나타나고 있다.

코로나-19로 인한 제도의 변화도 중요한 관찰 대상이다. 코로나-19로 사회의 여러 분야에 새로운 일의 방식이나 관계의 방식이 도입되면서, 기존 사회의 법과 제도, 규칙의 변화를 요구하고 있다. 예를 들어, 재택근무가 지금보다 더 확산되어 하나의 새로운 노동의 형태로 인정받게 된다면 이는 노동 관련 제도의 변화를 요구할 것이다. 비대면 사회에서 플랫폼 노동자들은 기존의 노동 관계법이 포함하지 못하는 새로운 형태의 노동자들이고, 이들을 관할할 수 있는 노동 제도의 변화가 필요하게 된다.

제도의 변화만큼이나 사회과학자들을 흥미롭게 하는 부분은 국가들 간의 제도적 차이이다. 몇몇 국가들은 팬데믹의 도전 앞에서 발 빠르게 대응하며 제도적 변화를 이끌어 내고 있지만, 많은 국가들은 여전히 기존의 제도를 고수하며 어려움을 겪고 있다. 어떤 사회적 맥락이 이런 제도적 변화를 가로막고 있는지 이해하는 것은 한국의 포스트-코로나 사회를 준비하는 데 있어서도 매우 중요한 의미를 지닐 수 있다.

코로나-19의 사회정치적 변화를 이해하기 위해서는 코로나-19가 촉진하는 이해관계의 변화에도 주목해야 한다. 어떤 삶의 방식과 기술이 보편적으로 유행한다는 것은 어떤 개인과 집단에게는 부를 증대시킬 기회를 제공하지만, 다른 집단에게는 도태되는 것을 의미한다. 기술 자체는 중립적일 수 있지만 기술을 개발하고 이용하는 개인과 집단은 중립적이지 않다. 예를 들어 백신의 개발은 백신 개발 회사와 국가에게 막대한 부를 제공하고, 이익의 차이는 집단 간 갈등의 원인이 될 것이다. "재난은 평등하지 않다"는 말처럼, 코로나-19의 여파는 누군가에게는 더 크고 아프게 다가왔다.

이와 같은 중요한 학문적 질문들과 문제의식을 바탕으로, 이 책은 정치 커뮤니케이션, 민주주의, 메타버스, 노동, 복지, 심리, 경제, 환경에 이르기까지 다양한 분야에서 코로나-19의 영향력을 조명한다. 먼저 1장을 맡은 김정연의 「팬데믹 속 전쟁의 언어와 민주주의 위기」에서는 코로나-19 바이러스의 확산과 대응 과정에서, 전쟁의 언어가 일상적인 언어로 사용되는 현상에 주목한다. 특히, 정치 영역에서 실제 위험에 대해, 혹은 보이지 않는 위협에 대해 정부, 정치 엘리트가 대중을 어떻게 설득하고 있는지, 언론에서는 코로나-19 상황을 어떻게 인식하고 표현하고 있는지 살펴본다. 전쟁의 언어는 위기 상황을 강조하며 영웅을 부각시키거나, 시민들로 하여금 생명을 유지하는 데만 급급한 도피적인 태도를 취하게 만드는데, 정치 엘리트들은 이처럼 두려움을 겪는 시민들의 감정을 자극하고 활용해 왔다. 실제로 코로나-19 팬데믹 상황을 전쟁 상황처럼 묘사하는 표현들은 대중들로 하여금 시민적 자유에 대한 예외적인 조치와 제한을 수용하게끔 하였는데, 1장에서는 이러한 전쟁의 언어가 각국의 민주주의를 어떻게 쇠퇴시켰는지 검토해 본다.

2장을 맡은 이병재의 「가짜뉴스와 팬데믹의 "디지털 결혼"」에서는 가짜뉴스와 팬데믹이 디지털 매체를 통해 어떻게 결합하고 전파되는가를 논의한다. 가짜뉴스는 고대 그리스 시대부터 현대에 이르기까지 정치, 경제, 사회적 위기 상황에 특히 두드러지게 나타나 왔다. 특히 위기 상황의 가짜뉴스는 소수 집단에 대한 혐오와 연결되어 왔는데, 이 챕터에서는 과거 스페인 독감 등 팬데믹의 역사를 하나씩 되돌아보며 현재 코로나-19로 인한 아시아인에 대한 혐오와 비교해 본다. 팬데믹 상황에서 대중들은 새로운 정보에 대해 심사숙고하는 것이 아니라, 자신이 기존에 갖고 있던 편견을 강화하는 방식으로 정보를 소비하고 반응한다. 그리고 이 과정에서 쉴 새 없이 24시간 동안 전 세계를 연결하고 있는 디지털 미디어는 허위 정보를 빠르게 확산시킨다.

3장을 맡은 송정민의 「백신 거부와 과학의 정치화」에서는 백신 접종이라는 과학의 문제가 어떻게 정치적 이슈로 변질되고 갈등의 중심에 서게 되었는지 분석한다. 송정민은 백신 접종에 대한 지난 역사적 경험들을 소개하며, 과거에도 "백신 접종이 자폐증을 유발한다"와 같은 허위 정보가 백신 접종률을 떨어뜨리는 주된 원인으로 작용하였음을 주장한다. 전 세계가 동시에 경험하는 코로나-19 팬데믹 상황에서 백신 접종에 대한 허위 정보는 더욱 심각해졌다. 미국산·러시아산·중국산 백신 등 백신의 국적을 둘러싼 갈등, 그리고 백신 접종 거부 운동을 통해 정치적인 지지를 획득하려는 정치인들의 이기적인 행태 속에 백신 접종률은 정체되었고 시민들은 더욱 바이러스의 위험에 노출되었다고 지적한다.

4장을 맡은 김범수의 「메타버스와 미래의 정치 참여」에서는 코로나-19의 확산 상황에서 비대면 정치 참여의 도구로서 떠오른 메타버스의 가능성에 주목한다. 김범수는 미래 메타버스를 통한 정치 참여의 가능성을 세 가지로 설명한다. 첫째, 디지털 트윈, 아바타 등을 통한 현실감 있고 생생한 정치 참여의 모습에 주목하여, 메타버스 선거 운동, 메타버스 기자 회견, 메타버스 간담 회의 사례를 분석한다. 둘째, 메타버스가 기존의 홈페이지나 카카오톡이나 페이스북과 같은 SNS를 통한 정치 참여와 구별되는 특징을 다룬다. 기존의 온라인 정치 참여 기술의 특징이라 할 수 있는 이용자의 '익명성'은 표현의 자유를 보장하기도 하지만, 악의적 비방을 불러일으키는 원인이 되기도 한다. 반면 메타버스는 이용자 아바타가 갖는 정체성과 지속성이 정치적 신뢰를 강화하는 요인이 된다. 셋째, 메타버스 정치 참여의 미래 가능성이다. 사회적 거리 두기로 인한 비대면 환경이 지속되면서 현실과 같은 몰입감을 경험하기 위한 메타버스 장비가 대중화되었고, 이는 미래에 메타버스가 정치 참여의 도구로서 대중화될 수 있는 기반을 만들었다.

5장을 맡은 오주현의 「피할 수 없으면 누리자! 코로나-19로 인한 고령층의 일상 변화와 적응」에서는 코로나-19 확산을 막기 위한 사회적 거리 두기 시행부터 폐지에 이르기까지 일련의 과정에서 겪은 고령층의 적응과 부적응의 사례를 담았다. 전자 출입 명부, 키오스크, 방역 패스, 온라인 수업을 도와야 하는 조부모 등의 사례를 통해 코로나-19로 가시화된 고령층의 정보 격차 현황을 보여준다. 한편, 인터넷 쇼핑 등의 디지털 서비스를 활용하고 트로트 가수 팬덤으로 활동하는 등 온라인에서 문화를 향유하는 고령층의 모습을 함께 제시하며 고령층 내의 정보 격차를 조명한다. 오주현은 사회 시스템이 빠르게 디지털로 전환되고 있고, 앞으로도 사회적 거리 두기가 실시되는 상황이 얼마든지 올 수 있기 때문에 고령층도 이에 적응해야 하며, 이를 도울 수 있는 사회적 시스템이 필요하다고 주장한다. 특히 디지털 기기 사용에 익숙한 세대가 공공 기관, 기업 등 조직 구성에서 점점 더 큰 비율을 차지하고 있기에 자칫 모두가 디지털 기기를 쉽게 사용할 수 있다고 착각할 수 있다. 그리고 이것을 전제로 여러 가지 생활 서비스가 추진될 수 있다는 점에서 디지털 정보 격차에 더욱 관심을 가져야 한다고 강조한다.

6장을 맡은 임정재의 「흩어지면 살고, 뭉치면 죽는다?-거리 두기와 마음의 건강」에서는 코로나-19로 인해 변화한 사람들 간의 소통 방식이 부정적인 감정들과 어떤 관계가 있는지 살펴보았다. 임정재는 사회적 거리 두기 등의 갑작스러운 사회적 상호 작용의 변화가 사람들의 심리적 측면에 미친 영향에 주목하고, 그 관계가 어떻게 사회적으로 드러났는지 논의한다. 뉴스 빅데이터 분석 결과, 코로나-19 초기 부정적인 감정을 주제로 한 기사들이 활발하게 작성되었다. 이러한 기사 수의 증감은 사회적 거리 두기 변화나 집단 감염, 대확산 시기와 맞물려 있는 것으로 나타났다. 임정재는 코로나-19가 만든 정신건강 문제에 관한 사회적 관심이 줄어들었으나 상당수의 사람들이 여전히 심리적 어려움을 겪고 있음을 지적하며, 이에 관한 정책적 관심과 노력이 필요하다고 주장한다. 한편으로는 코로나-19 이전 우리의 사회적 커뮤니케이션 방식이 가지고 있던 부담스러운 측면을 언급하면서, 코로나-19 이후에는 사회적 교류가 다소 느슨하고 자유로운 방향으로 변화할 가능성에 대해 이야기해 보았다.

7장을 맡은 손연우의 「코로나-19로 앞당겨진 노동의 미래」에서는 코로나-19를 지나면서 나타난 일자리와 직업에서의 변화를 살펴본다. 코로나 상황으로 가속화된 일상생활과 직무의 온라인화, 디지털화의 흐름은 앞으로도 계속될 것으로 보이는데, 현재의 상황은 팬데믹 이전부터 예견했던 변화를 조금 더 속도감 있게 받아들인 결과이기 때문이다. 손연우는 이와 같은 필연적인 변화에 대응하여 우리 사회가 어떻게 변화하고 어떻게 약자들을 보호해야 하는지 설명하고 있다. 비대면 환경에서 확대된 원격 근무와 플랫폼 노동은 노동자들에게 시간과 노동량을 자율적으로 결정할 수 있는 직업적 자유를 부여하였다. 그러나 이와 같은 자유의 확대와 동시에 이른바 '프리캐리아트(precariat)'라 불리는 노동의 불안정성과 취약한 사회적 보호의 문제는 더욱 심화되고 있다. 물론 당장의 미래 노동 시장에 대한 전망은 비관적이나 지난 역사를 되돌아볼 때 인간은 비관적 전망이 현실이 되기 전에 적절히 대비하며 진보해 왔다는 점에서, 정부의 효과적인 직업 교육과 사회 안전망 강화를 위해 제도 개선이 시급히 이루어져야 한다고 주장한다.

8장을 맡은 이나경의 「온택트 시대의 경제 양극화」는 코로나 팬데믹 상황에서 나타난 산업간 양극화의 모습을 그린다. 이나경에 따르면 팬데믹의 확산과 극복 과정에서 가장 주목할 점은 펜데믹의 장기화에 따른 소비 패러다임의 변화이다. 이는 이미 코로나-19 이전부터 가속화되고 있던 디지털 소비로의 전환과 맞물려 더욱 광범위한 영향을 나타냈다. 디지털 소비로의 소비 패러다임의 변화는 소비 측면에서 편의성을 제공하였으나, 고용 축소 및 일자리 구조 양극화라는 문제점도 함께 노출하였다. 코로나 팬데믹으로 민간 수요가 감소한 가운데 오프라인 매출은 크게 하락하였고 온라인 매출은 전체 매출의 절반 가까이 차지할 정도로 대폭 상승하였다. 물론 이 과정에서 온라인 중심으로 유통 채널 다각화에 성공한 기업들은 매출 상승이라는 효과를 누렸지만, 오프라인 매장들이 축소되면서 일자리가 감소하는 현상이 나타나기도 했다. 이나경은 급변하는 환경에 신속하고 유연하게 대응하기 위해서는 상품과 서비스 자체의 차별화된 경쟁력이 중요해졌다고 요약한다.

9장을 맡은 김민정의 「나도 살고 지구도 살 수 있을까―팬데믹 한가운데서 친환경을 외치다」에서는 생명을 구하는 것이 위급한 팬데믹 상황에서 친환경에 대한 논의가 오히려 이전보다 활발해졌음에 주목한다. 백신과 치료제도 마땅치 않았던 바이러스의 대유행, 대량 실직, 기업 매출 급감, 셧다운 등의 수많은 위험 요소들이 위협하는 와중에도 시민들과 정부, 기업, 투자자들은 모두 기후 변화를 걱정하고 기존의 소극적 대처에서 벗어나 매우 적극적으로 대응 방안을 논의했다. 김민정은 팬데믹 상황에서 소비자들의 환경에 대한 인식 변화가 나타나고 있으며, 기업·투자자들 또한 환경을 경영의 새로운 위험 요소로서 인식하기 시작했음을 주장한다. 이와 같은 소비자와 기업의 인식 변화를 바탕으로, 김민정은 독자들이 지구와 함께 생존하기 위해 실천해야만 하는 행동 전략을 이야기해 본다. 낯설고 불편한 친환경적 소비 방식을 멋지고 좋은 것으로 보는 소비 패러다임의 변화뿐 아니라 소비의 절대적인 양 자체를 줄이는 행동 변화가 필요하며, 결국 전 지구적 기후 위기에 대응하는 친환경 소비―경영―정치의 유기적인 연결이 필요하다는 것이다.

1장

팬데믹 속 전쟁의 언어와
민주주의의 위기

김정연(연세대학교 디지털사회과학센터 연구교수)

코로나 시대, 우리는 전쟁 중?

도널드 트럼프 전 미국 대통령은 자신을 '전시(戰時) 대통령'이라고 말했다. 트럼프는 코로나바이러스 발생 초기 백악관 기자 브리핑에서 미국이 전시 상태에 있는지 질문하는 기자의 물음에 그렇다고 대답하면서, 우리는 '보이지 않는 적'과의 전쟁을 하고 있다고 말했다.[2] 미국 언론에서는 코로나바이러스 대유행 시기 전쟁에서 어떻게 승리할 것인지 고민하는 보도들을 쏟아냈고, 이런 기사들에서는 병원이 전쟁에 대비하고 있고, 의료진은 코로나바이러스와의 전쟁에서 최전선에 나선 군인이라고 표현했다.

한국의 문재인 대통령 역시 취임 4주년 기념 특별 연설에서 "코로나와의 전쟁에서 끝이 보이기 시작했다"고 언급하며 국민들에게 팬데믹 상황을 견뎌달라고 호소했다.[3] 한국 언론은 '코로나-19와의 전쟁', '바이러스와의 전쟁', '코로나 백신 전쟁', '전쟁 선포', '방역 난민', '신무기 필요' 등의 표현을 사용해 코로나바이러스 확산의 위험성을 알렸다. 코로나바이러스가 2019년 12월 중국에서 확인된 이후, 2020년 1월부터 2021년 12월까지의 기간을 대상으로 구글에서 '코로나와의 전쟁'을 검색해 보았더니 약 1천 410만 개의 콘텐츠가 노출되었다.

코로나바이러스는 전쟁과 같이 우리 삶의 전반을 위협하고 있다. 코로나-19의 확산으로 사람들은 실직했고, 국제 유가가 영향을 받아 글로벌 경제가 타격을 입었고, 사람들의 일상적 소비 패턴까지 변화되었다. 세계 각국 정부는 시민, 노동자들에게 보조금을 지급하고 있다. 사람들은 갑자기 발생한 혼돈 속에 의료, 경제, 사회, 특히 정치 시스템의 견고성을 의심하기 시작했다. 정치적 측면에서는 코로나바이러스가 권력 구조의 정당성과 효율성까지도 위협하고 있다.

우리는 이러한 코로나바이러스 팬데믹을 '공황', '대피', '락다운', '방어' 등 전시 용어로 설명하고 있다. 일상의 언어는 전쟁의 언어로 대체되었다. 이 글에서는 우리가 코로나-19를 어떤 말로 묘사하고 있는지 살펴보고, 언어가 우리의 행동에 어떠한 영향을 미칠 수 있는지 고민해 보려 한다. 코로나바이러스 위기는 개인 차원에서는 건강과 생존의 문제, 사회 차원에서는 정치, 경제, 공공 전반의 위협을 가져왔고, 정부는 전례 없는 조치로 대응했다. 정부는 실제 위험에 대해, 혹은 보이지 않는 위협에 대해 대중을 어떻게 설득하고 있는가?

이 글은 정부, 언론이 '전쟁의 레토릭'을 사용하고 있는 것에 주목하여, 우리가 코로나바이러스를 어떻게 인식할 것인지의 문제를 이야기한다.

레토릭(Rhetoric, 수사): "언어를 수식하며 배열 조작하거나 담긴 내용을 과장, 축소, 미화 또는 왜곡하여 보여줄 수 있게 하는 것"[4]

레토릭은 언어를 통한 설득의 과정을 의미한다. 레토릭은 우리말로 수사 (修辭), 즉 말이나 글을 효과적으로 표현할 수 있도록 언어를 다듬는다는 뜻 이다.[5] 팬데믹 시대에 언어가 중요한 이유는 이것이 혼란 상황에 대한 우리 의 대응 방식을 결정하기 때문이다. 코로나바이러스에 대한 전쟁의 레토릭 은 어떤 상황을 만들어낼까?

예컨대, 우리가 만들어낸 시스템이 작동하는 것보다는 전쟁 상황이라는 특수성에 더 관심을 불러일으키도록 할 수 있다. 전쟁에서 출현하는 영웅 을 쉽게 부각하거나, 생명을 유지하기 위한 즉시적 도피에 집착할 수 있을 것이다. 전쟁의 언어는 오히려 우리가 어떤 일상의 삶을 지속해야 하는지 에 대한 질문을 잊게 할 수 있다. 이 글은 전염병 문제가 발현되고 확산되 어 가는 과정을 정부와 언론의 수사법을 중심으로 살펴보고, 언어가 대중 의 행동을 조정하는 데 어떤 영향을 미치고 있는지 살펴볼 예정이다. 덧붙 여, 정치의 영역에서 전쟁의 수사가 민주주의를 어떠한 모습으로 만드는지 이야기한다.

국가적 위기 상황에서 대중 설득하기
─커뮤니케이션 방식이 가지고 오는 결과들

유명한 이솝 우화 〈양치기 소년〉은 〈늑대와 양치기 소년〉, 〈늑대를 외친 소년〉 등의 제목으로 우리에게 잘 알려져 있다. 양치기 소년이 거짓말로 늑 대가 나타났다고 외쳤고, 마을 사람들은 늑대를 쫓으려고 달려왔다. 이후 소년의 거짓말이 몇 차례 반복되었는데, 어느 날 진짜로 늑대가 나타났을 때는 소년의 외침에 아무도 반응하지 않았다고 한다. 시라큐스 대학의 아모스 키웨 교수는 이 고전적인 이야기로 의사소통과 레토릭의 남용을 설명했다.[6]

이야기에서 묘사된 것처럼 처음 레토릭이 위기를 전달하는 데 사용되었을 때, 사람들은 상황을 바로잡기 위해 가능한 한 모든 조처를 하면서 급하게 대응하는 모습을 보인다. 두 번째로 같은 상황이 발생하면 레토릭은 위기를 전달하는 데 사용되지만, 사람들은 더 합리적으로, 그리고 덜 긴급한 반응을 보인다. 마지막으로 같은 상황이 반복되었을 때 사람들은 의사소통의 오용을 의심하며 전혀 반응하지 않게 된다는 것이다.[7]

레토릭 즉, '수사학'의 개념을 아리스토텔레스의 이론에서 이해해 보면, 우리가 처한 환경에서 설득력이 무엇인지 구분해 낼 수 있는 능력을 말한다. 그는 설득의 목표를 강조하면서, 사람들 사이에 설득이 이루어지는 방식, 절차 및 원리를 밝히는 것이 중요하다고 보았다.[8] 이러한 수사를 정치적으로도 활용할 수 있다. 정치수사학을 설명한 툴리스의 책 『수사적 대통령제』에서는 대통령의 대국민 커뮤니케이션이 대통령직을 수행하는 데 필수적 업무라고 하였다.

정치적 레토릭은 대부분 위기 상황에서 발휘된다. 정치적 대응과 자기변호 내지는 대국민 설득이 필요한 상황이 바로 위기이기 때문이다. 위기는 정상적이지 않으며 긴급하고 놀라운 사건이다. 정치적 위기는 "국가의 통치 영역에서 벌어지는 대립적 이해관계와 가치 충돌의 상황에서 국가에 대해 중대한 정치적 결단이 요구되는 시기 혹은 사건"을 말한다.[9] 이러한 위기의 책임은 두 가지 차원으로 설명할 수 있는데, 위기의 원인, 책임 주체가 내부에 있는지 외부에 있는지로 나눌 수 있고, 사건이 통제 가능성 측면에서 의도적인지 비의도적인지로 구분할 수 있다.[10]

위르겐 하버마스는 사회에 위협을 주는 요인들이 사회 시스템의 조정 능력으로 해결되지 못할 때 위기가 발생한다고 하였다. 특히 자본주의 시대 인플레이션, 실업, 재정 위기 등의 경제 위기가 발생하기 쉽고, 계급 갈등과 같은 위험이 수반되며 국가가 위기 해결에 실패할 때 사회 통합이 위협에 빠진다고 보았다. 시민들의 요구에 국가가 부응하지 못할 때 정당성의 위기, 대중 지지 상실의 위험이 생긴다.[11]

정치적 위기 상황에서 대중 혹은 정치적 반대파에 대응하는 스피치는 상징성을 가진다. 위기 수사는 특정 사안에 대한 비난이나 책임을 회피하기 위한 반응으로, 정치인의 권력 유지를 위해 이용되며 미래의 유권자를 설득하는 것이 목적이다. 정치인들은 종종 정치적 의제를 만들기 위해서, 또는 위기를 구성하기 위해서 레토릭을 사용한다.

다시 〈양치기 소년〉으로 돌아오면, 위기가 수사학적 구성이 될 수 있음을 이해하는 것이 중요하다. 키웨 교수는 실제 위기가 무엇인지 이해하고, 위기를 언어적으로 만들어내는 정치적 상황을 판단해야 한다고 말했다. 위기는 실제일 수도, 허구일 수도 있는 것이다. 대중이 위기라는 용어를 마주할 때 실제 위기와 정치적 이득을 위해 구성된 위기를 분별할 수 있어야 한다는 의미이다. 예를 들어, 부시(George Walker Bush) 전 대통령이 미국 경제 위축과 관련해 집권 초기부터 위기 상황을 구성했고, 실제 부동산 버블과 금융 위기가 닥쳤을 때 정부가 이미 여러 차례 늑대가 왔다고 외쳤기 때문에 사

람들이 문제의 시급성을 인식하기 어려웠다.[12]

대통령의 위기 커뮤니케이션

국가적 위기 상황에서 정치 지도자들은 어떤 방식의 커뮤니케이션을 하고 있을까? 학계에서는 위기 커뮤니케이션의 특징을 살펴보는 연구들이 다수 발표되었는데, 정치 커뮤니케이션 학자들과 사회문화를 연구하는 사람들 사이에서 2001년 9.11 테러 공격 이후 미국 대통령의 수사학이 중요한 연구 주제로 다뤄졌다. 미국이 이라크 전쟁을 정당화하기 위해 프로토-파시스트, 혹은 파시즘을 지향하거나 모방하는 모습을 보였고, 파시스트 대중 담론이 출현했다고 해석하는 학자도 있다. 대통령이 실제로 반민주적 연설과 행동을 할 수 있는 가능성에 주목한 것이다.[13] 메리엄 웹스터 사전에 따르면, 프로토 파시즘과 파시즘의 정의는 다음과 같다.

> **프로토 파시즘**: 파시즘을 지향하거나 모방하는 정치적 운동이나 프로그램
>
> **파시즘**: 강력한 독재적, 또는 독재적 통제의 경향이나 그것의 실제적 행사[14]

미국의 경우 9.11 테러 이후 일시적으로 대통령 지지도가 가파르게 상승하는 *결집 효과(rally-round-the-flag)를 관찰할 수 있었는데, 부시 대통령이 군사적 내지는 도덕적 측면에서까지 상징적 존재로 인식되는 모습을 보였다. 테러 공격 이후 대통령은 다음과 같은 표현을 했다.

"정부는 혼란스럽지 않으며, 정부의 기능은 잘 작동된다."

정치 지도자가 대중을 안심시키기 위해 안도감을 주는 표현을 사용한 것이다. 부시 대통령은 "우리의 적은 테러리스트의 급진적 네트워크"라고 명확하게 규정하였다. 또한, 대통령이 성직자처럼 말할 수도 있다.

"오늘 밤 나는 땅에 묻힌 사람들, 세상이 산산조각 난 아이들, 안전을 위협받는 사람들을 위해 기도합니다."

부시 대통령의 이러한 수사는 위기 상황에서 대통령의 리더십을 발휘하도록 했고 대중적 인기에 영향을 미쳤다.[16] 대통령의 수사를 "거짓말의 정치"라고도 비판하는 입장도 있다. 9.11 테러 이후 대규모 법체계의 변화를 통해 미국이 우익 의제를 이끌도록 공포 정치가 펼쳐졌고, "테러와의 전쟁"이라고 명시된 대통령의 언어와 결합되어 스펙터클 정치[17]의 위험성이 커졌다는 시각이다.

부시 대통령이 9.11 테러 이후 5일 동안 반복한 연설의 내용을 살펴보면 다음과 같다.

"우리는 위대한 민족이다. 우리는 불굴의 민족이다. 우리는 악인에게 겁먹지 않는 민족이다. 나는 미국 국민에 대한 큰 믿음을 가지고 있다. 내가 뉴욕시에서 본 것을 미국인들이 봤다면 당신도 큰 믿음을 가질 것이다. 구조대원들의 노고를 믿게 될 것이다. 미국을 위해 옳은 일을 하려는 사람들의 열망 때문에 당신은 큰 믿음을 가질 것이다. 도움이 필요한 시기에 미국인들이 서로에게 보여주고 있는 연민과 사랑 때문에 당신은 큰 믿음을 갖게 될 것이다."

대통령이 사용한 단어는 '위대한', '민족', '악인', '믿음', '연민', '사랑' 등으로, 공동의 가치에 호소하고, '우리', '나', '너'를 사용해 국가와 자신을 묶는 수사를 사용했다. 또한 테러리즘의 재앙에 맞선 미국은 선하다고 주장하며, 미국을 공격한 '악한' 타자와 이분법적으로 완전히 구분하고자 했다. 미국은 세계에서 선과 악의 전쟁을 통해 악을 근절할 수 있다고 보았다. 대통령은 의회 연설에서 미국의 부와 자유를 파괴하려는 야만적인 사람들을 언급하였다. 정부는 단순한 슬로건을 반복해서 의제를 홍보하는 조직적인 정치를 실행할 역량과 의지가 있었다.[18]

전쟁에 빗댄 전염병 사태

국가와 인류를 위협하는 테러 상황뿐 아니라 질병, 전염병의 확산 상황에서 메시지가 어떻게 소통되고 있을까? 2002년 중증 급성 호흡기 증후군

(Severe Acute Respiratory Syndrome, 사스(SARS))이 발생했을 때, 글로벌 국가들은 이를 세계적 위협으로 인식하고, 발병하지 않은 곳에서도 광범위하게 감시 대응을 하였다. 2002년 11월 첫 발병 이후 2003년 세계보건기구(WHO)는 사스가 8천 명 이상의 사람들에게 전파되었다고 발표하였고, 확산 수준은 6주 이내 27개국에서 기록되었다.[19] 국제 사회는 사스를 신흥 전염병으로 분류하고, HIV/AIDS나 에볼라처럼 세계적 위협으로 언급된 병원체로 다루었다. 홍콩, 베트남, 싱가포르, 캐나다 등의 국가에서는 여행 금지, 검역 감시와 같은 종합적인 조치를 시행해 발병을 억제했다.[20]

싱가포르 정부는 전염병을 전쟁 상황으로 인식하고, 전쟁에 빗댄 은유적 표현을 사용하였다. 전쟁의 은유는 정부에 의해 수사적 틀로 사용되었고, 정책 입안자들은 이를 암묵적인 행동의 틀로 설정하였다. 전쟁을 일종의 *프레임으로 삼은 것이다.[21]

*프레임(틀): 프레임의 의미는 현실의 일부 측면을 선택하여 커뮤니케이션 맥락에서 더욱 두드러지게 만드는 것[22]

정책 입안자들은 사스 발생 상황을 전쟁 시나리오로 구상하고, 전염병을 관리하기 위해 다양한 메커니즘을 도입했다. 정부와 여당의 위기 대응 방식은 경제적, 사회적 위험이 증폭되는 상황에서 적극적인 중재 방안을 고민하는 것이었다. 전쟁 언어 사용은 정당하지 않더라도 국가가 공동의 이익, 즉 공동선(common good)을 위해서는 꼭 필요한 것처럼 보이게 한다.[23]

싱가포르는 질병을 억제하기 위해 엄격한 자가 격리 명령을 내리고 더 강화된 사회적 규율을 시행했다. 출입국 관리 및 검역법 등에 의한 처벌 수준에서 있어서 광범위한 조치를 보였고, 이 과정은 공공의 저항 없이 시행될 수 있었다. 정부가 위기를 전쟁으로 규정하고 긴급한 분위기를 조성한 것이 대중의 입장에서 사생활을 침해받을 수 있음에도, 통제에 대한 준수로 이어질 수 있었다. 전쟁 상황에서는 무엇보다 신속한 결정이 필요하고, 신속한 결정을 실행할 수 있으려면 권력의 위계가 필요하다.[24] 싱가포르는 가부장적 통치 스타일로 국제 언론에게서 많은 비판을 받았다.[25]

전쟁의 은유는 건강 보건 이슈와 밀접한 연관성을 가지는데, 그 자체만으로는 독특한 현상은 아니다. 전쟁의 언어는 과거, 에이즈의 확산을 설명하는 데도 사용되었다.[26] 인류 문명의 역사 속에서 질병은 정치·사회·경제 문제들을 파생시키며 인류와 공생 관계를 맺어왔다.[27] 바이러스의 확산을 억제하기 위해 정부는 영구적 위기 상황을 규정하고 시민들에게 국가의 취약성을 상기시킨다. 이 경우 위기 커뮤니케이션의 성공은 정부가 제공한 해결책을 준수하는 능력에 달려 있다.[28] 국가의 생존을 위해 국가 내외부에서 발생하는 위험을 은유적 프레임으로 만들 수 있다.

실제 전시가 아닌 상황에서 전쟁이라는 표현으로 확장된 상황은 질병, 범죄, 마약, 빈곤, 환경 문제 등과 관련된다. 전쟁에 빗댄 상황은 대중에게 긴급성을 자각하게 하고, 상황을 즉각 전달할 수 있다. 이때 전개되는 전쟁의 은유는 국가가 외부의 적으로부터 시민들을 보호하기 위해 국가의 이름으로 취하는 조치라는 뉘앙스를 담는다. 마치 공동체를 보호하는 수단인 양 전시 언어 사용을 정당화한다.[29] 전쟁의 언어는 국가 권력의 강화 내지는 전제 국가의 귀환을 이끌 수 있다.

은유는 생각과 행동을 재구성하게 하는데, 레이코프와 존슨은 은유가 언어 이상의 프레임이라고 했다.[30] 전쟁의 수사는 은유를 사용해 상황에 대한 대응을 바꾸도록 하는데, 예를 들어 미국이 이라크를 "파괴자"로, 미국과 동맹국을 문명화된 대상으로 지정하고, 이라크인을 비인간화하는 동시에 미국과 국제 사회를 설득하는 것과 같은 방식이다.[31]

전쟁의 언어와 민주주의의 위기

전쟁의 수사는 전시를 가정하고 예외적인 조치를 허용하는 수단으로 활용된다. 코로나바이러스 팬데믹에서 이 방식은 다음과 같은 특징을 보인다.

우선, 전쟁의 수사는 국가가 정치·경제 부문에 광범위하게 개입하는 것을 설득하는 전략이 될 수 있다. 실제로 정치인들은 전쟁의 수사를 바이러스 확산을 막기 위해 시민들에게 제재를 가할 때 주로 사용한다. 정치권이 코로나바이러스 대유행 이후 필요한 경제적 변화에 대해 설득하는 수단으로 활용될 수 있다. 코로나바이러스 팬데믹에서 실업률, 시장 점유율 하락, 상품 수익 감소 등을 전시 상황과 비교하는데, 이는 경제 활성화를 촉진하기 위해 주요 산업을 국가 주도로 활용하는 것에 대한 정당화가 될 수 있다.[32]

미국은 코로나바이러스 팬데믹 기간 동안 필요한 의료 물품을 조달하기 위해 국방 물자 생산법(Defense Production Act, DPA)을 발동했다. DPA는 국내

경제를 통제하는 비상 권한을 부여하도록 한다. 예를 들어, 이 법안은 인공호흡기, 안면 마스크 등의 의료품 생산 및 수출 제한 등을 위해 승인된다.[33]

DPA는 미국 행정부에 실질적인 권한을 부여하는데, 대통령이 행정명령을 통해 민간 기업이 연방정부의 명령을 우선 따르도록 지시할 수 있게 하며, 물자, 서비스 및 시설을 할당하고 필요 물품의 비축을 제한하는 조치를 취할 권한을 만든다. 또한, 국내 물자의 생산 강화를 위해 대통령이 의회 승인에 따라 기업 대출이나 대출 보증을 제공할 수 있다. 코로나바이러스 팬데믹 이전 시기에도 캘리포니아의 천연가스 공급에 대응하며 발동된 바 있다.[34] 트럼프 대통령은 DPA 발동으로 미국 제너럴모터스(GM)사가 의료용 인공호흡기를 생산하도록 했는데, 이 지침을 내리는 과정에서 대통령 일방의 혼란을 노출해 언론의 비난을 받기도 했다.[35]

한편, 전쟁의 언어는 사람들로 하여금 전쟁의 심리와 행동을 받아들이게 할 수 있다.[36] "자택 대피"와 같은 익숙한 표현들이 대중의 공황을 불러일으킬 수 있다. 쿠오모(Andrew Cuomo) 뉴욕 주지사는 코로나바이러스가 미국인에게 외상 후 스트레스 장애를 남길 정도로 트라우마가 되고 있다고 말했다. 트럼프 대통령이 뉴욕주 일대에 '강제 격리'를 시행한다는 의견을 밝혔다가 철회하는 등 해프닝이 있었고, 바이러스의 확산을 억제하기 위해 공격적인 전략을 사용하는 것과 뉴욕의 금융 시장 패닉 문제에 대한 반발 사이에서 갈등이 과열되기도 했다.[37]

코로나바이러스 팬데믹 상황으로 많은 사람들이 일과 직장을 잃었고, 우리는 물리적, 정신적으로 사람들과 서로 거리를 둔 채 살게 되었다. 전쟁의 수사는 두려움과 관련되어 있기 때문에 사람들이 질병과 죽음을 두려워하며 불안의 시대를 살도록 자극할 수 있다. 대중들이 마스크, 손 소독제, 휴지 등을 사재기하는 모습을 보이는 것처럼, 전쟁의 수사는 일상과는 다른 투쟁적인 행동, 현실 도피적 소비, 이기적인 행동들을 조장할 수 있다. 대만 정부는 국민들에게 생필품 구매를 제한하며 식료품을 비축하는 행위를 하지 말 것을 촉구하기도 했다.[38]

이렇듯 전쟁의 수사로 질병의 위험, 불안, 공포, 치료 방법을 전달하는 것은 병리학적으로 현상을 왜곡할 수 있다는 비판이 있다. 전염병 확산 문제를 더 부정적으로 보이게 하고 극적인 의미를 부여해 사회 문제를 정치적으로 재맥락화할 수 있고, 급진화하기까지 할 수 있다는 것이다.[39]

전쟁 상황이라는 강박이 가져오는 정치 의존

코로나 팬데믹 시기, 정부의 전쟁의 수사는 어떤 정치적 결과를 만들어낼까? 정치 지도자들이 끊임없이 전시 상황임을 강조하고 위기감을 불러일으킨 결과, 세계 각국에서는 국민들의 별다른 저항 없이 반민주주의적 조치들이 시행되고 있다. 코로나 시기 국가와 행정권의 강화 현상은 민주주의를 위협하는 모습을 보인다. 실제로 여러 국가들이 코로나바이러스 팬데믹에 대응하는 과정에서 정치 영역에서는 민주주의의 위기가 가속화되었다는 평가를 받는다.

2020년 3월 코로나-19 사태가 악화되자 헝가리의 빅토르 오르반 총리와 집권 여당 피데스당은 국가 비상사태를 무기한 연장할 수 있는 법안을 통과시켰다. 이 조치는 정부 방역 정책을 비방하거나 가짜뉴스를 유포할 경우 최대 5년의 징역형에 처하고, 지방정부의 재정을 다른 지방에 사용하도록 하는 등 코로나19에 즉각적으로 대응하기 위한 강력한 내용을 담고 있다.[40] 오르반 총리는 의회 연설에서 다음과 같이 말했다.

> "우리의 삶을 바꿀 수밖에 없다. 모든 사람들은 안전지대를 떠나야 하며, 이 법안은 정부에 헝가리를 방어할 수 있는 권한과 수단을 제공한다."

미국과 유럽연합은 오르반 총리가 10년 이상 집권하고 있는 상황에서 코로나-19 사태를 이용해 장기 집권을 시도하는 의도로 판단하고 총리의 비상 권한 남용을 비판했다. 정치권이 권력을 잡기 위해 전염병을 이용한다는 비판이 이어졌다. 이 법령은 후에 폐기되었지만 이러한 사례는 미래의 위기에서 다시 나타날 수 있다.

국제 인권 단체 프리덤 하우스(Freedom House)는 코로나바이러스 발생 이후 80개국에서 민주주의와 인권이 악화되었다고 보고했다. 프리덤하우스에서 글로벌 네트워크 398명의 언론인, 시민 사회 활동가 및 전문가를 대상으로 설문조사를 시행했고, 이를 기반으로 192개국에 대한 연구를 진행했다. 그 결과 전 세계적 보건 위기가 민주주의의 위기를 파생시켰고, 쇠퇴가 가속화되었다고 보았다. 정부가 권력 남용에 관여하고, 중요한 정부 기관을 폐쇄시키거나 공중 보건의 책임 시스템을 훼손한 사례가 관찰되었다. 이 조사 결과, 공무원과 보안 당국이 민간인에 대한 폭력을 자행하거나,

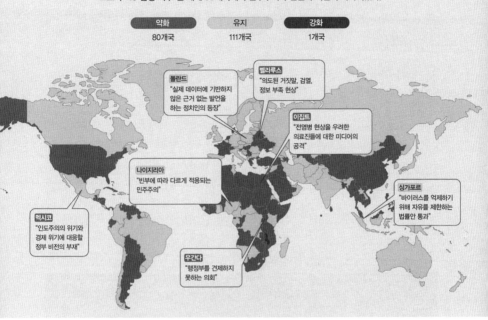

코로나-19 팬데믹 기간 동안 전 세계에서의 민주주의 약화

코로나-19 발생 이후 전 세계 80개국에서 민주주의와 인권의 여건이 악화되었다.

약화	유지	강화
80개국	111개국	1개국

폴란드
"실제 데이터에 기반하지 않은 근거 없는 발언을 하는 정치인의 등장"

벨라루스
"의도된 거짓말, 검열, 정보 부족 현상"

이집트
"전염병 현상을 우려한 의료진들에 대한 미디어의 공격"

나이지리아
"빈부에 따라 다르게 적용되는 민주주의"

싱가포르
"바이러스를 억제하기 위해 자유를 제한하는 법률안 통과"

멕시코
"인도주의의 위기와 경제 위기에 대응할 정부 비전의 부재"

우간다
"행정부를 견제하지 못하는 의회"

그림 1 코로나-19 팬데믹 시기 세계 민주주의의 쇠퇴

출처: https://freedomhouse.org/report/special-report/2020/democracy-under-lockdown

정당한 이유 없이 사람들을 구금하는 등 법적 권한을 초과했다고 보았고, 공중 보건의 보호를 위해 합리적으로 필요한 조치 이상으로 특별한 권한을 부여하는 데 팬데믹을 이용하고 있다고 보았다. 압제적인 정부의 비상 권한은 법 제도 간섭과 정치적 반대자들에 대한 제한, 입법 기능 훼손 등을 가능하게 했다고 설명했다.[41]

스리랑카의 경우 고타바야 라자팍사 대통령은 대국민 연설에서 정부가

개입하여 바이러스에 감염된 모든 사람들을 치료할 수 있었고, 코로나바이러스를 성공적으로 통제할 수 있었다고 말했다.[42] 정부는 코로나바이러스 희생자들의 시신을 강제로 화장하게 하면서 무슬림과 충돌하기도 했다. 시위대는 세계보건기구(WHO)의 종교적 관습의 허용 권고에도 불구하고 정부가 이슬람 매장 관습을 무시하고 있음을 알리며 가짜 관을 들고 다니기도 했고, 이 조치는 곧 중단되었다.[43]

스리랑카 정부는 정부의 공식 노선을 비판하거나 반대하는 사람을 체포하도록 명령함으로써 자신들에게 불리한 발언을 통제하려 했다. 코로나바이러스 유행이 가속화됨에 따라 선거까지 연기되면서 국회가 개회되지 않

그림 2 스리랑카 코로나바이러스 희생자 강제 화장 조치에 반대 시위 하는 사람들

출처: https://www.dailysabah.com/world/asia-pacific/sri-lanka-ends-forced-covid-19-cremations-after-khans-visit

으며 행정부 견제 기능이 약화되었다.[44]

국제위기그룹(International Crisis Group)은 위기가 정치 지도자들이 권력을 공고화하거나 자신의 이익을 추구하려는 목적으로 코로나-19를 악용할 여지를 만들었다고 하였다.[45] 구체적으로는 권위주의적인 지도자들과 군부가 코로나-19와 정치적 불안을 이용해 2021년 6건의 쿠데타를 발생시켰고, 여러 국가에서 코로나바이러스 확산 기간에 비상사태를 선포해 질서를 통제하고 심각한 시위 사태를 겪었다.

락다운을 겪는 동안 세계 시민 시위의 모습에도 변화가 일어났다. 대중적 시위가 민주주의 개선으로 이어진 국가도 있지만, 사회적 거리 두기의 여파로 새로운 통제가 생긴 국가도 많았다. 홍콩에서는 마스크를 쓴 시위대가 중국 공산당에 의해 체포당했고, 레바논에서는 2020년 정부의 국가 재개 계획이 발표되었지만 시위대는 파산 상태가 기다리고 있다고 주장하며 갈등을 표출했다.[46]

무엇보다 코로나바이러스의 확산은 선거라는 민주주의 제도의 기본 절차조차 실시되지 못하도록 하는 위협을 경험하게 했다. 코로나-19로 인해 79개 국가 혹은 지역에서 선거가 연기되거나 취소되었다. 투표일에 투표를 하는 것뿐만 아니라 선거 운동 과정에서부터 제약 사항이 발생했다. 집회가 통제됨에 따라 선거 이슈에 대한 대화 및 토론을 할 기회가 사라졌고, 후보자들의 의견을 들을 상황이 만들어지지 못한 경우가 다수였다.

아프리카 부룬디에서는 2020년 대통령 선거가 치러졌는데, 이 선거는 2005년 이후부터 이어진 장기 집권이 종식되는 의미의 선거였고, 1993년 이후 처음으로 박빙의 승부를 다투는 상황이었다. 그러나 코로나바이러스 검역 제한 정책으로 유엔, 아프리카 연합 등 국제 단체에서 보낸 참관인이 선거에 참석하지 않았다. 팬데믹이 급속히 시작되면서 선거 관리에 대한 결정이 정치화되었다는 비난을 받았다. 안전한 투표를 위한 적절한 준비가 이뤄지지 못했기 때문에 민주적 기준을 충족하지 못하는 경우가 많았다.[47]

위기의 시기에 의회에서 행정부로 권력이 이동하는 현상은 일반적인 경향이라고 할 수 있다. 위기 시 정부가 주도권을 가지는 것은 이해할 만한 상황이라고 주장할 수 있다. 많은 경우에서 비상사태를 처리하기 위해 의회 승인을 배제하고 의사 결정 권한을 행정부에 넘기게 되는데, 이탈리아에서는 97%의 경우로, 의회가 전염병 억제와 관련한 정부 결정에 관여하지 않기도 했다.[48]

그러나 우리는 팬데믹 이후 두드러진 민주적 거버넌스의 위기가 보건 위기가 사라진 후에도 계속될 가능성을 염려할 필요가 있다. 정부의 선전적 수사, 혁신적인 기술 감시, 국가 안팎에서 발생하는 개인에 대한 탄압, 민족주의의 강조 등이 정치적 권리와 시민의 자유를 위협하고 있지 않은지 검토해야 한다. 전염병의 유행 기간 동안 감시가 증가했으며 광범위한 감시는 위협적인 것이 될 수 있다. 예를 들어, 필리핀에서는 당국이 바이러스에 노출되었을 가능성이 있는 개인의 집을 방문하기도 했으며, 국경을 넘을 때 마스크를 착용하지 않는 것과 같은 단순한 행위로 체포가 수행되었다.[49]

다수의 국가들은 코로나바이러스 팬데믹 상황을 이용해 권위적 정치 체제를 공고화하는 성향을 보이고 있다. 정치 지도자는 이 과정에서 전쟁의 수사를 통해 정치적 행동을 설명하거나 정당화하여 사람들이 자신을 지지하도록 이끌거나 강요할 수도 있다. 전쟁 은유의 프레임은 사회적 문제를 구성하고 정치적 반대자를 억지하는 데 사용될 수 있지만, 문제를 단순화하거나 소수 집단에 부정적인 영향을 미치는 경우가 많다.[50]

코로나바이러스 확산에 대응하기 위해 국가 차원에서의 비상조치를 전쟁 은유의 틀로 구사하는 방식이 효과적이라는 주장을 경계할 필요가 있다. 민주적 재건 방식을 통해 팬데믹을 극복하고 장기적 위기 상황에서 전염병을 극복할 수 있는 정책을 실행하고 확대하는 것이 중요하다. 자택 대피 조치, 일부 사업장 폐쇄 및 축소 운영 명령, 여행 제한 등 세계적으로 이러한 권한이 시민의 삶을 변화시키고 있고, 반작용을 촉발하고 있다. 그럼에도 민주주의 국가들은 질병 확산에 효과적 대응을 하고자 노력하고 있다.[51]

미국은 2021년 12월 초, 민주주의 쇄신을 위한 정상회담을 개최하고 개발도상국의 기반 시설에 투자하거나 권위주의적 영향력에 대응하기 위한 민주주의 지원 프로그램을 진행할 것을 제안했다. 바이든 정부는 2022년을 민주적 성장을 위한 해로 규정하고, 개발도상국에서 강화되는 권위주의의 영향력에 대처하기 위해 백신 외교의 중요성을 표명했다.[52]

코로나바이러스 전쟁에서 승리한다는 것
─ 팬데믹과 전쟁의 상흔

코로나바이러스 팬데믹은 전쟁과 같은 트라우마를 가지고 온다. 전쟁 중에는 민족주의, 식민주의 등의 집단 갈등, 경쟁과 불균형, 불신 등 다양한 형태의 구조적 문제들이 발생하는데, 이것이 전쟁의 언어로 코로나바이러스 팬데믹을 인식하는 것을 경계해야 할 이유가 된다. 팬데믹은 특히 가난한 사람들과 소외된 집단 사이에서 더 빠른 속도로 확산되며 더 큰 타격을 입혔다.

계층 갈등 및 계층 간 상호 타격이 심화되는 가운데 정부와 언론이 질병을 분열적 레토릭으로 다룰 때, 전염병은 명쾌하게 해결되지 못한 상태로 남게 된다.[53] 언론은 소외된 집단을 희생양으로 이용하여 바이러스의 전파 경로를 구성하기도 했다. 인도의 이슬람교도들은 뉴델리의 이슬람 종교 집회에 대한 뉴스 이후 슈퍼 전파자로 분류되고 악의적 증오 캠페인의 대상이 되었다. 국내 사정도 마찬가지다. 한 언론 매체에서 이태원 게이 클럽에 코로나-19 확진자가 다녀갔다는 보도를 한 이후 성 소수자를 혐오하는 여론이 생산되었다.

이렇듯 코로나바이러스에 대한 전쟁의 수사를 조심해야 하는 이유도 민족주의를 불러일으키거나 증오와 적대감을 만들 수 있기 때문이다. 코로나바이러스 발생 초기 코로나바이러스를 '중국 바이러스'로 명명하고, 중국을 적대시하거나 바이러스와 관련한 음모론을 확산하는 것을 이미 경험하였다. 한국 국민이 호주에서 코로나-19를 옮기고 다닌다며 현지인에게 폭행당하기도 했다. 서구의 아시아인을 대하는 인종 차별 문제는 분열적 태도가 얼마나 위험한지 대표적으로 보여준다.[54] 코로나바이러스 감염자가 소수 집단에 속했던 상황을 강조하며 보도하는 미디어 때문에 소수자가 쉽게 차별받을 수 있다.[55]

코로나바이러스의 대유행은 정치, 사회, 경제 시스템의 결함을 확대·재생산했다. 의료 접근성, 실업, 지역 사회 지원, 문화계 지원 문제 등 그동안 진보주의의 어젠다였던 오래된 질문들을 새롭게 던지도록 했다. 지금까지 주로 사회 빈곤층과 소수 집단에 해당했던 질문들이 이제는 중산층과 부유층까지 영향을 미칠 수 있는 새로운 이슈가 되었다.

현재 우리는 코로나바이러스와 전쟁 중인가? 전쟁에서 승리한다는 것이 의미하는 바가 무엇인지, 승리하기 위해서는 무엇을 포기해야 하는지에 대한 고민이 필요하다. 코로나바이러스와의 전쟁에서 전제될 것은 전쟁의 은유가 팬데믹을 전시 상황으로 인식하게 함으로써 자유를 박탈하고 권위주의적 조치를 정당화하는 현상이 세계 다양한 지역에서 발생하고 있기에, 글로벌 폭력이 반복되는 것을 경계해야 한다는 점이다.

전쟁의 수사는 긴급성을 전달하고 전쟁에 대응할 특별 조치를 시행하는 데 효과적이지만, 사회 정책에 영향을 미치며 제도적 정당성을 만들어 또 다른 전쟁을 만들어내는 원인이 될 수 있다.[56] 우리는 바이러스와 전쟁을 하고 있는 것이 아니다. 코로나바이러스는 적이 아니며, 그렇기 때문에 전쟁을 할 수 없다. 대신 우리는 우리가 만든 시스템과 전쟁을 하고 있다. 코로나바이러스는 우리가 가진 시스템의 결함을 가시화하여 정치, 경제, 사회의 광범위한 수준에서 체계의 한계를 드러냈다.[57]

전쟁의 수사는 의료진을 최전선 군인으로, 병원을 전쟁터로 표현하며 우리가 외부의 적에게 공격을 받고 있다고 강조한다.[58] 이는 오히려 의료 시스템의 위기를 직면하지 못하게 하는데, 질병과 죽음에 대한 책임을 보이지 않는 적으로 돌리면서 현재 정치 경제 시스템의 취약 조건을 은폐할 수 있기 때문이다. 의료 체계를 재정비함에 있어서, 전시 상황에서의 공급 부족과 장비 문제, 환자 수급 문제 등에 대한 일종의 경고만으로는 코로나바이러스에 대응할 수 있는 진보된 기술이 가지는 맹점과 구체적인 경제 모델에 대한 결함을 자세히 설명해 주지 못할 수 있다. 코로나바이러스와의 전쟁이라는 은유는 위기 관리 시스템이 국민들을 보호할 준비가 되어 있지 않다는 것에 대한 책임을 회피하도록 한다.[59]

위기 이후 상황으로의 복귀

전쟁의 언어에는 시스템의 취약성에 대한 강렬한 경고를 주는 효과가 있지만, 민주주의와 관련한 인식의 환기가 선행되어야 한다. 우리의 논의에서 전쟁의 수사는 권위주의를 정당화했고, 정부는 사람들의 감정을 활용했다. 사람들은 두려움을 겪게 되면 자신의 자유에 대한 예외적인 조치와 제한을 더 쉽게 받아들이게 된다. 코로나바이러스 대유행 이후 전 세계 여러 지역에서 거리에 경찰 배치가 증가하고, 통행 금지령이 시행되었다. 세계 각국은 사람들에게 격리 시기와 방법을 알려주는 감시 시스템을 도입해 사람들을 통제할 수 있게 되었다. 현재 사람들의 지리적 위치 정보를 사용해 연락처 추적을 하는 것이 언제든 가능한 단계에 있다. 우리는 곧 강화된 감시 사회에 도전하게 될 것이다.[60]

강화된 경찰 감시, 디지털 감시, 대면 접촉의 부재, 사람들과의 격리 등은 전염병으로부터 사람들의 생명을 구하기 위해 치러야 할 일시적인 대가이다. 이 대가는 언제까지 계속될 수 있는가? 이러한 생활 방식의 의미는 무엇인가? 정부가 이끄는 "특단의 조치"들은 장기적으로 우리의 삶을 유지하는 방향에서는 충분하지 않다. 시급한 위기 상황에서 전쟁의 수사를 사용하며 민주주의를 유보할 경우 전쟁의 상흔이 오래 남는다. 팬데믹 위기 상황에 적응하기 위해 집단 인식을 재편하고, 정치적으로 설득하는 데 집중하기보다, 시스템의 문제를 해결하면서도 소외되거나 차별받는 계층이 만들어지지 않게 하는 민주주의적 설득의 방식을 찾아야 한다.

2장

가짜뉴스와 팬데믹의
"디지털 결혼"

이병재(연세대학교 디지털사회과학센터 연구교수)

"빵이 없으면 케이크를 먹으라고 하세요."

이 말은 1789년 프랑스 혁명 당시 기아에 허덕이는 성난 군중들에게 왕비였던 마리 앙투아네트가 한 말로 알려져 있다.[1] 호화로운 생활에 빠져 나라의 경제 상황을 파악하지 못한 철없는 왕비를 단적으로 드러내는 말로 말이다. 그런데, 마리 앙투아네트는 과연 실제로 이런 말을 했을까? 마리 앙투아네트가 이런 말을 했다는 기록은 프랑스 혁명 당시의 기록 어디에도 없다. 마리 앙투아네트가 프랑스 혁명 당시 이런 말을 했다는 기록은 후대인 1843년에 처음 등장해서 정설로 굳어졌다.[2] 하지만, 여러 가지 정황을 고려해 볼 때 마리 앙투아네트가 실제로 이 말을 했을 가능성은 매우 낮다. 그렇다면 왜 많은 사람들은 이 말을 마리 앙투아네트가 한 것으로 알고 있을까?

장 자크 루소의 책에서 단서 하나를 찾을 수 있다. 『고백록』 6권에서 루소는 이런 말을 한다.

한참 후 한 지체 높은 공주가 한 말이 떠올랐다. 농민들에게 빵이 없다고 말하니, 그 공주가 "브리오슈를 먹으라고 하세요"라고 대답했다는 것이다.

루소는 이 말을 한 사람이 누구인지는 명시적으로 말하지 않고 있지만, 이 책의 6권이 1765년에 쓰였고 마리 앙투아네트가 루이 16세와 1770년에 결혼한 것으로 미루어 볼 때 지체 높은 공주를 마리 앙투아네트로 추정하기는 어렵다. 프랑스 혁명 당시의 군중들은 프랑스의 재정 상태가 계속 악화되고 있는 원인이 왕비로 대표되는 왕실의 사치스러운 생활 방식이라고 비난하였다. 하지만, 이러한 비난의 근저에는 마리 앙투아네트가 7년 전쟁(1756년부터 7년간 오스트리아의 합스부르크 왕가가 영토 회복을 위해 프로이센과 벌인 전쟁)에서 적국이었던 오스트리아 출신이었다는 점과 결혼 이후 7년간 자녀를 갖지 못했다는 점이 작용하였다. 물론 근거가 불확실한 왕비의 언사가 프랑스 혁명의 직접적인 원인이었다고 볼 수는 없지만, 당시 프랑스 시민들이 왕실에 대해 가지고 있던 부정적인 이미지를 응축하여 후세의 사람들이 표현한 것으로 볼 수 있다. 그렇다면 마리 앙투아네트가 이런 말을 했다는 주장은 가짜뉴스일까? 물론 그런 말을 한 기록이 어디에도 없다는 점으로 볼 때 사실이 아닌 것으로 추정된다. 그렇다면 마리 앙투아네트와 그 언사가 어떻게 연결된 것일까?

가짜뉴스는 무엇인가?

최근 들어 유행하고 있는 가짜뉴스에 대한 논의에서 시작하자. 가짜뉴스 (fake news)는 무엇일까? 잘못된 정보는 모두 가짜뉴스일까? 가짜뉴스의 반대는 진짜 뉴스(true news)일까 혹은 사실(fact)일까? "2022년 현재 미국의 대통령은 도널드 트럼프이다"라고 누군가가 말한다면 이것은 가짜뉴스일까, 아닐까?

가짜뉴스는 일반적으로 오정보(mis-information), 역정보(dis-information), 악정보(mal-information) 등을 포함하는 포괄적인 용어이다. 하지만, 이들 간에는 근본적인 차이가 있다. 옥스퍼드 사전은 가짜뉴스를 '남을 속이거나 정치적인 목적을 달성하기 위해 방송하거나 공표한 허위 정보'로 정의한다. 이 정의에서 중요한 것은 '허위'와 '남을 속이거나 정치적인 목적을 달성하기 위해'의 두 부분이다. 그렇다면 이 정의는 위의 오정보, 역정보, 악정보와 어떻게 연관될까? 일반적으로 오정보, 역정보, 악정보는 다음과 같이 정의된다.[3]

오정보: 의도하지 않은, 혹은 인지하지 못한 상태에서 유포된 허위 사실

역정보: 해를 끼치고자 하는 목적으로 유포시킨 잘못된 내용

악정보: 사실에 기반하고 있으며, 다른 사람, 조직, 국가에 피해를 입히기 위해 사용된 정보

이러한 정의에 따라서 보면 오정보와 역정보의 차이는 정보의 사실 여부

보다는 유포자의 의도에 있다는 것을 알 수 있다. 양자 모두 잘못된 정보이지만 의도적인가 그렇지 않은가에 따라 구별된다. 역정보와 악정보의 차이는 목적은 유사하지만 정보의 사실 여부에 있는 것이다. 가짜뉴스는 대략 이 모든 범주를 포함하는데, 우리가 일반적으로 가짜뉴스로 연상하는 것은 역정보에 해당한다. 역정보를 구성하는 중요한 요인은 정보 자체의 사실 여부보다는 뉴스 생산자의 의도에 있다는 것을 볼 수 있다. 아이러니하게 가짜뉴스인가 아닌가는 뉴스 자체의 사실 여부에 있는 것이 아니라 뉴스 생산 및 전파자의 의도에 있는 것이다.

이 지점에서 흥미로운 논쟁거리를 제공하는 것이 미국의 심리철학자 해리 프랑크푸르트의 거짓말과 개소리의 분류이다.[4] 프랑크푸르트에 따르면 거짓말과 개소리를 하는 사람은 양자 모두 자신이 진실을 말한다고 사람들이 믿기를 원한다. 하지만 이 둘 간에는 커다란 차이가 있다. 거짓말은 타인을 속이기 위한 목적으로 의도적으로 하는 것이다. 따라서 거짓말쟁이는 진실이 무엇인지 알고 있고 진실을 감추려고 한다. 하지만, 개소리를 하는 사람은 자신이 하는 말의 진실 여부에는 전혀 관심이 없다. 하지만, 자신이 진실과 거짓에 전혀 관심이 없다는 것을 은폐한다. 즉, 자신이 하는 말이 진실이라고 주장하지만 실제로 그 말의 진실 여부에는 관심이 없다. 왜냐하면 이 언사의 목적이 다른 것에 있기 때문이다. 마리 앙투아네트가 그런 말을 했다고 주장하지만 실제로 그가 그런 말을 했는지 여부에는 관심이 없는 것이다. 이 점 때문에 개소리는 거짓말보다 훨씬 큰 진실의 적이라고 할 수 있다.

그렇다면 가짜뉴스는 다음과 같이 정의할 수 있다.

가짜뉴스는 발행된 뉴스의 형태로 언명된 개소리이다.[5]

이 정의에는 가짜뉴스의 세 가지 조건, 즉 1) 개소리, 2) 언명, 3) 발행이라는 조건이 모두 포함되어 있다. 프랑크푸르트가 말하는 '개소리'의 조건은 진실 여부에 무관심하다는 것과 자신의 실제 의도를 감추려 한다는 것이다. 두 번째 조건인 '언명'은 분명하게 언급되어야 한다는 것이며, 암묵적으로 추론할 수 있는 경우에는 가짜뉴스가 되지 않는다고 볼 수 있다. 세 번째 조건인 '발행' 역시 중요하다. 가짜뉴스는 신문, 방송, 유튜브, 트위터, 페이스북 등의 매체를 통해 공개적으로 발행되어야 한다. 개인 간의 대화에서 이루어진 내용을 가짜뉴스로 볼 수는 없기 때문이다.

역사 속의 가짜뉴스
─가짜뉴스는 편견을 먹고 자란다

진실이 아니거나 혹은 사람들을 오도하기 위한 전략적 목적으로 만들어진 가짜뉴스 혹은 잘못된 정보는 고대 로마에서도 사용되었다.[6] 고대 로마 제2차 삼두 정치 시기에는 카이사르의 양자인 옥타비아누스(아우구스투스)와 마르쿠스 안토니우스 간의 갈등이 극에 달했다. 당시는 거의 백 년에 걸친 내전과 암살 등으로 점철된 시기였으며 이러한 갈등으로 인해 로마는 붕괴에 이를 지경이었다. 안토니우스는 로마의 동쪽 지역을 자신의 영지로 가지고 있었으며 이집트의 여왕 클레오파트라와 연인 관계였다. 라이벌인 옥타비아누스는 로마를 차지하고 있었으며 원로원과 시민들의 지지가 매우 중요한 상황이었다. 권력 투쟁에서 승리하여 궁극적으로 지중해 지역의 패권을 가지기 위해서는 민심을 사는 것이 중요했다는 점은 두말할 나위 없다.

옥타비아누스는 로마에, 안토니우스는 이집트에 있었기 때문에 상황이 옥타비아누스에게 유리했던 것은 자명했다. 로마 시민들과 원로원에 영향력을 행사하기에 훨씬 유리한 상황이었던 것이다. 하지만 이러한 상황에서 안토니우스에게 결정적인 타격을 안겨준 것은 옥타비아누스가 입수했다고 주장한 안토니우스의 유언장이었다. 이 유언장의 진위에 대해서는 아직까지도 많은 이견이 존재하지만, 로마 시민과 원로원이 안토니우스를 등지게 만든 것은 이 유언장에 담긴 내용이었다. 이 유언장은 고대 로마인들이 가지고 있던 동방 지역과 클레오파트라에 대한 편견을 효율적으로 동원하고 있었다. 당시 로마의 사람들은 동방 지역의 부와 강한 여성에 대한 고정 관념을 가지고 있었는데, 안토니우스의 유언장은 그와 클레오파트라 사이의 자녀들(쌍둥이인 클레오파트라 셀레네와 알렉산드로스 헬리오스 그리고 프톨레마이오스 필라델푸스)에게 동지중해 지역의 로마 영토 대부분을 유산으로 남긴다는 내용을 포함하고 있었으며, 클레오파트라와 카이사르 사이의 아들인 카이사리온을 카이사르의 정당한 후계자로 선언하고 있었다. 이는 특히 카이사르의 양자인 옥타비아누스의 정당성을 약화하는 것이었다. 또한 이 유언장은 자신의 사후 유해를 알렉산드리아의 프톨레마이오스 왕가의 무덤에 안장해 줄 것을 부탁하고 있는데, 이는 로마의 사람들에게 떠돌던 루머, 즉 안토니우스가 집권하면 전제적인 군주가 되어 로마를 이집트에 바칠 것이라는 루머를 입증하는 것으로 여겨진 것이다.

이러한 뉴스가 만들어지자 더 이상 유언장의 진위 여부와 옥타비아누스가 유언장을 어떻게 입수했는가는 중요하지 않은 문제가 되었다. 이후 옥타비아누스는 유언장을 원로원에서 낭독하였으며 원로원은 이 유언장의 내용을 전국에 전령을 통해 전파하고, 더 나아가 안토니우스의 지배권을 박탈하였다. 옥타비아누스는 이러한 메시지를 시와 동전에 새긴 짧은 문구 등을 활용해 퍼뜨렸다.[7] 이 과정에서 우리가 주목할 점은 로마인들이 가지고 있던 이집트와 클레오파트라에 대한 편견(부를 가진 매력적이고 강력한 여성에 대한 편견)이 효율적으로 활용되었다는 점이다. 즉, 안토니우스는 이국 왕가의 여인 클레오파트라에 빠져 정신을 잃은 사람이라는 틀에 짜 맞춰지게 된 것이다.

소문 또는 구전으로 행해지던 가짜뉴스의 전파가 활발해진 데는 인쇄술의 발달이 커다란 기여를 하였다. 15세기에 인쇄술의 발명으로 뉴스는 이전보다 훨씬 빨리 전파되게 되었다. 베네딕트 앤더슨이 설명한 것처럼 인쇄술의 발달로 종교와 왕가가 차지하던 자리를 민족과 국민이 대체하였으며 "동질적이며, 공허한 시간" 개념이 탄생한 것이다.[8] 이 과정에서 라틴어가 아닌 각 지방의 언어로 인쇄된 책과 문서의 대량 생산이 커다란 역할을 하였으며, 신문이 등장하면서 전 국민은 같은 뉴스를 같은 시간에 읽을 수 있게 되었다. 헤겔의 말처럼 이제 아침마다 신문을 읽는 것이 근대인의 종교 의식이 된 것이다.[9] 인쇄술의 발달로 인해 정보는 광범위하게 전달되었으며, 가짜 뉴스의 전달 속도와 파급력 역시 급증하게 되었다.

　19세기에 이르러 저가 신문이 유통되어 대중들에게 뉴스가 용이하고 저렴하게 전달되었다. 인쇄술의 대중화로 미국에서 어떤 신문은 1페니에 팔리기도 했다. 판매 부수를 증가시키기 위해 터무니없는 가짜뉴스가 유통되기도 했는데, 대표적인 예가 1835년 8월 25일 뉴욕에서 발행되던 『더 선(The Sun)』에 게재된 달에 있는 생명체에 관한 시리즈 기사였다. 그 기사는 달에 유니콘, 두 다리로 걷는 비버, 날아다니는 박쥐 인간 등이 살고 있으며, 이 사실을 발견한 사람이 당대 가장 저명한 천문학자였던 존 허셜이라고 주장했다.[10] 이 뉴스는 당시 매우 인기가 많았으며, 결과적으로 『더 선』의 판매 부수 증가에 커다란 기여를 했다. 물론 기사의 작성자인 리처드 로크는 풍자와 센세이션을 일으키고자 하는 목적으로 허위 기사를 만들어낸 것이었다.

그림 1 1835년 『더 선』에 실린, 달의 모습을 그린 삽화(왼쪽)
그림 2 1835년 『더 선』에 실린, 박쥐 인간의 모습을 그린 삽화(오른쪽)

출처: https://en.wikipedia.org/wiki/Great_Moon_Hoax

가짜뉴스는 전쟁 중에 전략적인 목적으로 가장 많이 생산된다. 전쟁 중에는 선전의 목적으로 가짜뉴스가 생산되어, 정치적인 이익을 위해 사용된다. 특히 참전을 개시할 때 자국민을 설득하기 위한 목적으로 사용된다. 많은 경우 타국에 의해 자국민 또는 자국 동포가 부당한 공격을 받고 있다는 뉴스가 사용된다.[11]

가짜뉴스가 전쟁의 정당성을 주장하기 위한 목적으로 사용된 대표적인 예가 미국-스페인 전쟁 직전에 나왔던 뉴스 기사이다. 1898년 미국 해군 군함 USS 메인호가 쿠바에서 침몰하였는데, 당시 미국의 몇몇 신문이 스페인을 범인으로 지목하였다. 이들 언론은 다양한 삽화를 통해 배의 폭발 장면 등을 묘사하여 실제 스페인이 침몰시킨 것처럼 호도하였다. 실제로 스페인이 공격했다는 증거는 없었으나 미국인들이 스페인을 군함 침몰의 범인으로 인식하여 몇 년 후 미국-스페인 전쟁을 촉발한 요인 중 하나로 작용했다.[12]

정부에서 전략적인 목적으로 가짜뉴스를 만들어 유포하기도 한다. 1917년 1차 세계대전 당시 영국의 신문인 『타임스(The Times)』와 『데일리 메일(Daily Mail)』은 독일인들이 시체에서 지방을 추출하여 비누와 마가린 제작을 한다는 기사를 게재하였다.[13] 물론 이 기사는 가짜였다. 이 뉴스는 영국 정부에서 공식적으로 신문사에 제공한 것이었는데, 영국인들의 독일에 대한 적대감을 고취시키는 데 기여하였다.

이 밖에도 역사상 우리는 무수히 많은 가짜뉴스 혹은 잘못된 정보가 전략적인 목적으로 생산되고 유포된 것을 찾아볼 수 있다. 가짜뉴스는 역병이 창궐할 때 특히 횡행한다. 이러한 상황을 우리는 코로나-19의 경우에도 목도하고 있다. 고래로 질병은 사회적인 급격한 변화를 수반하기 때문에 그러한데 다음으로 대표적인 최근의 팬데믹과 당시 나타난 가짜뉴스를 살펴보자.

역병과 가짜뉴스

역사적으로 팬데믹으로 불릴 수 있을 정도로 대규모로 창궐한 질병은 사실 코로나-19가 처음은 아니다. 고대 아테네 시대부터 질병의 창궐은 정치 체제의 몰락에 커다란 영향을 미쳤다. 세계사를 뒤흔든 정도의 팬데믹 사태를 학자들은 다음의 다섯 차례로 보고 있다.[14]

- ☞ 기원전 430년 아테네 제국의 역병
- ☞ 서기 169년~180년 로마 제국의 역병(안토니누스 역병)
- ☞ 서기 541년 비잔티움 제국의 역병(유스티니아누스 역병)
- ☞ 서기 1346년(1830년 종식) 유럽의 흑사병
- ☞ 19세기 중엽 중국에서 발생한 콜레라 역병

여기에 현재 유행 중인 코로나를 포함할 수 있다. 이 중 몇몇은 문명사적 전환으로 불릴 만한 변화를 가져오기도 했다. 예컨대 서기 169년에 발생한 안토니누스 역병은 기독교의 확산에, 서기 541년에 발생한 유스티니아누스 역병은 비잔티움 제국이 쇠퇴하고 이슬람 세력이 발흥하는 데 영향을

미쳤다.[15]

이에 더해 맥밀렌은 페스트, 천연두, 말라리아, 콜레라, 폐결핵, 인플루엔자, HIV/AIDS 등을 팬데믹으로 보았다.[16] 역병의 발생은 공동체의 위기로 이어지기 때문에, 팬데믹과 전염병은 많은 경우 자연적인 질병이면서 사회적인 질병이기도 하다. 역병의 발생은 많은 경우 음모론과 가짜뉴스를 양산하며 공동체의 약화로 연결된다. 여기서는 비교적 최근의 팬데믹인 1918년에 발생한 스페인 독감과 당시에 유행했던 음모론과 가짜뉴스에 대해서 살펴보자.

1918년과 1919년에 전 세계를 뒤흔들었던 인플루엔자 '스페인 독감'은 역사상 흑사병 이래 최대 규모의 질병이었다. 1918년에 두 번, 1919년에 세 번째의 유행이 지나갔다. 인플루엔자는 1889~1892년에도 한 번 지나가기는 했지만 그 규모는 훨씬 작았다. 1918년의 팬데믹으로 최소한 5천만 명의 사망자가 발생했다. 2022년 4월 24일 코로나바이러스 누적 확진자가 5억 1천만 정도이며, 누적 사망자가 621만 8천 명인 것을 고려해 보면 인플루엔자가 얼마가 많은 피해를 입혔는지 사실 짐작조차 어렵다.

이 질병은 미국 캔자스의 캠프 펀스턴에서 처음 보고되었는데, 여기서 미 전역의 군 기지로 전파되었다. 당시 1차 대전에 참여한 군인들을 통해 대서양 건너 프랑스로 전파되었고, 향후 독일, 벨기에, 룩셈부르크, 스위스 등으로 퍼져 나갔다. 그 이후 동유럽과 북아프리카로도 퍼져 나갔다.

유럽에서 발생한 지 한 달 만에 일본에서 발병 사례가 발견되었고 이후 당시 일본 식민지였던 대만과 한국으로 전파되었다. 이후 영국령 인도로 퍼져 나갔다. 인구 밀도가 높은 인도는 질병 증식에 매우 좋은 조건을 갖춘 곳이었으며, 인도의 봄베이(지금의 뭄바이)는 새로운 진원지가 되었다. 해외에서 돌아온 군인들을 통해 호주 역시 감염자가 발생하여 전파되었다.

1918년 후반기에 발생한 2차 유행은 1차보다 훨씬 치명적이었다. 1차 유행 때는 일반적인 계절성 감기와 증상이 비슷하였으나, 변이가 발생한 2차 유행은 치명률이 매우 높았으며 건강한 젊은 사람을 24시간 내에 사망시킬 수 있었다.

2차 유행은 프랑스의 브레스트에서 처음 발생하였다. 당시 브레스트에는 다양한 국가에서 온 군대가 집결해 있었으며, 누군가가 변이 인플루엔자에 감염된 상태였던 것으로 추정된다. 거의 동시에 미국의 군대도 감염되었는데, 보스턴에서 시작하여 미국 내의 다른 군대 기지로 전파되어 갔다. 이후 중미와 남미로 퍼져 나갔다. 프랑스에서 시에라리온의 프리타운으로도 전파되었으며 이는 해안, 강, 철로를 타고 다른 아프리카 지역으로 재빠르게 전파되었다. 남아프리카 공화국이 또 다른 진원지가 되어 잠베지강을 타고 에티오피아로 전파되었다.

1918년 연합군의 러시아 내전 개입을 계기로 인플루엔자는 아르한겔스크로 전파되었으며, 러시아 남서부와 북동부로 퍼져 나가기 시작했다. 러시아 내전과 시베리아 횡단 열차가 이란, 인도, 중국, 일본 등 아시아 지역으로 독감이 퍼져 나가는 데 큰 역할을 했다.

3차 유행은 호주에서 1919년 후반에 시작되어서 유럽에 전파되어 세르비아, 프랑스와 영국에 주로 영향을 미쳤다. 이 시점에 유럽에서 1차 대전의 전후 처리와 관련하여 유럽에 머물던 미국의 윌슨 대통령이 인플루엔자에 감염되기도 했다. 미국에서 로스엔젤레스, 뉴욕, 샌프란시스코 등에서 감염이 발생하였다. 이는 멕시코로 전파되었다. 사망률은 여전히 높기는 했지만 2차 유행에 비해서는 현저히 낮았다.

그런데 이 인플루엔자는 왜 '스페인 독감'이라고 불릴까? 당시 대부분의 국가들이 인플루엔자의 발생을 감추고 있는 상황에서 스페인 정부가 최초로 공개적으로 질병의 심각성을 인정했기 때문이다. 사실 이 독감의 최초 진원지가 어디인가는 명확하지 않다. 캐나다로 이주한 중국인 노동자들에게서 시작되었다는 연구[17]가 최근에 제시되었지만 아직 확정된 것은 아니다. 약 9만 6천 명의 중국인 노동자들이 1차 대전 당시 영국과 프랑스 전선 후방에 투입되었는데 이들을 통해 팬데믹이 시작되었다는 가설이다.

이탈리아에서는 이것이 감기나 독감이 아니라 독일이 만들어낸 화학 무기라는 루머도 퍼졌다.[18] 이탈리아의 의사는 독감 관련 팸플릿에 "최근의 질병이 범죄의 결과인가?"라는 제목을 붙이기도 했다. 미국의 경우에도 독감에 관련된 가짜뉴스와 음모론은 기승을 부렸다.

미국에서만 1918년 10월 한 달 동안 20만 명이 사망했는데 이는 1차 대전에서 사망한 숫자의 거의 4배에 이른다. 같은 달, 이 질병이 어디서 기원했는가에 대한 많은 이야기가 나왔는데 대부분은 독일에 비난의 화살을 돌리고 있었다. 정부 차원의 조사가 실시되자 다양한 시민들의 제보가 답지했는데, 담배, 음식, 아스피린, 피하 주사기를 가진 이상한 사람들이 적국의 질병을 유포시킨다는 제보였다. 가장 널리 유포되었던 가짜뉴스는 최근 독일 잠수함을 타고 미국에 잠입한 스파이가 독감을 유포시켰다는 주장이었다. 어떤 사람은 "동부 끝에서 서부 끝까지 퍼지는 데 고작 6주밖에 안 걸렸다. 독일 스파이가 유포한 것이 아니라면 어떻게 이런 일이 가능한가?"라는

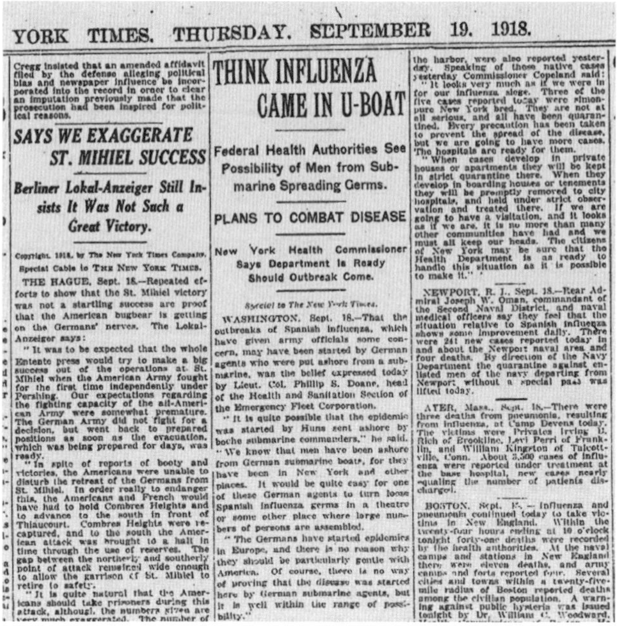

YORK TIMES. THURSDAY. SEPTEMBER 19. 1918.

Cregg insisted that an amended affidavit filed by the defense alleging political bias and newspaper influence be incorporated into the record in order to clear an imputation previously made that the prosecution had been inspired for political reasons.

SAYS WE EXAGGERATE ST. MIHIEL SUCCESS

Berliner Lokal-Anzeiger Still Insists It Was Not Such a Great Victory.

Copyright, 1918, by The New York Times Company.
Special Cable to THE NEW YORK TIMES.

THE HAGUE, Sept. 18.—Repeated efforts to show that the St. Mihiel victory was not a startling success are proof that the American bugbear is getting on the Germans' nerves. The Lokal-Anzeiger says:

"It was to be expected that the whole Entente press would try to make a big success out of the operations at St. Mihiel when the American Army fought for the first time independently under Pershing. Our expectations regarding the fighting capacity of the all-American Army were somewhat premature. The German Army did not fight for a decision, but went back to prepared positions as soon as the evacuation, which was being prepared for days, was ready.

"In spite of reports of booty and victories, the Americans were unable to disturb the retreat of the Germans from St. Mihiel. In order really to endanger this, the Americans and French would have had to hold Combres Heights and to advance to the south in front of Thiaucourt. Combres Heights were recaptured, and to the south the American attack was brought to a halt in time through the use of reserves. The gap between the northerly and southerly point of attack remained wide enough to allow the garrison of St. Mihiel to retire to safety.

"It is quite natural that the Americans should take prisoners during this attack, although the numbers given are very much exaggerated. The number of

THINK INFLUENZA CAME IN U-BOAT

Federal Health Authorities See Possibility of Men from Submarine Spreading Germs.

PLANS TO COMBAT DISEASE

New York Health Commissioner Says Department Is Ready Should Outbreak Come.

Special to The New York Times.

WASHINGTON, Sept. 18.—That the outbreaks of Spanish influenza, which have given army officials some concern, may have been started by German agents who were put ashore from a submarine, was the belief expressed today by Lieut. Col. Phillip S. Doane, head of the Health and Sanitation Section of the Emergency Fleet Corporation.

"It is quite possible that the epidemic was started by Huns sent ashore by boche submarine commanders," he said. "We know that men have been ashore from German submarine boats, for they have been in New York and other places. It would be quite easy for one of these German agents to turn loose Spanish influenza germs in a theatre or some other place where large numbers of persons are assembled.

"The Germans have started epidemics in Europe, and there is no reason why they should be particularly gentle with America. Of course, there is no way of proving that the disease was started here by German submarine agents, but it is well within the range of possibility."

the harbor, were also reported yesterday. Speaking of those native cases yesterday Commissioner Copeland said:

"It looks very much as if we were in for our influenza siege. Three of the five cases reported today were simon-pure New York bred. They are not at all serious, and all have been quarantined. Every precaution has been taken to prevent the spread of the disease, but we are going to have more cases. The hospitals are ready for them.

"When cases develop in private houses or apartments they will be kept in strict quarantine there. When they develop in boarding houses or tenements they will be promptly removed to city hospitals, and held under strict observation and treated there. If we are going to have a visitation, and it looks as if we are, it is no more than many other communities have had and we must all keep our heads. The citizens of New York may be sure that the Health Department is as ready to handle this situation as it is possible to make it."

NEWPORT, R. I., Sept. 18.—Rear Admiral Joseph W. Oman, commandant of the Second Naval District, and naval medical officers say they feel that the situation relative to Spanish influenza shows some improvement daily. There were 241 new cases reported today in and about the Newport naval area and four deaths. By direction of the Navy Department the quarantine against enlisted men of the navy departing from Newport without a special pass was lifted today.

AYER, Mass., Sept. 18.—There were three deaths from pneumonia, resulting from influenza, at Camp Devens today. The victims were Privates Irving B. Rich of Brookline, Levi Perri of Franklin, and William Kingston of Talcottville, Conn. About 3,500 cases of influenza were reported under treatment at the base hospital, new cases nearly equaling the number of patients discharged.

BOSTON, Sept. 18.—Influenza and pneumonia continued today to take victims in New England. Within the twenty-four hours ending at 10 o'clock tonight forty-one deaths were recorded by the health authorities. At the naval camps and stations in New England there were eleven deaths, and army camps and forts reported four. Several cities and towns within a twenty-five-mile radius of Boston reported deaths among the civilian population. A warning against public hysteria was issued tonight by Dr. William C. Woodward,

그림 3 독일의 스파이가 바이러스를 유포시켰을 가능성에 대한

『뉴욕 타임스(The New York Times)』 1919년 9월 19일자 기사

출처: https://www.nytimes.com/1918/09/19/archives/think-influenza-came-in-uboat-federal-health-authorities-see.html)

주장을 하기도 했다.[19]

지금 시점에 되돌아보면 독일이 인플루엔자의 기원과 유포에 연관되어 있을 것이라는 주장은 명백한 가짜뉴스였다. 이는 우리가 앞서 살펴본 가짜뉴스의 생산과 유포와 비슷한 면이 있다. 가짜뉴스는 항상 무엇인가 두렵지만, 설명하기 어려운 현상을 설명하기 위해 임기응변으로 만들어지는 형태를 하고 있다. 1차 대전 당시에 독감 관련 루머를 조사한 결과 루머는

점점 더 확산되고 재가공되는 과정을 거치면서 확인되지 않은 위협이 점점 더 구체적이고 잘 알고 있는 위협으로 변형되는 경향을 보인다. 즉, 건강과 보건의 위협이라는 확인되지 않은 위협이 아니라, 독일 스파이에 의한 의도적인 유포라면 이를 막는 방법은 찾을 수 있는 것이다.

위기 상황에서 유포되는 루머는 대부분 한 사회의 문화에 내재하는 공포에 기반을 두고 강화되는 경향이 있다. 스페인 독감의 경우에도 백신에 대한 의구심은 만연하고 있었으며, 군대 훈련 캠프의 의사와 간호사들이 의도적으로 신병들에게 바이러스를 주입한다는 루머와 이들이 독일 스파이라는 루머가 만연하였다. 또한, 아직 인플루엔자 백신이 나오지는 않았지만, 정부가 강제했던 천연두와 장티푸스 백신은 집단적인 공포를 불러일으킨 대상이었다.

최근의 코로나 팬데믹의 경우와 마찬가지로 다양한 음모론이 출현하였다. 연방 정부는 물론 정치적 권위체, 과학적 지식과 기술, 백신 강제 접종, 그리고 개인 자유의 침해에 대한 의구심을 바탕으로 하여 공공 보건 조치에 반대하게 되는 것이다.

'플랜데믹(Plandemic, 코로나-19 팬데믹이 계획적으로 유포된 것이라는 주장)'을 포함한 음모론은 정부가 코로나 백신을 활용하여 질병을 감염시킨다는 주장이다. 최근에는 빌 게이츠가 사람들의 움직임을 추적하고 조작하기 위해 수십억의 사람들의 몸에 마이크로칩을 주입하기 위해 백신을 활용한다는 루머도 등장하였다.

이 과정에서 우리가 주목하는 것은 팬데믹에 대한 공포가 한 사회가 위험한 집단으로 여기고 있는 소수 집단에 대한 증오를 품고 재생되고 영속

화한다는 점이다. 스페인 독감 관련 루머의 경우 독감 발생 이전부터 오랜 기간에 걸쳐 미국 사회에 만연하던 독일 스파이에 대한 공포에 기반하고 있다. 바이러스가 독일에 의해서 의도적으로 유포되었다는 음모론은 사실 독일에 대해서 미국 사회가 가지고 있던 편견, 독일인이 배신자라든가 혹은 미국 사회의 아웃사이더라는 편견에 기반한 것이었다. 루머에 의하면 독일 스파이들이 잠수함을 타고 와서 해안에 상륙하여 바이러스를 퍼뜨리거나 미국에서 적극적으로 유포했다는 것이다. 이 당시 독일인 일반을 '암적 존재'라고 부르는 일도 흔했다.[20]

공포나 위기 상황에서 소수 집단에게 두려움을 전이하는 현상이 사실 새로운 것은 아니다. 이런 의미에서 아파두라이의 '소수에 대한 두려움'이라는 개념은 글로벌 시대에 독특한 의미를 갖는다.[21] 왜 소수를 두려워할까? 왜 미국 사회에서는 얼마 되지 않는 수의 독일인들을 두려워했을까? 여기서 소수는 우리가 늘 들어오던 자유주의에서 말하는 의견의 소수를 말하는 것이 아님은 자명하다. 의견의 소수는 사실 유동적인 집단이지만, 우리가 최근에 말하는 존재의 소수는 고정적인 집단이다. 토론을 통해 의견은 바뀔 수 있지만, 어떤 존재의 정체성은 토론을 통해 바뀔 수 있는 것이 아니다. 가짜뉴스와 편견의 동원이 만나는 지점은 여기이다.

우리는 가짜뉴스를 언제 믿게 될까?
─가짜뉴스와 정체성

가짜뉴스가 매체를 통해 공개된 형태로 발행된다 하더라도 우리가 그것을 믿지 않는다면 아무런 효용이 없다. 앞서 우리는 가짜뉴스가 대부분 우리의 내부에 존재하는 편견을 기반으로 만들어진다는 것을 예시를 통해 보았다. 이는 우리 안에 존재하는 종족주의와 밀접한 관련이 있다. 종족주의는 일반적으로 자신이 태어나면서부터 소속된 집단과 연관되지만 모든 경우 그런 것은 아니다. 종족주의를 설명하기 위해서 1954년 미국 오클라호마에서 10대 소년들을 대상으로 진행되었던 실험을 살펴보자.[22]

1954년 사회심리학자인 무자페르 셰리프와 동료들은 오클라호마시티에 거주하는 초등학교 5학년 남학생 22명을 모집하여 인근의 로버스 케이브 주립 공원에 있는 두 개의 캠핑장으로 보냈다. 이 학생들은 사회적, 교육적, 신체적, 감정적인 면에서 매우 비슷하였으며, 모두 백인, 개신교, 중산층 가정의 아이들이었다. 이들은 11명씩 2개의 집단으로 나뉘었는데, 두 팀은 모든 면에서 유사하도록 만들어졌다. 각 팀은 자신들을 '독수리' 팀과 '방울뱀' 팀으로 불렀다. 이렇게 3주에 걸친 실험이 진행되었다.

첫째 주에는 두 팀이 각각 떨어져서 지냈다. 각 팀에 속한 소년들은 서로 친해지는 시간을 가지고 같은 집단이라는 의식을 조금씩 가지게 되었다. 둘째 주에는 각 팀이 자신들 외에 다른 팀이 하나 존재한다는 것을 알게 되었다. 다른 팀을 본 적도 없지만, 소년들은 다른 팀을 "외부인(outsiders)", "침략자(intruders)", "캠프 저쪽 편에 있는 아이들"이라고 즉각 부르기 시작했으며, 다른 팀과 경쟁하기를 원했다. 실험 팀은 이 두 팀 간에 야구 토너먼트를 벌이도록 했다. 이들이 야구 경기를 하기 위해 처음 만났을 때, 독수리 팀의 한 소년이 방울뱀 팀의 소년 중 하나를 "더러운 셔츠(dirty shirt)"로 불렀다. 야구 경기 두 번째 날이 끝날 무렵에는 양 팀 모두 상대편에게 욕설을 퍼붓고 돼지(pigs), 쓸모없는 놈(bums), 사기꾼(cheaters) 등의 상대방을 비하하는 표현을 했다. 또한 이제 상대방 팀원들과 어울리는 것을 꺼리기 시작했다. 경기에 참가하지 않는 소년들도 경기장 옆에서 상대방 팀을 조롱하기에 바빴다.

다음 며칠 동안 양 팀 간의 관계는 빠르게 악화되어 갔다. 독수리 팀은 방울뱀 팀의 깃발을 불태웠고, 방울뱀 팀은 한밤중에 독수리 팀의 숙소를 습격하기도 했다. 독수리 팀은 대낮에 방울뱀 팀의 숙소를 습격했다. 양쪽 팀의 소년들은 싸움이 발생할 경우를 대비해서 돌멩이를 모으기 시작했고,

주먹다짐이 벌어지기도 했다. 불가피하게 실험을 진행하는 스태프들이 불상사가 발생할 것을 우려해서 양 팀 간의 교류를 중지시켰다. 두 팀은 모두 자신들의 캠프로 돌아갔다. 모든 면에서 유사한 22명의 소년들은 만난 지 겨우 2주 만에 거의 싸움 직전까지 가는 두 개의 집단을 형성한 것이다. 작은 경쟁과 자극적인 분위기는 양 팀을 싸움 상황으로 몰고 가는 데 충분했던 것이다.

셋째 주가 시작될 무렵 두 팀의 갈등 상황은 소년들이 객관적인 실재를 파악하는 능력에까지 영향을 미치기 시작했다. 소년들은 땅에 떨어진 콩을 주워 오라는 과제를 받았다. 각 소년들이 주워 온 콩을 양쪽 집단의 소년들이 모두 오버헤드 프로젝터로 5초 동안 본 후 콩이 각각 몇 개인지를 대답하도록 했다. 소년들은 자신의 팀 구성원들이 주워 온 콩의 숫자가 상대방 팀의 콩의 수보다 많다고 대답했다. 사실 소년들에게 보여준 콩의 개수는 항상 같았다.

이 실험은 집단의 형성과 집단 간 갈등을 보여주는 예로 잘 알려진 사례이다. 여기서 우리가 주목해야 하는 점은 집단 의식이 객관적인 실재를 파악하는 능력에까지 영향을 준다는 점이다. 우리가 이 실험에서 "독수리"와 "방울뱀"을 더불어민주당과 국민의힘으로 바꾸어놓아도 전혀 이상하지 않다. 동일한 사안에 대해서 정파성에 따라 진위를 다르게 인식하는 사례는 무수히 많이 관찰된다. 어느 집단의 가짜뉴스는 다른 집단에게는 사실일 수 있는 것이다. 즉, 트럼프의 가짜뉴스는 트럼프를 지지하는 집단에게는 사실인 것이다. 독수리와 방울뱀 팀의 구성원들 간의 차이는 소속된 팀밖에 없다. 양 팀의 구성원들은 모든 면에서 매우 유사하기 때문이다. 그런데

3주라는 짧은 시간에 발생한 집단에 대한 소속감은 객관적인 실재를 판단하는 능력에까지 영향을 미친 것이다.

델라포르타 등은 「자유주의자들은 왜 라테를 마시는가?」[23]라는 글에서 우연히 형성된 집단에서 동류 선호 현상이 나타나서 정치적 지향은 물론 취향 면에서도 동질화되는 경향을 지적한 바 있다. 특정한 정치적 지향에 대한 신념을 중심으로 형성된 정치 집단의 경우에도 이런 현상이 적용되는데 정치적 지향과 커피에 대한 선호가 일치할 이유는 전혀 없지만, 주변의 사람의 취향에 따라 선호도 변화하는 것이다. 이러한 논리는 가짜뉴스의 경우에도 쉽게 적용된다. 특정 사건이 발생했을 때 그 사건의 진실 여부에 대한 판단 역시 자신의 "독수리", "방울뱀", "더불어민주당 지지자", "국민의 힘 지지자"라는 정체성에 영향을 받는 것이다. 그렇다면 정체성이란 무엇을 의미할까?

정체성은 실로 많은 것을 의미[24]하지만 일상적으로 우리가 사용하는 언어에서 발견되는 정체성은 사회적 정체성과 개인적 정체성이다.[25] 사회적 정체성이란 어떤 집단의 특성 혹은 그 구성원으로서의 자격을 규정하는 규칙에 의해서 규정되는 꼬리표라고 할 수 있다. 예를 들어, 아버지는 자녀를 가지고 있는 남성, 대학생은 대학교에 재학 중인 사람 등으로 규정될 수 있다. 여기에는 한국인, 미국인, 기독교 신자, 아버지, 어머니, 대학생 등등의 것들이 포함될 수 있으며 한 사람은 수많은 사회적 정체성을 가질 수 있다. 예컨대, 위에서 언급한 정체성 중에서 한국인, 기독교 신자, 대학생 등은 한 사람의 사회적 정체성으로 볼 수 있다. "당신은 누구입니까?"라는 질문에 대해서 우리는 상황에 따라서 한국인, 기독교 신자, 대학생 등으로 다르게 답할 수 있다.

이와 달리 개인적 정체성은 한 개인이 특별한 자부심을 가지는 특질, 신념, 욕망, 또는 원칙 등을 지칭하며 일반적으로 자신이 원한다고 해서 변경될 수 없는 종류의 정체성이다. 사회적 정체성 중에서 한국인 혹은 미국인이라는 정체성이 단순히 본인의 국적을 의미한다면 사회적 정체성으로 파악되지만 한국인, 미국인, 혹은 대학생이라는 특질에 특별한 자부심과 긍지를 가지면서 자신의 변경될 수 없는 특징이라고 생각한다면 이는 개인적 정체성이라고 볼 수 있을 것이다. 광고 문구에서 우리가 흔히 접하는 "진정한 나의 정체성을 찾아서"에서 말하는 정체성은 개인적 정체성이라고 볼 수 있을 것이다. 이 정체성은 자부심 또는 긍지와 연관된다. 가짜뉴스는 이런 개인적 정체성을 효과적으로 동원한다.

카네만의 널리 알려진 이론에 따르면 인간의 사고에는 두 가지 모드가 있다.[26] 첫 번째 모드의 특징은 신속하고, 자동적이고, 자주 사용되고, 감정적이며, 정형화되어 있고, 거의 무의식적이다. 두 번째 모드의 특징은 느리고, 노력이 필요하며, 빈번히 발생하지 않고, 논리적이며, 계산적이며, 의식적이다. 가짜뉴스의 마술은 중요한 문제에 대한 논의에서 사람들이 두 번째가 아닌 첫 번째 모드를 사용하도록 프레이밍하는 데 있다. 이런 작업은 어떻게 가능할까?

두 번째 모드는 우리가 복잡한 문제를 해결할 때 사용하는 모드로서 가능한 한 모든 정보를 활용하여 복잡한 문제를 해결해야 할 때 사용하며, 첫번째 모드는 대답하기 쉬운 정체성에 기반하여 답하는 쉬운 문제에 맞닥뜨렸을 때 사용하는 모드이다. 따라서 정보 기반 사고 모드를 사용할 때는 가용한 모든 데이터를 활용하여 손익 계산을 하며 다양한 다른 가능성에 대해 신중히 생각해 본 후 합리적인 결정을 내리게 된다. 그렇게 하기 위해서 가용한 자료를 모두 수집하여 읽어보는 노력을 기울이게 된다. 반면 정체성 기반 사고 모드를 사용할 때는 사람들은 단지 자신의 정체성에 더 어울리는 선택이 무엇일까만을 생각하게 된다.

오이저만과 도슨에 의하면 가짜 뉴스는 수용자의 문화적 특성을 무기로 사용할 때 가장 효과적으로 행동으로 연결될 수 있다.[27] 가짜뉴스는 다음의 순서로 작동한다. 1단계에서 가짜뉴스는 문화적으로 당연시되던 주제에 의문을 제기함으로써, 예전에는 너무나 자명하기 때문에 정당하지 않은 질문으로 여겨지던 것을 정답이 없는 정당한 질문으로 바꾼다. 2단계는 사람들이 가지고 있는 문화적 특성을 활용하여 주제를 수용자에게 문화적으로 친숙한 형태로 재구성한다.[28] 이 목적을 달성하기 위해 눈에 띄는 상징을 사용하거나, 문구를 변형하거나, 혹은 감각적인 신호를 사용한다. 가짜뉴스 캠페인은 특정 행동을 정체성에 적합한 형태로 제시한다. 즉 특정 행동이 "우리"다운 행동으로 여겨지며 이러한 행동을 하지 않는 것은 우리의 정체성에 대한 위협으로 여겨진다. 영국의 브렉시트의 경우 EU(유럽연합)에서 탈퇴하는 데 따른 비용과 이득, 그리고 대안에 대한 면밀한 사고보다는 영국인으로서 EU에 머무르는 것과 떠나는 것 중에서 어떤 선택이 더 영국인다운 것인가에 대한 생각이 작동하게 되는 것이다. 물론, 이 과정에서 2단계의 작업이 커다란 역할을 한다는 것은 두말할 나위 없다. 가짜뉴스 전파의 방식이 고대 로마, 프랑스 혁명기, 20세기 초의 팬데믹 시기에 비슷한 방식으로 사용된 것을 볼 수 있다.

가짜뉴스와 디지털 미디어

최근의 커다란 변화는 인터넷과 소셜 미디어의 발달이다. 인터넷의 발달로 인해 현대 사회는 초연결(hyper-connected, 사람과 사람, 사람과 사물, 사물과 사물이 극도로 촘촘하게 연결된 것)되어 있으며 정보는 옛날에 비해 매우 빠르게 확산된다. 찰스 디킨스의 소설을 읽기 위해서 사람들이 일주일마다 오는 집배원을 기다리는 세상이 아니다. 인터넷의 발달로 인해 정보가 빠르게 전파되지만, 이는 가짜뉴스 역시 매우 빠르게 전파된다는 것을 의미한다. 뉴스는 이제 전문가, 비전문가 구별 없이 만들어내며 검증 없이 퍼져 나간다.

소셜 미디어가 가지는 몇 가지 특징이 가짜뉴스의 전파를 용이하게 한다.[29] 첫째, 소셜 미디어에서 사용되는 메시지는 매우 간결하다. 사람들은 점점 더 짧은 메시지를 선호하게 된다. 이메일은 카카오톡이나 문자 메시지로 대체된다. 또한, 소셜 미디어를 통해 전달되는 뉴스는 매우 짧다. 둘째, 사람들은 소셜미디어에 거의 항상 노출되어 있다. 그래서 가짜뉴스가 전달되었을 때 즉각적으로 반응하게 되는 것이다. 셋째, 가짜뉴스의 신속한 전파력을 설명하는 또 하나의 요인은 소셜 네트워크의 바이럴 효과이다. 즉, 소셜 미디어의 '친구 네트워크'에 의해서 공유되는 경우 사용자와 정치적 편견 간의 감정적 관계에 의해 뉴스의 정당성이 확보되는 것이다.

이러한 상황에서 이전의 미디어는 뒷전으로 물러나며 트위터나 페이스북에 자리를 내주게 되는 것이다. 저널리즘의 쇠퇴와 소셜 미디어의 확산은 가짜뉴스가 발흥할 수 있는 조건인, 정보의 게이트키퍼 역할을 누구도 하지 않는 정보 생태계가 구축되었다는 것을 의미한다.

게이트키퍼의 실종이 가짜뉴스 생산과 유통의 유일한 조건은 아니다. 정보의 게이트키퍼가 사라졌을 때 가짜뉴스로부터의 방패가 되는 것은 개인의 문해력일 수밖에 없는데, 문제는 많은 경우 일반 대중은 가짜뉴스를 구별할 수 있는 문해력을 가지고 있지 못하다는 점이다.

전염병이 도는 상황과 같이 정확한 정보가 부족하여 사람들이 정보를 갈구하는 상황은 가짜뉴스를 생산, 유포시키는 최적의 조건이 된다. 인터넷의 SNS를 통해 순식간에 바이럴화하는 것이다. 코로나-19의 경우 92% 이상의 미국인 성인은 팬데믹에 관해 더 많은 정보를 얻기 위해 인터넷에 접속한다. 이는 코로나 이전에 비해 34% 증가한 것이다.[30]

다음으로 가짜뉴스와 정치가 만난 사례로서 미국의 대선을 살펴보도록 하자.

팬데믹과 가짜뉴스의 현대적 만남
－2020년 미국 대선

2020년 미국 대선은 민주당과 공화당이 총력전을 펼친 선거였으며, 정치·사회적으로 극도로 양극화된 상태에서 치러진 선거였다. 2020년 선거 당시 많은 가짜뉴스와 음모론이 등장하였으며, 선거 직후 개표 과정에서도 수많은 가짜뉴스가 등장하였다. 대부분의 가짜뉴스는 공화당과 트럼프 대통령이 유통한 것이었는데, 코로나 팬데믹에 관한 내용과 우편 투표에 관한 것들이었다. 코로나 팬데믹의 영향으로 많은 주에서 투표 등록 절차를 변경하였으며 이로 인해 우편 투표의 양이 급증하였는데, 트럼프는 이를 민주당의 사기극이며 바이든의 승리를 가능하게 한 주원인이라고 주장하였다.[31]

2019년 말 중국의 우한에서 코로나 환자가 처음 발견된 이래 코로나-19는 급격하게 빠른 속도로 전 세계로 퍼져 나갔다. 코로나-19 발병 사례가 미국에서 1월 말 처음 발견되었을 때 트럼프는 일시적인 현상이며 날씨가 따뜻해지면 소멸할 것이라고 주장하기도 하였다. 불충분한 정보에 기인한 면이 많지만 그 이후로 트럼프 행정부는 마스크 착용, 거리 두기 등의 조치를 도입하는 데 소극적이었으며, 과학적 분석과 데이터에 기반한 분석을 부인하였다.

미국의 비영리 의료 관련 언론매체 KHN(Kaiser Health News)의 연구에 따르면 코로나 팬데믹과 관련된 잘못된 정보의 38%를 트럼프가 유통하고 있었다고 한다. 트럼프가 트위터나 연설 등을 통해 유포한 코로나 관련 대표적인 주장들은 다음과 같다.[32]

- ☞ 코로나-19의 99%는 전혀 해롭지 않다.
- ☞ 코로나 확진자의 6%만이 코로나 때문에 사망한다.
- ☞ 아동들은 코로나에 거의 완전한 면역이 있다.
- ☞ 지금 코로나 진단 검사를 중지하면, 확진 사례가 훨씬 적게 나올 것이다.
- ☞ 미국의 코로나 확진 상황은 거의 모든 다른 나라들보다 좋다.
- ☞ 의료 보험 회사에서 코로나 치료에 들어가는 비용에 대한 개인 부담금을 면제하기로 했다.

- 코로나의 위험은 과장되어 있다.
- 하이드록시클로로퀸은 코로나 치료에 매우 효과가 좋다.
- 코로나 치료에 소독약과 햇빛 노출은 효과가 있다.
- 오바마 행정부에서 이어받은 테스트기는 고장 난 것이었다.

실제로 이 모든 언급들은 거짓으로 판명되었다. 코로나는 위험한 질병이며, 수많은 사망자를 발생시켰다. 물론 위의 언급들에는 검증하기 어려운 단어들이 포함되어 있다. 특히, "거의 완전히", "과장된 위험" 등은 검증되기 어려운 것이었다. 이러한 주장의 대부분은 많은 과학자의 다양한 데이터를 통해 반박되었다. 트럼프의 주장들의 대부분은 코로나의 위험이 과장되어 있으며, 우려할 필요가 없다는 주장으로 요약된다. 하지만 이 주장들을 면밀히 살펴보면 두드러진 특징이 보이는데 연방 정부와 질병관리센터에서 전달하는 공식적인 과학에 근거한 주장에 대한 불신을 바탕에 깔고 있다. 이러한 주장은 연방 정부와 연방 기구에 대한 불신을 바탕에 깔고 있는 미국의 반지성주의와 반연방주의 전통하에서 이해할 수 있다.[33] 연방 정부, 연방 기관 및 연방 기구가 시행하는 조치들은 국민들의 이익에 반하는 것이고 과학은 믿을 수 없다는 주장이며 이러한 주장은 트럼프로 대표되는 포퓰리즘에 면면히 흐르고 있다.

2020년 미국 대통령 선거에서 나타난 선거인단 투표 결과와 주별, 카운티별 백신 접종률을 살펴보면, 민주당에 대한 지지율이 높은 지역에서 백신 접종률이 높게, 트럼프에 대한 지지도가 높은 지역에서 백신 접종률이 낮게 나타나는 것을 볼 수 있다. 비과학적인 태도와 트럼프에 대한 지지율은 도대체 어떤 관계가 있을까? 이 연결고리는 미국의 도시 외 지역에 면면히 내려오는 연방 정부에 대한 부정적 이미지를 적절히 활용한 트럼프의 전략에서 찾을 수 있다. 코로나-19와 관련한 연구와 과학자들의 발표를 도시 외 지역 주민들의 안에 내재하고 있는 반연방주의, 반지성주의 문화를 동원하여 부정한 것이다.

코로나-19와 부정 선거 주장의 희한한 관계

트럼프는 선거 기간은 물론 현재까지도 지속적으로 부정 선거가 이루어졌다는 주장을 제기하고 있다. 이 주장은 대부분 단순한 사무적인 오류 또는 실수에 기인한 것으로 판명되었지만, 상당수의 주장이 코로나로 인해 확대된 우편 투표와 관련된다.[34] 트럼프 진영에서 제기한 대표적인 부정 선거 관련 주장을 보자.

첫째, 일부 경합 주에서 등록된 유권자의 수보다 투표 수가 더 많았다는 주장이다. 이 주장은 현재까지도 지속적으로 유포되고 있다. 예를 들어, 트럼프의 주장에 따르면 미시간주의 어떤 선거구에서 투표율이 100%를 넘는다는 것이다. 이 자료는 텍사스 하원 32번 선거구에 출마한 램스펠드(Russ Ramsfeld)가 제시한 자료이며, 많은 사람들이 부정 선거의 근거로 활용하였다.[35] 하지만, 자세히 살펴보면 이 자료에 나와 있는 선거구는 미시간이 아니라 미네소타주의 선거구이며, 각 지역의 선거구의 투표율은 맞지 않는 정보였다. 예컨대, 벤빌(Benville Township)의 경우 71명의 등록 유권자 중에서

63명이 투표하여, 약 89%의 투표율을 보였다. 다른 선거구의 투표율 역시 100% 이하인 것으로 밝혀졌다.[36]

이러한 주장은 디트로이트만이 아니라 미시간주의 많은 지역에서 제기되었다. 하지만, 이러한 주장은 모두 사실이 아니었다. 예컨대, 디트로이트 지역의 실제 투표율은 50%에 미달하는 것으로 나타났다.

두 번째 주장은 개표 과정에서 바이든이 얻은 표의 수가 갑자기 증가했다는 것이다. 2020년 11월 19일 기자회견에서 루디 줄리아니는 디트로이트의 개표소에 수천 장의 투표용지가 도착했다고 주장했다. 이러한 줄리아니의 주장은 개표 과정에 참여했던 직원의 주장에 근거한 것이다. 두 대의 음식 배달 차량이 도착했는데 음식을 보지 못했으며, 2시간 후 미시간 주 개표 현황에서 10만 표가 증가했다는 것이었다. 하지만 11월 13일의 판결에서 이러한 주장은 신빙성이 없는 것으로 기각되었다. 미시간과 위스콘신과 같은 경합 주에서 이러한 주장이 제기되었다. 하지만, 이러한 주장은 민주당 성향이 강한 도시 지역에서 한꺼번에 개표 결과를 업데이트하는 과정에서 발생한 착시 현상이었다. 또한, 이번 선거에서 우편 투표의 급증 역시 이러한 착시 현상에 기여했다. 우편 투표 참가자는 압도적으로 민주당 지지자들이 많은데, 우편 투표의 개표는 모든 투표가 끝난 후에 시작되었기 때문에 민주당의 득표 수가 개표 후반에 압도적으로 집중되었다는 점에도 기인한다.[37]

세 번째는 트럼프의 법률지원팀에서 지속적으로 주장한 것으로 몇몇 경합 주에서 사용된 투표 시스템이 트럼프의 득표를 바이든의 표로 바꿔놓았다는 것이다. 트럼프는 도미니언 사의 투표 기계가 이번 선거에서 미 전역에서 광범위하게 사용되었는데, 이 기계가 270만의 트럼프 득표를 누락시켰다는 주장을 하였다. 이것은 보수 성향의 매체인 원 아메리카 뉴스 네트워크(One America News Network, OANN)에서 하는 주장이었다.[38] OANN에서는 에디슨 리서치 그룹의 보고서를 입수했는데, 동 보고서에 따르면 수백만 표의 트럼프 득표가 바이든 표로 바뀌었다는 것이다. 하지만, 에디슨 리서치 그룹에서는 이러한 보고서를 작성한 바가 없다고 한다.

넷째, 투표에 사용된 도미니언 개표 시스템을 소유하고 있는 사람이 급진 좌파이며 클린턴 부부 및 낸시 펠로시 등과 긴밀한 관계를 가지고 있다는 주장이었다.[39] 도미니언의 소유자는 민주당과 직접적인 관련이 없다고 발표하였는데, 트럼프의 주장은 도미니언 소유자가 민주당에 기부금을 헌납한 것과 펠로시의 스태프로 과거에 일했던 사람이 도미니언에 채용된 것에 근거한다. 하지만 도미니언은 공화당에도 기부하였고, 공화당 의원의 스태프들도 채용한 바가 있기 때문에 근거가 약하다.

다섯째, 수만 명의 사망자가 투표한 것으로 드러났다는 주장이다. 트럼프 지지자들은 사망자가 대량으로 투표한 것으로 나타났으며, 이는 명백한 부정 선거라고 주장한다. 하지만, 많은 방송사들이 사망 투표자 명단에 있는 사람들의 생사 여부를 확인한 결과 이는 사실이 아닌 것으로 드러났다. 폭스 뉴스의 터커 칼슨은 이러한 주장을 반복적으로 하였으나, 거짓으로 드러난 이후 사과하였다. 이러한 오류는 대부분 단순 오류이거나 비슷한 이름의 다른 가족 구성원이 투표한 경우로 판명되었다.[40]

대부분의 부정 선거 관련 주장은 허위로 판명되었으며 절차상의 착오를 과장하여 의도적이고 체계적인 조작으로 주장한 것으로 판명되었다. 하지만, 이러한 주장은 2022년 말 현재까지도 영향력을 미치고 있다. 2022년 9월 현재에도 공화당 지지자의 약 60%는 2020년 선거에서 바이든의 승리에 의구심을 가지고 있으며,[41] 동년 11월 실시된 중간 선거에서 상하원 의원을 포함한 다양한 선출직에 출마한 공화당 출마자 중에서 291명이 2020년 대선 결과를 부정하고 있다.[42] 대략 60% 이상의 선거구에서 선거 결과를 부정하는 후보가 다양한 선출직에 출마한 것으로 나타났으며, 이 중 최소 절반 이상은 당선된 것으로 나타났는데,[43] 이는 미국 정치에서 선거 부정을 주장하는 세력의 영향력이 상당 기간 지속될 것을 보여준다. 미국의 부정 선거 사례는 다음과 같은 사실을 잘 보여준다. 미디어에서 사실 확인을 하고 정보 제공을 해도, 정치적 목적으로 생산된 가짜 뉴스가 한 사회의 편견과 결합될 때 그 지속적인 영향력을 막기 어렵다는 것이다.

가짜뉴스와 아시아인 혐오

코로나 팬데믹 이후 나타난 두드러진 현상은 세계 각지에서 급증하는 아시아인에 대한 혐오이다. 아시아인들이 코로나 팬데믹에 책임이 있다는 주장이다. 폭력적인 혐오 범죄의 가해자들은 공격할 때 자신들의 메시지를 명확하게 하는데 대체적으로 "너는 중국산 바이러스를 몸에 가지고 있으니 너희 나라(중국)로 돌아가라"는 주장을 하면서 공격하거나 침을 뱉는 행위를 하고 있다.[44]

미국에서 아시아인 대상 증오 범죄의 증가율을 살펴 보면, 2021년에만 해도 아시아인을 대상으로 하는 증오 범죄가 전년 대비 339% 증가했는데 뉴욕, 샌프란시스코, 로스앤젤레스와 기타 주요 도시들에서 2020년에 보인 기록적인 수치를 넘어섰다. 전체 증오 범죄가 미국의 주요 도시에서 급증한 것 또한 사실이다. 전년 대비 대략 11% 증가하였다.[45] 하지만, 이는 아시아인을 대상으로 한 증오 범죄와 비교할 때 매우 낮은 증가율이다.

앞에서 살펴본 스페인 독감의 경우와 코로나-19에서 초래된 음모론에 기반한 증오의 경우 커다란 공통점과 차이점이 있다. 독일과 중국이라는 외부에서 개발되어 의도적으로 유포된 것으로 간주되고 있다는 점은 공통점이다. 원인을 알 수 없는 바이러스에 의해서 질병이 창궐했다고 파악하는 것보다는 알 수 있는 적이 퍼뜨린 것으로 생각하는 것은 물리쳐야 할 대상이 더 구체적이라는 것을 의미한다. 둘째, 독일과 중국이 퍼뜨린 것으로 생각된 시점에 양국은 모두 미국과 적대적인 관계였거나 적대적인 관계로 들어서고 있는 단계였다. 즉, 불확실성을 감소시키는 방법으로 적에게 원인을 돌리는 방법을 선택한 것이다.

미국인들의 독일인을 향한 증오와 중국인(을 비롯한 아시아인)을 향한 증오에는 커다란 차이점이 있다. 앞서 본 바와 같이 독일인이 사는 지역에 푯말을 설치하고 불을 지르는 등의 행위를 자행했지만 아시아인에게처럼 "네 나라로 돌아가"라고 하지는 않았던 이유는 무엇일까? 그 이유를 캘리포니아 대학교 정치학과의 클레어 김(Claire Kim) 교수는 다음과 같이 설명한다.[46]

백인과 흑인은 위계의 차이는 있지만 모두 미국 사회의 내부인으로 간주된다. 하지만 아시아인의 경우는 이들과 달리 외부인이다. 따라서 흑인과 백인 간의 갈등이 발생했을 때는 내부의 문제가 되지만, 아시아인에 의해서 문제가 발생했을 때는 외부인의 문제로 여겨지며 "본국"으로 돌아가라고 말할 수 있는 것이다.

코로나 팬데믹이 실제로 어디에서 기원했는지는 아직 명확하게 밝혀지지 않았다. 1918년의 스페인 독감의 경우도 마찬가지이다. 미국 내에서 스페인 독감과 코로나 팬데믹을 대하는 태도를 볼 때 우리는 공통점을 발견할 수 있다. 전자의 경우 캔자스에서 첫 사례가 발견되었지만 독일 스파이가 몰래 유입한 것으로 루머가 퍼졌고, 후자의 경우 중국의 실험실에서 만들어서 유포했다는 루머가 퍼졌다. 공통점은 두 질병 모두 외부에서 유입된 것으로 생각하고 싶어 한다는 점이며, 이는 아파두라이가 말하는 "먼 곳으로부터의 증오"의 개념과 궤를 같이 한다.[47] 실제로 접하지 못한 적에 대한 적대감이 근저에 있으며 이 가짜뉴스는 이러한 부정적 정서를 바탕으로 생성된 것이다.

가짜뉴스와 민주주의

오늘날의 가짜뉴스와 오래전의 가짜뉴스는 기능적인 면에서 근본적으로 커다란 차이는 거의 없다. 하지만 낯설고 두려운 현실, 사회적 거리 두기와 격리라는 현실을 마주할 때 사람들은 두려움을 떨쳐버리기 위해 이해하기 쉬운 설명을 찾고 심리적 편안함을 추구하게 된다. 그 비난의 대상은 외국일 수도 있고 자국 정부일 수도 있지만, 적을 만드는 것은 집단의 공포와 분노를 표출할 타깃을 제공하는 것이다.

월터 리프먼은 1922년 발간된 『여론』의 정보와 민주적 의사 결정에 관한 논의에서 한 사회에서 통용되는 뉴스의 질이 그 사회의 민주주의의 강점과 약점을 드러낸다고 주장하였다.[48] 정치적, 경제적 행위자들은 개인적 이익을 공익으로 포장하기 위해 진실과 거짓 정보를 구별하지 않고 뒤섞어 버린다고 주장하였다. 리프만의 이러한 혜안은 현재와 같이 정보가 민주주의에 미치는 영향이 위협받고 있는 시점에 더욱 적절하다. 특히 지난 세기말 수많은 인명을 앗아간 내전들은 물론 최근의 우크라이나 전쟁에 이르기까지 가짜뉴스가 국내 정치는 물론 국제 정치에도 얼마나 많은 영향을 미쳤으며 또한 전략적으로 사용되어 왔는지를 잘 알 수 있다. 이러한 전쟁 상황과 더불어 최근에는 코로나 팬데믹으로 초래된 세계적인 규모의 보건 위기는 객관적인 정보를 얻는 것은 물론 이에 기반하여 적절한 정책 결정을 내리는 것이 얼마나 어려운 것인가를 잘 보여주고 있다.

이런 의미에서 가짜뉴스는 민주주의에 대한 위협일 뿐만 아니라, 특히 효율적인 거버넌스에도 커다란 위협 요인이다. 가짜뉴스는 일차적으로 개인의 의견과 판단에 영향을 미치고, 집합적인 여론 형성에 부정적 영향을 미침으로써 투표를 포함한 정치 참여에 영향을 미치게 되며, 결국은 왜곡된 정책 결정을 초래하게 한다. 또한, 가짜뉴스는 공동체에 해로운 내러티브를 지속적으로 생산함으로써 사회의 양극화와 파편화에 기여한다. 가짜뉴스는 포퓰리즘, 인종주의, 외국인 혐오를 비롯한 다양한 극단적인 정치적 견해를 표출하는 도구가 된다.

이러한 가짜뉴스의 영향력에서 자유롭기 위해서 필요한 것은 미디어 문해력과 메타 문해력이다. 미디어 문해력이 습득한 정보를 정확하게 이해하는 능력이라면, 메타 문해력에는 정보의 진실성에 대한 판별 능력이 포함된다. 정보의 진실성을 판별하기 위해서는 정보의 출처를 끊임없이 의심할 뿐만 아니라 다른 출처의 정보를 통해 확인 작업을 해야 한다. 따라서, 메타 문해력은 특정 시점에서 한 개인이 가지고 있는 지식 및 정보의 수준이라기보다는 정보화 사회에서 민주적인 시민으로서 살아가기 위한 태도로 정의될 수 있을 것이다.

언박싱 코로나

백신 거부와
과학의 정치화

송정민(연세대학교 디지털사회과학센터 연구교수)

백신 거부를 어떻게 이해해야 할까?

2020년 초 코로나-19 바이러스가 확산되기 시작하였고, 그 여파로 우리의 삶이 변화한 기간도 어느새 3년에 이르고 있다. 그러나 전례 없는 위기를 극복하기 위한 노력 끝에 유일한 '게임 체인저'로 기대되던 코로나-19 백신이 1년 만에 개발되었고, 백신 공급의 확대와 함께 우리의 일상 또한 다시 변화하고 있다. 먼저 백신 접종률이 높은 선진국을 중심으로 그동안 지속되었던 거리 두기 조치와 기타 방역 규정을 완화하고 있으며, 한국 또한 백신 접종 과정에서의 여러 부침에도 불구하고 2021년 11월 백신 1차 접종률이 80%를 돌파하면서 방역 조치를 완화하고 대신 의료 역량을 확대하는 '위드 코로나(With Covid-19)' 체제로 전환하였다.

그러나 백신이 개발만 되면 모든 시민들이 접종에 참여할 것이라는 개발 초기의 기대와 달리, 2022년 선진국들의 가장 큰 걱정은 정체되어 버린 백신 접종률이다. 화이자, 모더나 등 현재 가장 효과가 좋다고 평가받고 있는 백신들을 자국 내에서 개발하여 가장 먼저 많은 양의 백신을 수급할 수 있었던 미국의 경우, 공화당 지지자들이 지속적으로 백신 접종을 거부하면서 백신 접종률이 여전히 60%대에 머무르고 있다.[1] 한국은 백신이 안정적으로 수급된 이후에는 매우 빠른 접종 속도를 보여 2차 접종 기준 4천 4백만 명을 돌파하며 전체 인구 중 86.63%가 백신을 접종하였지만, 한국 또한 백신의 부작용에 대한 우려와 함께 백신 접종을 거부하는 이들이 상당수 존재하고 있다. 2021년 초, 각국 정부들의 가장 시급한 과제가 백신의 안정적인 확보였다면, 지금 위드 코로나 시대로의 전환을 앞두고 있는 정부들에게 가장 중요한 과제는 백신 거부자들에 대한 설득과 신뢰 확보이다.

백신의 부작용에 대한 여러 가지 논란에도 불구하고, 백신 접종이 우리에게 주는 효과는 이미 분명하게 나타나고 있다. 오른쪽의 그림 1에서 나타나는 것처럼, 코로나-19로 인해 가장 많은 사망자가 발생했던 미국의 경우 백신 미접종자의 치명률이 백신 접종자의 치명률보다 5배 이상 높은 것으로 나타났고, 부스터 샷을 맞을 경우에 치명률은 더욱 감소하는 것으로 나타났다.[2] 이와 같은 결과는 한국에서도 마찬가지로 확인되고 있는데, 최근 오미크론 변이 바이러스에 감염되었을 시 백신 미접종자의 치명률은 0.5%로, 부스터 샷 백신 접종자(0.08%)에 비해 6배 이상 높은 것으로 확인되었다.[3]

그렇다면 왜 일부 시민들은 백신 접종을 망설이고, 더 나아가 적극적으로 거부하고 있을까? 그들은 그저 백신의 효과를 제대로 이해하지 못하는 무지한 사람들일 뿐일까? 혹은, 그들은 공동체의 구성원으로서의 의무를 포기한 이기적인 사람들일 뿐일까? 사실 이 문제는 그렇게 간단하지 않다. 백신 거부는 단순히 어떤 '모자라고, 이기적인' 개인들의 선택의 결과가 아니라, 사회적으로 확산되고 있는 과학 불신 현상의 결과이며, 나아가 시민들

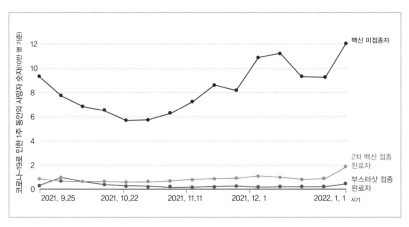

그림1 미국의 백신 접종 여부에 따른 코로나-19 치명률(10만 명당 사망자 수) 비교

출처: Our World in Data, 2022

에게 충분한 신뢰를 주지 못한 정치인들의 커뮤니케이션 실패의 결과이다. 과연 내년에 또 한 번 대규모의 백신 접종이 필요하다고 할 때, 한국 정부는 국민들로부터 현재의 90%에 가까운 백신 접종 참여율을 다시 한 번 기대할 수 있을까? 그런 면에서 볼 때, 백신 문제는 당장 90%에 가까운 접종률을 기록했다고 해결되는 것이 아니며, 장기적으로 그 신뢰를 유지할 수 있느냐가 더욱 중요하다. 이번 장에서는 '과학 불신'의 관점에서 백신 접종 논란을 역사적으로 살펴보고, 코로나-19 상황에서 드러난 몇몇 국가들의 실패한 정치적 커뮤니케이션에 대해 분석해 본다.

영유아 백신, 청소년 백신의 사례

한국을 포함한 많은 국가에서 신생아들은 출생하자마자 다양한 예방 접종을 경험하게 된다. 한국 질병관리청에서 올해 발표한 '표준 예방 접종 일정표'에 따르면, 신생아들은 생후 12개월까지 약 12개의 백신을 필수적으로 접종하게 되는데, 결핵, B형 간염, 디프테리아, 파상풍·백일해, 홍역, 폐렴구균, A형 간염, 인플루엔자 등이 이와 같은 필수 예방 접종 대상 감염병에 속한다. 신생아들은 코로나-19 백신 접종 과정을 통해 일반인에게도 익숙해진 이른바 'n차 접종'의 과정을 겪게 되는데, 예를 들어 폐렴구균에 대응하는 PCV 백신의 경우, 생후 2개월, 4개월, 6개월, 12개월에 각 1번씩 4차례에 걸쳐 접종하게 된다. 아직 주삿바늘을 견디기도 힘든 어린 아기들에게 이처럼 수차례의 백신을 접종하는 이유는, 전 연령대를 통틀어 신생아들이 치명적인 감염 질환에 대한 면역력이 가장 약하기 때문이다.

오늘날 영유아 백신 접종률은 전 세계적으로 매우 높은 수준에 이르렀다. 디프테리아, 파상풍, 백일해를 예방하는 DPT 백신의 경우, 생후 12~23개월을 기준으로 할 때 85.7%의 접종률을 기록하고 있으며, B형 간염과 홍역 역시도 85%를 웃도는 접종률을 기록하고 있다.[4] 한국의 영유아 백신 접종률은 세계 최고 수준인데, 2018년 질병관리본부가 발표한 자료에 따르면 한국의 생후 12개월 영아의 백신 접종률은 96.6%에 이른다. 이는 미국의 87.8%, 영국의 94%, 호주의 95.1%보다도 높은 수치이며, 가장 최근에 발표된 2020년의 자료에서도 한국의 영유아 백신 접종률은 97.1%로 이전보다 더욱 증가한 것으로 나타났다.

그러나 지금은 너무나 당연하게 받아들여지는 영유아 백신조차도 한때는 의심과 논란의 대상이 되기도 했다. 이른바 영유아 백신의 부작용에 대한 잘못된 정보가 광범위하게 유포되었기 때문이다. 영국의 1998년 MMR 백신 위기는 전문가들의 책임을 일깨워 준 사건이었다. 1998년 영국의 의학 학술지 『랜싯(The Lancet)』에 앤드류 웨이크필드라는 의사가 MMR 백신과 자폐증과의 연관성에 대한 논문을 게재하였고, 이는 큰 사회적 논란이되어 2000년대 초반 MMR 백신 접종률의 급격한 하락으로 이어졌다.[5] 한가지 흥미로운 점은 메시지의 전달자가 의사라는 지위를 갖고 있다는 것이반드시 진실을 담보하지는 않았다는 점이다. 오히려 이들이 거짓이나 확인되지 않은 정보를 전달할 경우에는 의사라는 전문가로서의 권위로 인해 잘못된 정보가 더욱 빨리 유포될 수 있다.

최근의 가장 대표적인 사례는 2014년부터 2017년 사이에 덴마크와 아일랜드에서 나타났던 인유두종 바이러스 백신(Human Papilloma Virus(HPV) vaccine) 논란이다. HPV 백신 접종 프로그램은 아일랜드의 경우 2010년부터 12세부터 13세 사이의 여아를 대상으로 실시되었는데, 도입 초기에는 3차 접종까지 접종률이 80%를 상회하였지만, 2015년부터 접종률이 하락하기 시작하여 2016~2017년에는 1차 접종이 50%에 그쳤다.[6] 이 과정에서 백신 반대 그룹의 역할이 결정적이었는데, 이들은 2015년부터 소셜 미디어상에서 백신의 부작용에 대한 잘못된 정보를 유포하는 한편 2015년 12월에는 다큐멘터리를 제작해 국영 TV에 방영하기도 했다. 덴마크에서는 이보다 앞서 2014년부터 HPV 백신 접종률이 급락하였는데, 90%를 상회하던 접종률이 54%까지 하락하였다. 이 과정에서 2013년부터 백신의 부작용을 호소하는 여성들의 사례가 언론에 집중적으로 보도되었던 것이 큰 역할을 하였다. 백신 부작용과의 연관성이 단 한 번도 제대로 확인된 적이 없었음에도 불구하고 '미디어의 관심'이라는 변수는 접종률을 떨어뜨리는 주요 요인이 되었다.[7] 실제 부작용의 발생 비율과 무관하게 언론과 소셜 미디어에서는 부작용과 관련된 뉴스가 매일 보도되었고, 이로 인해 대중들은 실제보다 그 부작용에 대해서 더 과장된 인식을 갖게 된 것이다.

백신 거부의 역사 2
흑인, 소수자 차별의 역사

코로나-19 백신 접종을 연구한 결과에 따르면, 유럽과 북미 국가들에서 흑인과 소수자 지위의 인종 그룹이 백신 접종을 더욱 망설이는 것으로 나타났다. 2020년 6월 미국의 온라인 조사에서 흑인의 34%, 히스패닉의 29%가 백신 접종을 망설이는 것으로 나타났으며, 백인은 22%, 아시아인은 11%였다.[8] 미국의 아칸소주에서 2020년 8월 시행한 조사에서는 더욱 큰 차이가 나타났는데, 흑인의 50%, 백인의 18%가 백신 접종을 망설이고 있는 것으로 나타났다.[9] 영국에서도 비슷한 결과가 나타났는데, 흑인들 중 71.8%, 파키스탄 출신의 42.3%가 백신 접종에 유보적인 태도를 보였다.[10] 유럽과 북미에서 흑인과 저소득층이 백인이나 고소득층에 비해 건강 상태가 좋지 않고 대부분이 재택근무가 불가능한 노동 환경에 놓여 있음을 고려해 볼 때, 다시 말해 코로나-19의 위험에 더욱 노출되어 있다는 점에서 볼 때, 이와 같은 유보적인 태도는 더욱 우려되는 부분이다.[11]

그렇다면 왜 이처럼 소수자들은 백신 접종에 더욱 거부감을 보이는 것일까? 이에 대해 미국에서는 흑인들이 백신에 대해 공포를 갖게 한 과거의 생체 실험과 같은 역사적, 문화적 맥락을 강조하기도 한다.[12] 20세기 미국 역사의 가장 큰 비극 중 하나인 터스키기(Tuskegee) 매독 생체 실험이 바로 그것이다. 터스키기 매독 생체 실험은, 1932년 미국의 공중보건국이 미국 남부 앨라배마주 터스키기에서 성병의 일종인 매독을 앓고 있는 흑인 환자들 수백 명에게 일부러 다른 진단을 내린 후, 치료 약을 주지 않고 병을 앓다가 죽는 것을 관찰하는 생체 실험을 한 사건이다.

물론 터스키기 생체 실험이 시작되던 1932년에는 매독을 완전히 치료할 수 있는 항생제가 없었다. 하지만 실험에 참여한 백인 의사들은 페니실린이라는 좋은 항생제가 나온 1942년 이후에도 그것을 투약하지 않았고, 그저 혈액 보조제만 나누어주었다. 심지어 실험 대상이 된 환자들이 민간 병원에 가서 제대로 된 치료를 받을까 우려하여 환자의 병원 진료를 감시하기까지 했다. 당초 6개월로 계획되어 있었던 실험은 무려 40년 동안 지속되었고, 실험의 설계자들은 끝까지 치료 대신에 병의 진행을 관찰, 기록하는 데에만 집중했다. 이런 잔인한 실험이 진행되고 있다는 사실이 언론에 알려진 건 1972년이었다. 1966년, 당시 공공보건국의 직원이었던 피터 벅스턴은 실험의 진상을 알고 상부에 항의하였지만 무시되었고, 결국 1972년 『뉴욕 타임스』 기자 진 헬러에 의해 사건의 진상이 알려지고 나서야 실험은 중단되었다.[13]

1975년 실험 참여자들은 천만 달러의 보상금을 받았고, 1997년 빌 클린턴 대통령으로부터 공식적인 사과를 받았다. 그러나 터스키기 생체 실험은 여전히 흑인들의 뇌리에 강렬한 트라우마로 남았고, 흑인들은 지속적으로 의사와 공중 보건 시스템에 대해 낮은 신뢰도를 보였다. 그리고 그와 같은 불신은 시간이 지날수록 오히려 더 커지고 있는 것으로 보였다. 코로나-19의 확산 이후 2020년 실시된 여론 조사에서, 60%의 흑인들만이 의사들을 신뢰한다고 응답하였으며(백인들은 80%), 70%의 흑인들이 현재의 보건 의료 시스템이 여전히 인종에 따른 차별을 저지르고 있다고 응답하였다. 그리고 백신 접종에 대해서도, 흑인의 49%는 전문가들에 의해 효과와 안전성이 검증된다고 할지라도 백신 접종을 받지 않을 것이라 밝혔으며, 이는 백인의 33%와 비교할 때 매우 높은 수치였다.[14]

백신 접종과 정치적 갈등

사실 코로나-19 이전까지만 해도 백신 접종이 주요 정당 간의 치열한 정치적 갈등의 주제가 된 일은 없었다. 물론 백신 접종 의무화와 같은 방역 정책들은 사회의 여러 가지 이해관계를 고려해서 결정해야 할 중요한 정치적 문제지만, 오늘날의 상황에서는 서로 갈등을 부추기며 소속 정당의 인기를 높이려는 나쁜 정치인들의 모습이 더욱 눈에 띈다.

코로나-19 이전까지 정파성이 백신 접종 태도를 결정짓는 핵심적인 변수로 고려되지 못한 데에는 이전까지는 백신 접종이 국가적인 갈등 이슈로

부각되지 않았던 것이 크다. 물론 백신 접종을 두고 시민들의 입장이 서로 다른 경우는 있었지만, 국가가 백신 접종을 강제하는 정책을 시행할 필요성도 없었으며 백신 접종은 철저히 개인의 자유와 선택의 영역이었다. 그렇기 때문에 정당들 간에 백신 접종을 두고 정책적 입장의 차이가 나타날 이유도 없었다. 그러나 코로나-19 바이러스의 확산은 모든 국가들과 시민들에게 이전까지 경험하지 못했던 새로운 선택을 요구했다. 각국 정부들은 국민의 생명을 지키고 경제를 정상화하기 위해서 빠른 백신 접종이 필요했고, 시민들의 선택은 더욱 복잡해졌다.

이전의 백신들에서도 시민들은 백신을 접종하는 데 필요한 비용과 백신 접종에 따르는 편익을 따져 접종 여부를 결정하고 있었다. 하지만 지난 백신에서의 비용이란 '경제적 비용'을 지칭하는 경우가 대부분이었고, 일부의 사례를 제외하면 부작용이라는 비용은 그다지 크게 받아들여지지 않았다. 그러나 코로나-19라는 바이러스는 비용과 편익 모두에서 이와 같은 개인들의 합리적 계산을 복잡하게 만들었다. 먼저 비용의 측면에서 볼 때, 코로나-19 백신은 국가적 위기 상황 속에서 많은 국가들에서 무상으로 접종되고 있기에 경제적 비용은 크게 하락하였으나, 예측할 수 없는 부작용에 대한 심리적 비용은 크게 증가하였다. 이에 더해 코로나-19 백신에는 사회적 비용 또한 존재한다. 모든 전염병이 그렇듯이, 코로나-19라는 바이러스는 개인의 문제로 끝나지 않는다. 내가 바이러스에 감염되면 나 혼자 질병을 앓고 끝나는 것이 아니라, 나와 접촉하는 내 주변의 모든 사람들에게도 그 피해가 전달된다. 이로 인해 백신 접종을 거부하는 이들에게는 '사회적 책임을 다하지 않는 시민'이라는 꼬리표가 붙는다. 사회적 평판의 하락이라는 또 하나의 비용이 추가되는 것이다.

편익의 측면에서도 코로나-19 백신은 이전과 다른 성격을 지닌다. 첫째, 바이러스의 위험도가 상승했기 때문에 백신에 대한 기대 효과가 이전에 비해 커졌다. 특히나 고연령층에게 현재의 코로나-19 백신은 생명을 구할 수 있다는 기대를 갖게 한다. 둘째, 하지만 바이러스의 지속적인 변이와 함께 백신의 효과에 대한 불신 또한 존재한다. 매일 보도되는 "돌파 감염" 사례, 그리고 백신 접종률이 상승한 뒤에도 줄어들지 않는 확진자 수는 이와 같은 불신을 더욱 키운다. 셋째, 정상적인 경제 생활, 사회 생활에 대한 권리이다. 최근 많은 국가들은 소위 "백신패스"라는 이름으로 시민들의 백신 접종을 장려하고 있는데, 예를 들면 프랑스에서는 접종 완료자에게만 음식점, 카페 등을 자유롭게 사용할 수 있는 권리를 부여하고 있으며, 많은 직장에서도 노동자들에게 백신 접종을 의무화하였다.[15] 이 외에도 한국에서도 시행되고 있는 백신 접종자에게만 부여되는 출입국 시 자가 격리 면제 등은 이동과 여행의 자유를 원하는 시민들에게 중요한 편익이다.

이처럼 복잡해진 비용과 편익의 계산식 속에서, 코로나-19 백신은 사회적 갈등의 중심에 섰다. 과거 다른 백신의 경우 비용과 편익의 계산식에 사회적 비용과 편익은 거의 존재하지 않았고, 따라서 각 정당들이 대표하는 가치가 개입할 여지도 없었다. 그러나 앞서 언급한 사회적 비용과 편익이 계산식에 포함되면서, 각 정당들의 백신 접종에 대한 태도도 갈라지기 시작했고, 지지자들의 태도 또한 갈라지기 시작했다. 미국의 경우, 2021년 9월에 민주당 지지자의 86%가 백신을 맞았다고 응답하였으며, 공화당 지지자 중에서는 60%만이 백신을 접종한 것으로 나타났다.[16] 미국에서는 소위

민주당을 지지하는 '블루 스테이트(Blue State)'와 공화당을 지지하는 '레드 스테이트(Red State)' 사이에서 백신 접종률의 뚜렷한 차이가 나타나고 있으며, 이와 같은 양당의 지지자들 간의 차이는 최근까지도 줄어들기보다 더욱 커지고 있다.[17] 그리고 프랑스에서는 극우파 정당 지지자의 30%, 극좌파 정당 지지자의 32%가 백신 접종을 거부하겠다고 응답하였으며, 현 집권 정당 지지자들 중에서는 19%만이 백신 접종을 거부하는 것으로 나타났다.[18]

과학이 정파적 이슈가 되었을 때, 그 부정적 영향력은 두 가지로 나누어 볼 수 있다. 첫 번째는 정당의 지지자들에게 전달되는 직접적 영향력이다. 백신 접종에 반대하는 정당들의 캠페인에 의해 그 지지자들과 새로운 지지자들이 백신 접종을 망설이게 된다. 독일의 '독일을 위한 대안'이나 프랑스의 국민연합당(RN), 그리고 슬로바키아의 우리의 슬로바키아 인민당(L'SNS)과 같은 극우 정당들은 백신의 부작용에 대한 음모론을 부추기면서 현재의 집권 세력을 공격하고 자신들의 권력 기반을 확대하려 하고 있다. 두 번째는 정치권, 방역 당국에 대한 불신이다. 특히나 백신의 국적을 두고 정당들이 서로 갈등하는 모습을 보면서, 시민들은 더 이상 정치 엘리트들의 메시지를 신뢰하지 않게 되었다. 그들의 메시지 뒤에 숨겨진 정치적 이익이 무엇인지 의심하는 시민들의 숫자가 늘어났고, 이는 백신 도입과 외국 정부와의 연관성, 백신 도입과 외국 제약 기업과의 연관성 등을 주장하는 음모론이 번성할 수 있는 완벽한 환경이 만들어졌음을 의미한다.

다음 장부터는 이처럼 정당과 정치인들이 만들어내는 갈등과 가짜뉴스 속에 국민들의 신뢰를 잃고 낮은 백신 접종률을 기록하고 있는 헝가리와 슬로바키아, 독일, 스위스, 오스트리아의 사례를 하나씩 살펴본다.

백신의 효과보다 백신의 '국적'이 문제가 되었다
—헝가리

2021년 4월, 헝가리는 유럽 국가들 중 가장 풍부한 양의 백신을 보유하고 있었다. 미국과 영국을 제외한 세계 모든 국가들이 백신 부족에 시달리던 2021년 4월 18일 당시, 헝가리는 100명 중 63.1명에게 접종할 수 있는 양의 백신을 확보하고 있었다. 같은 시기 헝가리보다 훨씬 부유한 독일과 프랑스에서는 각각 100명 중 32.3명, 37.4명 정도에게 접종할 수 있는 백신이 확보된 상태였다.[19] 이와 같은 차이는 헝가리가 유럽 국가들 중에서 가장 먼저, 그리고 유일하게 중국의 시노팜 백신과 러시아의 스푸트니크 백신을 승인하고 수입한 국가였기 때문이었다.

헝가리의 현 총리인 빅토르 오르반은 극우 정당인 피데스당의 당수로서 2010년부터 집권하고 있다. 빅토르 오르반은 집권 이후 지속적으로 자국의 민주주의를 후퇴시키는 조치를 취하고 있는데, 그럼에도 오르반의 집권을 유지시켜 준 것은 헝가리의 경제적 성장이었다. 2010년 당시 헝가리의 실업률은 11.17%였지만, 오르반 집권 시기 동안 실업률은 지속적으로 하락하여 2019년에는 무려 3.42%까지 하락했다.[20] 이른바 "오르바노믹스"의 성공 속에, 오르반은 언론과 야당 정치인들을 교묘하게 탄압하는 한편 이민자와 EU에 대한 적대적 태도를 더욱 노골적으로 드러냈다. 그러나 코로나-19 바이러스의 확산과 함께 전 세계의 경제 또한 모든 움직임을 멈췄고, 이로 인한 경제적 어려움은 경제적 성공에 자신의 모든 집권 기반을 의지하고 있던 오르반에게 더 큰 타격으로 다가왔다.

오르반은 2022년 총선을 앞두고 다른 야당들이 연합해서 자신을 위협하는 상황에서, 백신의 빠른 도입을 통해 이 정치적 위기를 벗어나고자 했다. 그러나 미국의 화이자와 모더나, 그리고 영국의 아스트라제네카와 같은 백신은 당장 도입할 수가 없었고, 그는 스스로 중국의 시노팜 백신을 접종하는 퍼포먼스와 함께 중국 백신 110만 회분과 러시아 백신 110만 회분을 도입하였다. 오르반은 "흑묘백묘"의 비유를 쓰면서, "어떤 (국적의) 백신이든 바이러스만 잡으면 된다"며 빠른 백신 접종을 독려했다.[21] 야당들은 유럽연합에서 아직 승인하지 않은, 안전성이 확보되지 않은 중국·러시아 백신을 도입하려는 오르반의 정책에 반대를 표명하였다. 오르반은 야당을 두고 "백신 반대 야당"이라고 비난하였고, 이러한 갈등은 곧 각 정당의 지지자들에게도 확산되었다.[22]

2021년 4월 헝가리의 주요 일간지 『헝가리 투데이(Hungary Today)』의 설문조사 결과에 따르면, 피데스당 지지자들의 3분의 2는 "야당은 백신 반대 집단이다"라고 응답하였고, 야당의 지지자들은 그렇지 않다고 응답하였다. 더욱 흥미로운 결과는 백신의 국적에 따라 다르게 나타나는 태도였는데, 피데스당 지지자의 75%가 시노팜 백신을 승인한 반면, 제1야당인 요비크당의 지지자들은 중 단 18%만이 시노팜 백신을 승인하였다. 서구의 대표적인 백신인 화이자 백신에 대해서도 양당 지지자들의 입장은 뚜렷하게 갈렸는데, 피데스당 지지자들은 화이자 백신에 대해 68%만이 신뢰한다고 말했으며, 야당 지지자들은 86%가 신뢰한다고 밝혔다.

이와 같은 갈등 속에서 헝가리는 2021년 초반까지 유럽에서 가장 높은 접종률을 기록하였다. 아직 대부분의 유럽 국가들이 10%의 접종률에도 못

미치던 2021년 4월, 헝가리는 이미 2차 접종 기준 접종률이 16%를 넘겼고, 1차 접종을 기준으로 하면 접종률이 40%에 육박했다. 이와 같은 일시적 성공에는 당장 사용 가능한 중국 백신과 러시아 백신이 피데스당 지지자들을 중심으로 많이 접종된 것이 유효했던 것으로 보인다. 그러나 2021년 12월 1일 기준으로, 유럽 전체의 2차 백신 접종률은 70.6%인데 반해, 헝가리의 접종률은 59.3%로 유럽 전체 평균을 크게 하회하고 있다. 더욱 심각한 것은 다른 유럽 국가들의 접종률이 지속적으로 상승했던 2021년 하반기에, 헝가리의 접종률은 거의 상승하지 않고 있었다는 점이다.

왜 헝가리는 이렇게 실패하였는가? 우선 백신 수급의 문제는 아니다. 2021년 12월 1일 현재 헝가리는 유럽에서 가장 많은 양의 백신을 수급한 국가들 중 하나로, 100명당 294.9회의 접종을 할 수 있는 양의 백신을 확보하였다. 문제는 정파적 갈등으로 인한 정부 신뢰의 하락에 있다. 헝가리는 사실 코로나-19 확산 이전부터 백신 접종에 가장 소극적인 국가들 중 하나였다. 코로나-19와 무관하게 2020년 3월 실시된 여론 조사에서, 헝가리는 유럽 국가들 중에서 백신 접종에 대한 신뢰도가 낮은 국가였다.[23] 현재 전 세계에서 가장 높은 접종률을 기록하고 있는 포르투갈의 경우 이 조사에서도 70%의 신뢰도를 기록하였지만, 헝가리는 36%였다. 이와 같은 기존의 조건을 고려할 때, 헝가리 정부는 국민들을 설득하는 과정에서 더욱 신뢰성 있는 커뮤니케이션을 시도했어야 했다. 그러나 중국·러시아 백신의 도입을 둘러싼 갈등 속에 여당인 피데스당은 자신들의 권력 유지를 위해 안전하지 않은 백신을 도입하는 정당으로 인식되었고, 한편으로 야당은 백신 반대 그룹으로 여당 지지자들에게 인식되었다.

오르반 총리와 정부는 계속해서 백신 접종을 독려하고 있지만, 잃어버린 신뢰를 되찾지 못하고 있다. 특히나 지속력이 약한 시노팜과 스푸트니크 백신을 접종받은, 80만 명이 넘는 60세 이상의 고위험군 집단은 부스터 샷 접종이 시급하다. 이러한 혼란 속에 지난 11월 말, 3일 동안 무려 392명이 코로나-19로 인해 사망하였으며, 2만 7천 명이 넘는 새로운 확진자가 발생하였다.[24] 백신 접종률을 올리기 위해 정부가 해야 할 일은 백신 접종에 따르는 비용과 편익을 객관적 근거와 함께 정확히 설명하는 것이었다. 하지만 헝가리 정부는 백신 접종의 사회적 책임과 기대 효과를 통해 국민들을 설득하는 것이 아니라 자신들의 정당과 관련된 정치적 비용과 편익에 집중하였고, 그 결과는 작년보다 더 큰 위기로 나타나고 있다.

국민의 건강과 국가의 외교적 안보 사이에서
─슬로바키아

슬로바키아의 사례는 헝가리와 몇 가지 유사성을 지닌다. 첫째, 백신 전반에 대한 낮은 신뢰도이다. 2020년 3월 발표된 자료에서 헝가리가 36%로 유럽에서 가장 낮은 신뢰도를 보였고, 슬로바키아는 42%로, 유럽 국가들 중 네 번째로 낮은 수치를 보였다.[25] 둘째, 코로나-19 바이러스로부터 가장 큰 피해를 입은 국가들 중 하나이다. 그림 2에서 나타난 바와 같이, 헝가리와 슬로바키아는 인구수 대비 영국, 독일, 프랑스보다 훨씬 많은 사망자를 기록하고 있다. 헝가리의 누적 사망자 수는 2021년 12월 현재 3천 5백 명

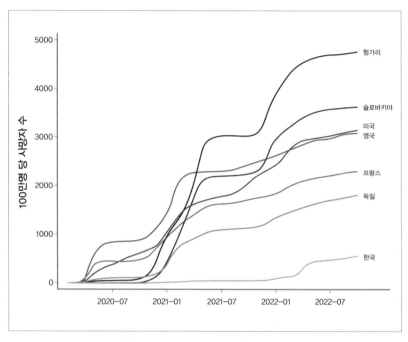

그림2 코로나-19 누적 사망자 수 (100만 명 기준)

출처: Johns Hopkins University CSSE COVID-19 Data (Our World in Data 2021에서 재인용)

을 돌파하였고, 슬로바키아 또한 2천 7백 명을 넘어섰다. 셋째, 두 국가 모두 백신 접종 독려 정책의 실패로 작년보다 방역 상황이 더 나쁘다. 앞서 언급한 바와 같이 헝가리의 백신 접종 완료자 비율은 60%를 넘지 못하고 정체되어 있으며, 슬로바키아는 그보다 훨씬 낮은 42%를 기록하고 있다. 그 결과, 백신 접종을 충분히 완료한 다른 국가들의 사망자 수가 더 이상 급격하게 증가하고 있지 않은 반면에, 헝가리와 슬로바키아는 2021년 11월 말부터 사망자 수가 다시 급증하고 있다.

또 하나의 공통점은 두 국가 모두 유럽연합에서 승인하지 않은 비(非)서구 백신을 도입하려다가 심각한 정치적 갈등을 경험하였다는 점이다. 슬로바키아의 전 총리인 이고르 마토비치는 내각을 함께 구성하고 있는 정당들과의 합의 없이 독단으로 20만 회 분량의 러시아 스푸트니크 백신을 도입했다가 거센 반발에 부딪혔다. 다른 민주주의 국가들에서 백신 도입 문제가 별 갈등 없이 진행되거나 개인의 자유와 사회적 책임의 구도로 갈등을 겪었던 것과 달리, 슬로바키아에서 백신 도입 문제는 친(親)러시아와 반(反)러시아, 친-EU와 반-EU와 같이 백신의 예방 효과와 전혀 관련 없는 정파적 갈등으로 변질되었다. 슬로바키아의 외교부 장관이자 연립 정부에 참여하고 있는 자유와 연대당(SaS) 소속인 이반 코르초크는 러시아 백신의 도입을 두고 백신 수출을 통한 "러시아의 혼종 전쟁(Hybrid War)"을 경고하기도 했다.[26] 그리고 또 다른 연정 파트너 정당인 국민을 위한 당(ZL)은 허가 없는 러시아 백신의 갑작스러운 도입을 이유로 연정에서 탈퇴하겠다고 선언하였다.

2021년 2월 발표된 여론 조사 결과는, 정당들 간의 갈등이 정당 지지자들에게도 영향을 미쳤음을 잘 보여주었다.[27] 마토비치 총리의 소속 정당인 평범한 사람과 독립적 인격당(OL'aNO) 지지자들의 경우 스푸트니크 백신에 대한 신뢰도가 64.8%를 기록하였다. 하지만 마토비치 총리의 러시아 백신 도입에 반대했던 외교부 장관의 소속 정당인 SaS 지지자들의 경우 스푸트니크 백신에 대한 신뢰도가 53.9%로 하락하였으며, 연립 내각 탈퇴를 선언했던 국민을 위한 당(ZL) 지지자들은 46.3%로 가장 낮은 신뢰도를 보였다. 반면 ZL 지지자들은 화이자 백신에 대해 86.3%의 높은 신뢰도를 보냈다.

극우 정당인 우리의 슬로바키아 인민당(L'SNS)의 경우, 스푸트니크(45.6%)와 화이자 모두에 대해 가장 낮은 신뢰도를 보였는데, 특히 화이자에 대해 낮은 신뢰도(23%)를 보였다. 이는 헝가리와 마찬가지로 극우 정당들의 반EU, 반서구적 태도가 발현된 것으로 보인다.

러시아 백신 스캔들은 백신에 대한 기존의 신뢰도 자체가 높지 않았던 슬로바키아 시민들에게 더욱 불신을 키우게 되는 계기가 되었다. 슬로바키아의 의약안전청은 스푸트니크 백신의 사용을 허가하지 않았는데, 의학 학술지 『랜싯』에 소개된 스푸트니크 백신의 특성과 자신들이 받은 백신의 특성이 다르다는 이유였다.[28] 결국 마토비치 총리는 총리 자리에서 물러나게 되었고, 대신 그는 같은 정당 소속이자 재무부 장관이었던 에두아르드 헤게르와 서로 자리를 맞바꾸게 되었다. 그는 총리 자리에서 물러난 뒤에도 비밀리에 모스크바와 부다페스트를 방문하여 이미 구입한 러시아 백신의 처리 문제를 해결하려다 다시 한 번 비판의 중심에 서게 된다.

최근의 슬로바키아 과학원의 연구 결과에 따르면, 슬로바키아 시민들이 타인에 대한 배려와 이타심을 갖고 있으며, 또한 바이러스의 위험에 대해 충분한 공포를 느끼고 있음에도 불구하고, 백신의 부작용에 대한 두려움이 그러한 효과를 넘어서고 있는 것으로 확인되었다.[29] 확산세를 막지 못한 슬로바키아 정부는 결국 11월 25일, 2주간의 락다운과 3개월 동안의 국가 비상사태를 선언했고, 재무부 장관이 된 마토비치는 11월 30일, 60세 이상 백신 접종자에게 500유로의 바우처를 지급하겠다고 발표했다.[30] 이와 같은 조치는 당장에 백신 접종률을 상승시킬 수 있는 대책은 될 수 있겠지만, 궁극적으로 시민들의 방역 당국에 대한 신뢰, 과학에 대한 신뢰를 회복하는 데까지 이를 수 있을지는 의문이다.

예상하지 못한 독일, 스위스, 오스트리아의 백신 거부
─포퓰리즘 극우 정당의 문제

많은 서유럽 국가들이 발전된 민주주의 체제로 선망의 대상이 되지만, 독일, 스위스, 오스트리아의 국제적 지위는 각별하다. 독일은 과거의 세계대전과 분단의 아픔을 딛고 오늘날 유럽연합의 리더로서의 역할을 성공적으로 수행하고 있다. 스위스와 오스트리아의 경우 강대국 사이에서도 강소국으로서의 지위를 유지하며 안정적인 민주주의 체제를 유지하고 있다. 그런데 '선진국의 모범'으로 한국에서뿐만 아니라 세계적으로 명성이 높은 이세 나라에서, 아무도 예상하지 못했던 문제가 나타나고 있다. 바로 저조한 백신 접종률이다.

미국을 제외한 대부분의 선진국들이 80%가 넘는 백신 접종률을 기록하고 있는 2022년 현재, 오스트리아와 스위스에서는 여전히 전체 인구의 4분의 1에 해당하는 시민들이 백신을 접종하지 않았다. 독일의 경우도 크게 다르지 않다. 독일에서도 여전히 23.5%의 시민들이 백신을 접종하지 않았고, 그 결과 독일, 스위스, 오스트리아의 확진자 수와 사망자 수는 2021년 말크게 증가하였다. 특히나 독일의 백신 접종 거부는 부유한 남부의 바이에른주, 바덴-뷔르템베르크주와 동부의 작센주에서 뚜렷하게 나타나고 있는데, 이 지역에서는 실제로 백신에 반대하는 시민들의 운동 또한 강력하게

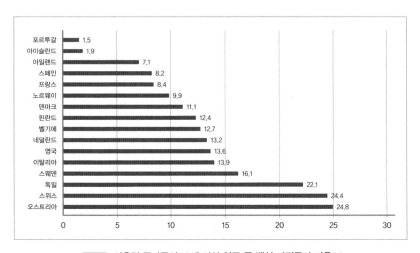

그림 3 서유럽 국가들의 12세 이상 인구 중 백신 미접종자 비율(%)

출처: Our World in Data 2021

나타나고 있다. 스위스에서는 독일어를 사용하는 동부 주(canton)에서 낮은 백신 접종률이 확인되고 있는데, 프랑스어를 사용하는 서부, 이탈리아어를 사용하는 남부 주에 비해 뚜렷하게 낮은 접종률을 보여주고 있다.

독일, 스위스, 오스트리아에서 나타나는 낮은 백신 접종률의 문제는 이들 국가에서 활약하고 있는 포퓰리즘적 극우 정당들의 전략과 밀접하게 관련되어 있다. 이들 국가에서 극우 정당은 기존의 정치 체제, 권위에 대한 거부감을 바탕으로 대중적인 인기를 끌고 있는데, 이민자들에 대한 적대적 정책, 유럽연합의 실효성에 대한 회의적인 입장을 공통된 특징으로 갖고 있다. 특히나 이들은 오늘날 세계화된 경제 구조에서 다소 뒤떨어져 있는 인구 집단에서 큰 인기를 얻고 있었는데, 이들에게 있어 백신 접종과 관련된 논란은 다시 한번 정부와 기존 체제에 대한 불신을 조장하고 선동할 수 있는 좋은 먹잇감이 되었다.

　최근 독일의 설문 조사에 따르면, 2021년 말 총선에서 백신 미접종자의 약 50%가 포퓰리즘적 극우 정당인 독일을 위한 대안(AfD)에게 투표한 것으로 나타났다. 총선에서 AfD의 전체 득표율이 10.3%에 그쳤다는 점을 고려해 볼 때, 50%에 육박하는 득표율은 매우 높은 수치이다. 오스트리아에서는 마찬가지로 극우 정당 자유당(FPÖ)이 백신 거부 운동에 앞장서고 있는데, 당의 대표인 헤르베르트 키클은 백신과 종양 사이의 인과성을 근거 없이 제기하며 대중들을 선동하고자 하였다. 스위스의 극우 정당인 스위스 인민당은 정부의 방역 조치에 저항하는 시민 운동을 적극적으로 선동하고 있는데, 실제로 스위스 인민당 지지자의 51%가 백신 미접종자인 것으로 나타났다. 특히나 국가의 강력한 방역 조치를 불편해하고 코로나-19 바이러스의 영향을 과소평가하는 젊은 층 유권자들에게 극우 정당들의 목소리는 더욱 호소력을 가진다. 오스트리아에서 35세 이하 인구의 37%가 여전히 백신을 접종하지 않은 상태이며, 스위스의 취리히에서 열린 반방역 대책 시위 참가자들의 평균 나이는 20세였다.[31]

　독일, 스위스, 오스트리아의 사례는 안정된 경제 상황과 민주주의 체제를 유지하고 있는 서유럽 국가들에서도 이른바 '백신 접종의 정치화'라는 문제가 심각하게 나타나고 있음을 보여준다. 특히나 기존 권위에 대한 도전을 특징으로 하는 극우 정당들에게, 백신 접종 거부 운동은 지지율을 키울 수 있는 매우 좋은 기회가 되고 있다. 2019년 11월 발표한 기고문에서, 캐나다의 학자 오버그와 그의 동료들(Oberg et al. 2019)은 "과학은 정치적일 수 있지만 정파적이어서는 안 된다"고 경고한 바 있다. 마치 몇 달 뒤에 전 세계가 겪게 될 코로나-19의 확산을 예견한 듯한 경고였지만 안타깝게도 코로나-19를 둘러싼 방역 대응과 백신 접종은 정치적 갈등 이슈가 되었고, 극우 정당들은 이 혼란스러운 상황에서 갈등을 부추기며 심각한 영향을 미치고 있다.

한국의 '물백신' 논란
─정파성에 따라 달라지는 백신의 효과

지금은 90%에 가까운 높은 접종률을 기록하며 전 세계에서 가장 높은 백신 접종률을 기록하고 있는 한국이지만, 2021년은 백신 수급의 어려움과 물량의 부족으로 인해 많은 어려움을 겪었던 해였다. 정부의 예상보다 제약 회사들의 백신 개발은 훨씬 빠르게 이루어졌고, 미리 충분한 양을 선구매하지 않았던 탓에 한국 정부는 새로운 mRNA 기술로 개발된 화이자, 모더나 백신을 충분히 수급할 수 없었다. 2020년 봄부터 지속되고 있는 강도 높은 사회적 거리 두기와 방역 조치로 인해 피로감을 겪고 있던 시민들에게 백신 접종은 정말 시급한 문제였다. 백신만 있다면 코로나 이전의 시대로 돌아갈 수 있을 것이라는 희망이 넘쳤던 분위기에서, 백신 수급이 다른 나라에 비해서 뒤처지고 있다는 사실은 시민들로서 쉽게 용납하기 어려운 부분이었다.

2021년 중반기까지 한국이 접근할 수 있었던 유일한 백신은 영국 옥스

퍼드 대학 연구소에서 개발한 아스트라제네카(AZ) 백신과, 존슨앤존슨에서 개발한 얀센(Janssen) 백신뿐이었다. 당시로서는 AZ 백신과 얀센 백신조차도 물량이 충분하지 않았지만, AZ 백신과 얀센 백신 모두 곧 백신의 효과가 형편없다는, 이른바 '물백신' 논란이 시작됐다. 실제로 2021년 2월 당시 야당이었던 국민의힘은 "물백신(아스트라제네카)을 받아 든 국민에겐 상처만 남았다"며 정부를 비판하기도 하였다(국민의힘, 2021).[32] 여기에 더해 AZ 백신이 혈전 및 심근염과 관련되어 있다는 논란이 유럽 국가들을 중심으로 제기되면서, 화이자와 모더나와 같이 '우수한 백신'을 수급하지 못한 정부에 대한 비판의 목소리는 더욱 높아졌다.

지금의 시점에서 돌이켜 보면 당시의 한국 정부가 좀 더 우수한 백신을 수급하지 못한 것은 사실이었다. 2022년 현재 새로이 접종하는 백신은 대부분 화이자와 모더나로만 이루어져 있다. 2022년 3월 28일 기준 하루에 4만 3천 317회의 백신이 접종된 가운데 이 중 3만 1천 236회가 화이자 백신이었고, 5천 963회가 모더나, 그리고 6천 104회가 노바벡스 백신이었다. 아스트라제네카 백신은 2021년 11월 이후 거의 접종되고 있지 않으며, 얀센 백신 또한 미국으로부터 공여받은 백만 회를 예비군에 해당하는 젊은 남성들에게 접종한 이후에는 매우 적은 양만 접종이 진행되고 있다. 즉 화이자와 모더나의 수급이 원활해진 2022년, 한국을 포함한 대부분의 선진국들은 화이자와 모더나 백신의 우수성을 인정하고 있는 것으로 보인다.

그러나 2021년 당시 아스트라제네카 백신, 얀센 백신에 대해 집중되었던 비판들이 과학적 근거에 기반을 둔 전문가들의 비판이었던 것은 아니다. 감염병 전문가들은 오히려 이미 접종을 실시한 영국에서의 결과를 바탕으로 아스트라제네카 백신의 효능과 안전성을 인정하였다. 실제로 미국을 제외한 대부분의 국가들이 백신 수급에 어려움을 겪고 있던 당시 상황에서 아스트라제네카와 얀센 백신은 나름의 최선이었고, 실제로 60세 이상의 고위험군의 사망률을 줄이는 데 크게 기여하였다. 아스트라제네카 백신, 얀센 백신에 대한 비판은 전문가들의 '과학적 의견'이 아닌, 정당과 언론의 '정파적 의견'으로부터 시작되었다. 즉, 과학의 정치화 현상이 한국에서도 확인된 것이다.

나가며

여러 국가들의 사례에서 보이는 것처럼, 과학이 정치화되고 불신받았을 때 그 피해는 고스란히 국민들에게 돌아간다. 물론 백신의 안전성은 지속적으로 연구되어야 할 중요한 주제지만, 그에 대한 과학적 논쟁은 어디까지나 보건·백신 전문가들에 의해 이루어져야 한다. 정치인들은 당장의 정치적 이익, 선거에서의 승리를 생각하기 전에, 자신들이 내뱉은 발언들이 국민들의 건강에 미칠 영향 및 피해를 두려워하여야 한다.

2022년 초 오미크론 변이의 급속한 확산을 지나, 한국에서는 실내 마스크를 제외한 대부분의 방역 규제들이 해제되는 흐름 속에 있다. 그에 따라 다중 이용 시설의 이용 등을 위해서 3차 백신 접종까지 요구하던 백신 의무화 조치 또한 당분간은 다시 적용되는 일이 없을 것으로 보인다. 그러나 여전히 코로나-19 바이러스의 전 세계적인 종식을 말하기에는 이르다. 중국에서는 뒤늦게 오미크론 변이가 확산되며 베이징과 상하이 등 주요 도시가 완전 봉쇄되었고, 미국 또한 최근 들어 다시금 확진자 숫자가 늘어나면서 2022년 말에는 누적 확진자 수가 약 1억 명에 이를 것이라는 예측이 나오고 있다. 바이러스의 재확산 과정에서 다시금 새로운 변이가 등장하지 않으리라 확신할 수 없고, 새로운 백신 접종이 필요해질 가능성 또한 전혀 배제할 수 없다.

물론 그 누구도 원하지 않는 시나리오지만, 사실은 모두가 대비해야 할 시나리오이기도 하다. 만약 다시 위기 상황이 왔을 때 어떻게 국민들과 커뮤니케이션하고, 어떻게 신뢰성 있는 정보를 전달할 것인지에 대해 각국의 정치인들과 전문가들은 함께 고민하여야 한다. 특히 백신의 효력과 혹시 모를 부작용에 대한 투명한 정보 전달은 지속적으로 이루어져야만 하는 필수적인 과제이다. 과거의 해외 사례들이 보여준 것처럼, 정부와 의료 당국이 한번 신뢰를 잃게 되면 그것을 회복하는 것은 정말 어렵다. 한 번 잃어버린 신뢰는 새로운 허위 정보와 가짜뉴스가 확산될 수 있는 좋은 토양이 된다. 정치인들은 백신을 둘러싼 갈등으로부터 자신들에게 기대되는 정치적 이득을 따지기 전에, 자신들의 정치적 이익이 과연 국민들의 생명에 우선하는지 스스로 생각해 보아야 할 것이다.

메타버스와
미래의 정치 참여

김범수(연세대학교 디지털사회과학센터 연구교수)

"공간은 가상적일지라도 경험은 실제적이다.¹"

생동감 있는 온라인 정치

2022년 3월 9일 제20대 대통령 선거가 있었다. 대통령 후보들은 온라인을 통해서도 선거 운동을 했다. 후보들은 홈페이지와 페이스북, 유튜브뿐만 아니라 메타버스라는 새로운 수단을 활용했다. 메타버스는 사회관계망 서비스(Social Network Service, SNS)보다 생동감이 있었다. 메타버스 안에서 후보는 아바타라는 후보 캐릭터로 등장한다. 유권자도 유권자 아바타로 등장한다. 이들은 고대 그리스 시대 아테네의 아고라와 같은 노천 극장 모습을 한 메타버스에서 만나 질문하고 답했다. 아바타는 메타버스라는 온라인 공간에 등장하는 이용자의 캐릭터이다. 온라인 정치의 공간인 메타버스에서 후보는 후보 아바타로, 청년 유권자는 청년 아바타로, 기자는 기자 아바타로 등장하고, 마치 현실에서 하듯이 질문하고 답한다. 홈페이지와 카카오톡이나 페이스북 같은 사회연결망 서비스로는 경험하기 어려운 생동감 있는 온라인 정치를 우리 인류는 새롭게 시작하려 한다.

메타버스를 활용한 생생한 온라인 정치의 모습을 알아보기 위해 한 언론사가 만든 메타버스 아고라를 꼼꼼히 살펴보았다. 메타버스 아고라는 정책 토론을 위한, 노천 극장의 모습을 한 온라인 공간이다.[2] 후보가 메타버스에 들어가기 위해서는 자신의 제2캐릭터 혹은 부캐릭터인 아바타를 만들어야 한다. 아고라 메타버스 안에서는 후보 아바타가 자신의 정책을 설명하고, 유권자 아바타를 만나며, 질문을 받고 답한다. 청년 유권자는 자신의 아바타를 만들어 메타버스 아고라에 입장한다. 메타버스 아고라에는 이미 후보 아바타와 수십 명의 다른 유권자 아바타들이 입장해 있다. 어떤 아바타가 후보이고 어떤 아바타가 유권자인지는 아바타의 모습을 보면 알 수 있다. 또한 아바타의 머리 위에서 아바타의 주인을 의미하는 실명이나 별명을 확인할 수 있다. 청년 유권자 아바타는 후보 아바타에게 좋은 일자리를 어떻게 제공할 것인지를 묻는다. 후보 아바타는 직업 훈련 과정을 다양화하고 전문화할 것이라 답한다. 현실에서 후보와 유권자가 만나 대화하는 모습이 메타버스 아고라에서 실현된다. 자신을 30대라 소개한 또 다른 아바타는 후보 아바타에게 주택 실수요자를 위한 주택 정책이 무엇인지를 질문한다. 후보 아바타는 임대차 3법 개정을 통해 주택 시장 불안을 해소하겠다고 답한다. 메타버스 아바타들의 질문과 대답은 카카오톡이나 페이스북과 같은 사회연결망 서비스의 실시간 채팅과 비슷하지만, 후보 아바타와 유권자 아바타가 3D로 구현된 온라인 공간에서 서로의 모습을 보며 대화한다는 점에서 참여자들은 생동감을 느낀다.

우리 인류는 인터넷을 통해 시간과 공간의 장벽을 넘어설 수 있었다. 정보 통신 기술이 발전하고 실시간 데이터 처리 속도가 빨라지면서 메타버스는 인터넷 소통의 최첨단 모습을 보여준다. 메타버스는 현실에서 인간들이 상호작용하고 경험하는 것을 온라인 공간에서도 가능하게 한다. 메타버스는 홈페이지나 카카오톡과 같은 사회연결망 서비스와 무엇이 다른 것일까? 온라인을 통한 정치의 관점에서 메타버스만이 갖는 세 가지 특징을 살펴보고자 한다.

가상과 현실의 실시간 연결

메타버스(metaverse)는 '거기를 넘어'라는 의미의 '메타(meta)'와 '우주'라는 의미의 '유니버스(universe)'를 결합한 합성어이다. 넓은 의미의 메타버스는 디지털 환경과 인간의 현실을 디지털 기술로 연결한 공간으로, 온라인 게임부터 카카오톡과 같은 사회관계망 서비스를 모두 포함한다. 좁은 의미의 메타버스는 증강 현실, 라이프 로깅, 디지털 트윈, 그리고 가상 현실이 만나는 혼합 현실이다.

2022년 2월 11일 한 라디오 방송에서 출연자들은 메타버스 특집을 다뤘다. 방송에 초대된 대구경북과학기술원의 정지훈 교수는 메타버스가 "디지털 세계와 현실이 만나는 혼합 현실"이라고 하면서 혼합 현실을 두 가지로 설명했다. 하나는 증강 현실이고 다른 하나는 가상 현실이다. 증강 현실은 현실에서 할 수 없거나 어려운 일을 디지털 기술을 활용하여 가능하게 한 것으로 현실에 온라인 기술을 접목한 것이다.

증강 현실을 이해하는 대표적인 사례는 2017년 1월 24일 우리나라에도 출시된 '포켓몬 고' 게임이다. 2017년 포켓몬 고 게임이 출시되자, 토요일이면 보라매공원은 피카추를 잡기 위한 인파로 북새통을 이루었다. 부모와 자녀가 함께 공원을 산책하면서 포켓몬을 잡는 재미를 함께 누리며, 건강도 챙기는 게임 문화로 자리 잡게 된 것이다. 2022년 4월, 출시로부터 5년이 지난 시점에 포켓몬 고 게임은 포켓몬 빵의 출시와 함께 다시 유행을 타고 있다. 포켓몬 빵에 동봉한 포켓몬 스티커가 그 시절에 대한 향수를 자극한 것이다. 포켓몬 고 증강 현실 게임 이용자는 현실에서 공원을 산책하면서, 스마트폰의 게임 앱을 통해 숨어 있는 포켓몬 캐릭터를 사냥한다. 모바일 위치 기반 게임인 이 게임은 스마트폰을 이용해 오프라인의 현실과 온라인을 연결하고, 곳곳에 숨어 있는 포켓몬 캐릭터를 포획하고 육성하는 게임이다.

메타버스의 다른 모습은 디지털 세계에 현실성을 부여한 가상 현실이다. 3D 게임에 들어가면 산도 있고 강도 있고 건물도 있으며, 타인들이 존재한다. 가상으로 존재하는 세계이다. 하지만 가상 세계에서의 경험과 활동이 가상 세계에서만 이뤄지면 메타버스라 할 수 없다. 온라인 3D 게임은 활동이 가상 세계에 국한된 닫힌 세계(closed world)이다. 메타버스는 가상과 현실을 연결한다. 이용자가 아바타를 생성하여 디지털 세계에서 자신의 선택에 따라 활동하고, 그 결과가 현실로 연결되는 열린 세계(open world)이다. 메타버스의 온라인 공간에서 이용자들이 상호 작용을 하거나 물건을 구입하고,

온라인 화폐를 현실의 경제적 가치로 전환하는 연결이 메타버스의 특징이다. 현실로 연결된 가상 세계가 메타버스이다.

　가상세계를 현실로 연결하기 위해서는 많은 센서와 디지털 기술이 필요하다. 현실에서의 인간의 움직임, 맥박 등을 온라인으로 실시간 기록하여 건강을 관리하고 최적화된 움직임을 찾는 방식을 생활을 기록한다는 의미로 '라이프 로깅(life logging)'이라 한다. 개인이 일기를 써서 자기 삶의 기록을 남기듯이, 개인이 디지털 센서가 있는 시계나 팔찌로 자신의 생체 데이터와 이동 데이터를 모을 수 있다. 이러한 데이터를 모으면 이용자의 취향과 필요에 맞춘 정보 계산이 가능하다. 우리가 길 도우미 앱에 목적지와 현재 나의 위치를 입력하면 최적의 지름길을 제공해 주는 것과 같다. 이런 것들이 현실의 데이터와 온라인상의 컴퓨터 처리 능력이 결합된 메타버스이다. 실시간으로 정보를 확인하고, 선택할 수 있는 최첨단 도구라 할 수 있다.

　메타버스가 이용자들에게 생동감을 주는 이유는 온라인상에 현실을 그대로 구현한 디지털 트윈 때문이다. 디지털 트윈(Digital Twin)은 현실과 같은 모습으로 온라인에 구현된, 현실의 쌍둥이 가상 현실이다. 디지털 트윈은 구조와 모습뿐 아니라 현실의 공간이나 물건들과 같이 가상에서 동일하게 움직일 수 있는 환경이다. 디지털 트윈에는 '버추얼 싱가포르'와 같이 도시를 디지털로 구현한 사례와 GE(제너럴 일렉트릭)가 제작한 비행기 엔진을 디지털로 구현하고 센서로 연결하여 실시간으로 엔진의 상태를 감시하는 사례가 있다. 싱가포르를 디지털로 구현한 가상 환경에 들어가면, 도시의 경관과 모습을 보행자가 되어 체감할 수 있고, 도시에 설치된 센서를 통해 교통, 날씨, 환경 정보를 실시간으로 확인할 수 있다. 정부나 기업, 개인이 일정한 부지에 건물을 건축하거나 공원을 만들 때, 건축물이 주변 환경에 미치는 영향, 일조권 침해와 바람 방향의 변화, 교통에 미치는 영향 등을 설계 과정에서 비교적 정확하게 예측할 수 있다. 비가 많이 내렸을 때, 침수 지역을 확인하여 시설 보수 대책을 세우는 데 활용할 수 있다.

디지털 트윈의 가상 세계에서의 예측을 확인한 뒤에 확인된 결과를 참고하여 설계를 변경하거나 정책을 개선할 수도 있다. 가상 환경에서의 예측과 설계 변경 과정을 통해 정부나 기업, 그리고 개인은 신속하고 정확하게 개선 방향을 찾을 수 있다. 디지털 트윈을 통한 설계 보완 과정이 가장 잘 적용되는 분야는 제조업이다. 미국의 GE항공은 비행기 엔진의 장애로 인한 항공기 결항과 사고를 예방하는 데 디지털 트윈 기술을 적용한다. GE항공은 자신들이 제작한 모든 비행기의 엔진에 센서를 장착하여 항공기 이착륙과 운항 중에 발생하는 자료를 수집한다. 실시간으로 수집한 자료를 분석하여 문제 여부를 확인하며, 나아가 엔진 고장을 예측하고 교체 시기를 계산한다. 그 결과 결항 건수를 상당수 줄이는 효과를 얻었다.

메타버스의 세 가지 구성 요소

메타버스의 핵심적인 구성 요소는 세 가지이다. 첫 번째 요소는 디지털로 만든 공간으로 '세계(world)'라는 명칭이 부여되는 메타버스 공간이다. 메타버스 공간은 사무실이나 공연장과 같이 일하는 공간일 수 있고, 전투 장소나 프랑스의 루브르 박물관, 서울의 광화문과 같이 특별한 이벤트를 하

그림 1 MBN 주최 윤석열 대선 후보의 '청년 공약' 메타버스 대담

출처: https://www.youtube.com/watch?v=9le6vHdmsc8

기 위한 공간일 수 있다. 인천 선거관리위원회가 2022년 3월 9일 제20대 대통령 선거 투표 안내를 위해 사전 투표소와 당일 투표소를 메타버스 공간으로 만들었다. 유권자들은 가상 투표장에 방문하여 사전 투표를 경험할 수 있다. 메타버스 공간이 현실의 공간과 비슷해질수록 이용자는 생동감을 더 많이 느낀다. 메타버스를 구성하는 두 번째 요소는 메타버스 공간에서 활동하는 아바타이다. 이용자가 디지털 공간에 들어가기 위해서는 디지털 '나'를 만들게 되는데, 이를 나의 '아바타(avatar)'라 부른다. 아바타는 이용자를 대신하여 다른 아바타들과 메타버스 공간 안에서 상호 작용하고, 디지털 세계를 경험한다. 아바타의 모습과 움직임이 현실의 나와 비슷할수록 메타버스의 생동감은 커진다. 메타버스를 구성하는 세 번째 요소는 아바타가 디지털 공간에서 활동하며 쌓아가는 '경험(experience)'이다. 메타버스 선

거 운동을 예로 들면, 아고라라고 하는 메타버스의 토론 공간에 대통령 후보와 청년 유권자의 아바타가 등장한 후에 아바타들이 서로 질문하고 답하는 행위를 경험이라 할 수 있다. 메타버스 안에서는 이용자의 선택에 따라 미래가 결정된다. 마치 현실에서 개인이 삶을 살아나가는 방식과 유사하다.

메타버스의 실제를 확인하기 위해 2022년 제20대 대통령 선거 기간에 등장한 한 사례를 살펴보자. 종합편성채널 MBN이 주최한 대선 후보와 유권자의 메타버스 대담이다. 메타버스 공간인 디지털 아고라는 고대 그리스 아테네의 원형 극장의 모습으로 구성되어 있다. 가상 아고라의 중앙에는 대통령 후보의 모습을 한 아바타가 서 있다. 후보 앞의 계단식 자리에는 청년 유권자들의 아바타 수십 명이 앉아 있다. 아바타들의 머리 위에는 이용자가 스스로 적어놓은 아바타의 명칭이 표시되어 있어, 메타버스 안의 아바타가 누구인지 확인할 수 있다. 한 청년 아바타는 후보 아바타에게 정책 공약에 대해 질문을 하고, 후보 아바타는 그에 관해 답변한다.

메타버스가 홈페이지나 페이스북이나 유튜브와 다른 특징은 실시간으로 생동감 있게 연결할 수 있다는 것이다. 유권자는 홈페이지를 방문하여 후보의 공약을 살펴보고, 공약집을 내려받아 읽을 수 있고, 홈페이지에 올려진 동영상을 볼 수도 있다. 그러나 홈페이지를 통해 직접 질문하고 답을 받는 것은 불편하고, 현실감도 낮다. 반면에 후보와 유권자가 각각 아바타를 만들어 메타버스 안에 들어가면, 같은 공간에서 대면하여 질문하고 답할 수 있다. 물론, 홈페이지 게시판을 통해서도 질문하고 답을 받을 수 있다. 하지만 메타버스처럼 생동감을 느낄 수는 없다. 메타버스는 가상 공간에 현실을 생생하게 구현하는 디지털 기술이다.

열린 세계

메타버스는 열린 세계(open world)이다. 열린 세계의 반대말은 닫힌 세계이다. 대부분의 디지털 게임은 닫힌 세계에서 출발했다. 게임 이용자가 온라인 게임을 시작하면, 이용자가 조작할 수 있는 개체의 활동 범위는 고정되어 있다. 이용자가 만나는 행위자들이 정해져 있고, 행위자들의 행동도 정해져 있다. 높은 단계로 나아갈수록 다양한 행위자가 나타나고 게임 속의 상황이 복잡해지지만, 디지털 공간 안에서 이용자의 행동은 고정된 패턴을 보이는 것이 닫힌 세계이다.

그런데 온라인 게임이 발전하면서 이용자가 조작하는 개체의 활동 범위에 제한을 두지 않고 자유롭게 움직이도록 하는 게임이 등장했다. 열린 세계에서 이용자는 온라인 공간 전체를 자유롭게 다니고, 자유롭게 행동할 수 있다. 이용자가 누구를 만나고 어떻게 행동하는가에 따라서 이후의 세계와 활동이 전개된다. 이용자의 선택에 따라 경험할 수 있는 세상이 열려 있다. 현실에서 개인이 선택하고 경험한 결과가 이후의 삶을 구성하는 것과 같다.

앞에서 제시했던 메타버스 아고라에서 열린 세계를 확인해 볼 수 있다. 메타버스 아고라 토론장에 들어선 이용자 아바타는 이재명 후보에게 질문할 수도 있고 윤석열 후보에게 질문할 수 있다. 또한, 후보에게 주택 정책을 질문할 수도 있고, 일자리 정책에 관해 물을 수도 있다. 마치 현실에서 우리가 토론장에 참여한 것과 같다. 현실의 토론장은 토론의 주제와 발표자와 질문자 그리고 청중으로 구성되어 있을 뿐, 어떤 질문을 누구에게 할 것인가는 열려 있다. 메타버스의 아고라 토론장에 들어온 이용자도 다른 아바타 누구와도 만날 수 있고, 자유롭게 질문을 선택할 수 있다. 메타버스의 열린 세계는 현실을 반영한 특징이다.

메타버스의 열린 세계라는 특징은 카카오톡이나 페이스북과 비교하면 더욱 명확하다. 카카오톡은 현실에서 알고 있는 지인을 대화 대상으로 한정한다. 페이스북은 카카오톡보다는 개방적이지만, 여전히 팔로우와 팔로잉이라는 관계 맺기로 대상이 제한된다. 반면 메타버스는 디지털 세상을 만든 제작자의 의도에 따라 참여자를 제한하고 특정한 대상을 초청할 수 있지만, 기본적으로는 누구나 참여할 수 있도록 열려 있다.

2022년 2월 인천시 선거관리위원회는 개더타운(Gather Town)이라고 하는 메타버스 플랫폼 안에 3월 9일 대통령 선거를 위한 투표소 체험장을 만들었다. 온라인 투표 체험장 링크는 공개되어 누구나 온라인 투표 체험장을 경험할 수 있다. 개더타운 플랫폼에 등록하고 아바타를 만들면 누구나 온라인 투표를 체험할 수 있다. 투표 체험장은 사전 선거 체험장, 당일 선거 체험장, 그리고 역대 대통령 선거의 역사를 관람할 수 있는 사이버 선거역사관으로 구성되었다. 이용자 아바타는 메타버스 안의 투표 체험장에 방문하여 선거에 관한 정보를 얻고 투표 동선을 따라가 볼 수 있다. 또한, 역대 대통령 온라인 박물관에 방문하여 이전 대통령과 후보, 그들의 공약에 관한 정보를 볼 수 있다. 개더타운 플랫폼은 아바타와 아바타 사이의 화상 회의 기능을 제공한다. 나의 아바타가 다른 아바타와 화상으로 만나서 인사하거나 대화할 수 있다. 개더타운이라는 플랫폼은 아바타와 아바타 사이의 거리가 가까워지면, 두 아바타를 화상 대화로 연결하는 기능이 있다. 나의 아바타를 움직여 자유롭게 만남의 대상을 선택할 수 있다. 메타버스 공간 안에서 이용자가 자유롭게 세상을 경험하는 것이 메타버스의 열린 세상이다.

아바타의 정체성

메타버스의 또 다른 특징은 아바타의 가명성이다. 가명은 자신의 실제 이름과 다른 이름이나 별명이지만, 어느 정도 자신의 정체성을 드러낸다. 이용자가 인터넷을 이용할 때 실제 자신의 이름 대신에 자신을 의미하는 별명, 상징, 단어를 온라인상의 자신의 이름으로 정해 활동하는 경우와 같다. 메타버스에서 이용자는 아바타의 이름을 정해야 한다. 그리고 아바타가 메타버스 안에서 하는 행동은 기록으로 남는다. 이용자는 메타버스에 들어갈 때마다 새로운 아바타를 생성할 수 있다. 이런 경우 새로운 존재가 되어, 이전의 아바타가 행한 행동의 결과는 새로운 아바타로 연결되지 않는다. 이용자가 아바타의 활동을 축적하기 위해서는 아바타의 정체성을 유지해야 한다. 아바타의 정체성은 이용자들이 메타버스 안에서 책임 있게 행동하게 하는 원인이 된다.

이용자의 정체성 공개와 관련된 사례로는 포털 뉴스의 댓글이 있다. 네이버나 다음 뉴스 포털의 댓글은 대표적인 익명성의 공간이었다. 이용자가 자신의 정체성을 드러내지 않고 표현의 자유를 누리게 한 결과였다. 그러나 인터넷에 유포되는 악의적인 비방과 인신공격과 명예 훼손 등 악성 댓글 문제가 발생했다. 이 때문에 네이버는 2021년 5월부터 댓글 작성자의 프로필 사진을 공개하는 등 댓글 작성자의 정체성을 일부 드러내는 조치를 하였다. 댓글 작성자의 프로필 사진을 클릭하면, 작성자의 댓글 기록도 공개하여 댓글 작성자가 과거에 작성하였던 댓글들을 볼 수 있도록 한다. 자신의 댓글 기록들이 공개된다는 사실을 알게 되면, 댓글 작성자는 자신이 쓰는 댓글의 내용에 대해 책임을 더 많이 느낄 것이다. 이것이 인터넷 포털 뉴스를 관리하는 네이버나 다음이 댓글의 운영 규정을 바꾸어 댓글 작성자의 정체성을 공개한 이유이다. 앞으로도 공적인 토론 공간에서는 익명성에서 가명성으로 변화하는 흐름이 지속될 것으로 보인다.

온라인 공간에서의 활동이 사회, 정치, 경제 분야 등에서 사회적이고 공적인 영향을 많이 끼칠수록, 온라인 공간에서도 현실 공간에서와 같이 발언과 행동에 대한 사회적, 법적 책임을 묻는 일이 늘어날 것이다. 공익을 위한 토론장에서 혐오 발언이 많아지면서, 다른 개인에게 상처를 주거나 피해를 주는 사례가 증가하고 있다. 온라인 공간에서 이용자의 발언은 표현의 자유라는 권리 행위이지만, 동시에 사회적, 정치적 영향이 발생하기 때문에 책임을 져야 하는 책임 부담의 행위이기도 하다. 인기 연예인에 대한 비방으로 인해 연예인이 상처를 받고 자살하는 사례가 발생했다. 표현의 자유만큼 표현의 사회적 책임도 중요하다. 발언의 사회적 책임이란, 공론장에서 자신이 한 발언이 미칠 사회적 영향을 고려하여 발언하는 태도이다. 얼굴을 마주 보고 토론하는 자리에서 말하는 사람은 가능한 한 상대편을 불편하게 하거나, 다른 참석자들에게 불편을 주는 발언을 피하게 된다. 사회 공동체와 민주주의 정치를 위해서 개인의 자유가 중요한 가치이지만, 구성원이 책임 있는 발언과 행동을 하고 민주적인 규범을 지켜야 한다는 원칙도 중요하다. 민주주의 정치는 이견을 가진 구성원들이 게임의 규칙을 준수하는 태도를 따를 때 가능하다. 선거의 규칙, 의회의 규칙, 그리고 토론의 규칙과 같이 공적인 행동에 대해서는 일정한 수준의 정치적 책임이 부여되는 규칙이 필요하고 구성원들은 이를 준수해야 한다. 책임 있는 발언과 정치적 경쟁과 토론의 규칙을 준수하는 발언이 가능할 때, 합리적 토론을 통한 타협과 대안으로 수렴할 수 있기 때문이다.

메타버스는 아바타의 정체성을 필연적으로 드러내는 환경이다. 이용자가 메타버스에 들어갈 때 아바타를 생성하는데, 메타버스에 참여하는 이용자는 자신의 실제 이름을 아바타에 부여하거나, 자신의 별명을 부여한다. 특히 이용자는 아바타를 일정한 모습으로 꾸미게 되는데 그 과정에서 이용자의 정체성이 반영된다. 이용자는 자신의 아바타의 모습과 이름, 아바타의 피부색, 머리, 옷, 신발과 같은 외형을 선택하고 정할 때, 자신의 존재를 반영하게 된다. 따라서 메타버스 안의 아바타는 현실의 나와 연결된다. 이용자의 관점에서 나의 아바타가 메타버스 안에서 이루어온 경험은 자신이 쌓아온 경험의 산물이다. 이용자는 메타버스 안에서 게임을 할 수도 있고, 다른 아바타와 친구 관계를 맺거나 대화할 수 있다. 그리고 이용자는 이러한 활동을 통해 메타버스 안에서 자신의 사회관계망과 신뢰를 형성할 수 있다. 이용자는 메타버스에 들어갈 때마다 새로운 아바타를 만들 수 있다. 하지만, 새로운 아바타를 만드는 일은 이용자를 불편하게 하며, 과거에 메타버스 안에서 자신이 이루었던 성과를 해체하는 결과로 이어진다.

메타버스는 아바타와 아바타가 만나서 상호 작용하기 때문에 상대방이 받는 신뢰가 중요하다. 현실에서 우리가 의미 있고 가치 있는 상호 작용을 할 때, 신뢰할 만한 대상자를 선택하는 것과 같다. 정치 영역에서 시민들과 정치인이 정책을 토론하거나 가치 있는 정보를 얻을 때, 그리고 협력하여 공동의 목표를 달성하고자 할 때, 상대방이 갖는 신뢰는 매우 중요하다. 마찬가지로, 메타버스 안에서 만나는 상대 아바타가 신뢰할 수 있는 존재인지를 확인하는 것은 메타버스 안에서의 나의 활동과 반응을 결정하는 중요한 기준이다. 예를 들어, 메타버스 토론 공간에서 질문하는 아바타와 답변하는 아바타의 정체성은 중요하다. 아바타의 발언과 행동이 실제 행위자의 발언과 행동과 같으며, 실제 행위자의 표현이라는 진실성이 확인될 때 메타버스 토론과 정치가 가능하다.

메타버스로 선거 운동을 하는 경우, 아바타는 현실 인물의 정체성을 그대로 반영한다. 2022년 대통령 선거를 앞두고 이낙연 민주당 대통령 후보는 네이버에서 운영하는 메타버스 플랫폼 제페토에 '내 삶을 지켜주는 나라'라는 공간을 개설하였다. 유권자는 이낙연 후보가 만든 메타버스 세상에 아바타로 방문한다. 그곳에서 유권자는 후보의 공약과 살아온 길을 돌아본다. 김두관 국회의원의 '메타버스 독도 마을 이장'과 박용진 국회의원이 만든 '4차산업혁명 선도'도 선거 운동을 하는 메타버스 플랫폼이다. 국민의힘의 원희룡 전 제주지사도 국민의힘 대통령 후보로서 대선 출마를 유튜브로 생중계하면서, 제페토를 통해 지지자들과 소통하였다. 민주당은 2021년 8월 20일 ㈜직방이 만든 메타폴리스 건물의 7개 층을 임대하여 민주당 선거

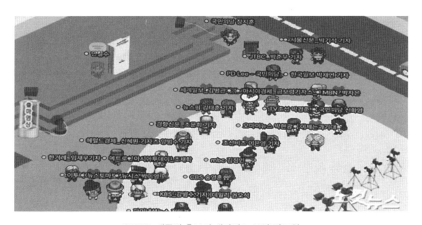

그림 2 대통령 후보의 메타버스 공약 발표회

출처: 윤창원, 2021. "안철수, 메타버스 소통 공간 '폴리버스 캠프' 열고 첫 일정으로 청년공약 발표."
〈노컷뉴스〉. 2021년 11월 16일.
https://www.nocutnews.co.kr/news/5657927

운동본부와 6명의 예비 후보의 사무실을 만들었다. 메타폴리스는 직방이 국내 최초로 본사 사무실을 없애고 만든 메타버스 사무실이다. 직원과 입주자는 엘리베이터를 이용해 사무실로 이동해 책상에 앉아 일하거나 미팅룸에서 회의를 할 수 있다. 2022년 제20대 대통령 선거에 출마한 국민의당 안철수 후보는 개더타운에 '폴리버스 캠프'를 열고 청년 공약을 발표했다. 후보가 청년 공약의 중요 내용을 연설하였고, 기자들과 다수의 참여자가 모여 마치 오프라인 정치 집회를 하는 것과 같은 모습을 연출했다. 또한, 기자들의 질문에 일문일답하였다. 아바타의 정체성이 메타버스 안에서의 정치와 선거 운동을 가능하게 하는 중요한 특징이라 할 수 있다.

안전한 모험

메타버스 안에서의 활동은 현실과 비슷하지만 안전하고 편리하므로 이용자들은 과감하게 행동할 수 있다. 유권자는 대통령 선거 후보를 메타버스 안에서 만날 수 있고 질문할 수 있으며, 정당이 만든 메타버스 토론장에 참여하여 정당 의견에 반대 토론 할 수 있다. 이용자는 한국의 사무실이나 집에 있으면서 안전하게 메타버스 안에서의 만남이나 모험을 즐길 수 있다. 메타버스가 제공하는 안전함과 새로운 모험의 결합은 이용자에게 장벽 없는 토론을 가능하게 하는 환경을 제공한다. 메타버스 안에서의 만남은 상대가 대통령 후보와 같이 현실에서 높은 직위의 사람일지라도 직위로부터 영향을 적게 받는다. 평등한 토론장을 통해 공동체의 공익을 찾아가는 공론장을 주장했던 유명한 학자 하버마스의 이론에 의하면, 공론장을 실현하는 요소 중 하나는 권위에 영향을 받지 않는 평등한 대화이다. 돈이나 권력과 같은 힘과 신분이 토론에 참여하는 구성원들에게 영향을 준다. 현실에서 만나는 사람들 사이의 만남에서는 사회경제적 차이로 인해 평등한 대화가 어려울 수 있다. 반면 메타버스는 평등한 관계와 토론 환경을 제공한다. 평등하고 안전한 메타버스의 환경 속에서 이용자는 자신이 궁금해하는 것에 대해 질문을 던지며 상대방과 자유롭고 거리낌 없이 토론할 수 있다.

2022년 3월 9일 대선을 앞두고 국민의힘은 선거 운동 로고송 공모전을 메타버스에서 추진했다. 공모 참여자가 아바타를 통해 직접 개사한 노래를 부르는 방법이다. 공모가 오프라인에서 열린다면, 직접 참여하여 노래를 불러야 한다. 메타버스는 노래를 직접 불러야 하는 부담감을 줄여 참여자들이 손쉽고 과감하게 공모에 참여하는 환경을 만들었다. 2022년 6월 1일 전국 동시 지방 선거를 앞두고 세종시 교육감 선거에 출마한 예비 후보는 제페토에 간담회 공간을 만들고 유권자를 초청하여 교육을 주제로 참여자들과 대화했다. 한 참여자는 후보에게 교육감은 어떤 일을 하는가라는 매우 단순하지만 근본적인 질문을 했고, 후보는 교육감은 올바른 교육 방향을 위한 정책과 사업을 결정하는 사람이라고 답했다. 선거에서 유권자가 후보를 만나는 일은 전철역에서 인사할 때로 한정된다. 더욱이 유권자가 후보와 대화하고 질문하기는 어렵다. 메타버스는 유권자와 후보가 편리하게 만나고, 수평적으로 대화하고 질문하는 조건을 제공한다.

메타버스 정치의 가능성 1
정치인과 시민의 소통 도구

정치는 공동체의 희소한 자원을 분배하는 인간의 행위이다. 예산과 같은 돈의 배분이나 대통령이나 국회의원과 같은 권력을 쥔 자리의 배분을 희소한 자원의 예로 들 수 있다. 돈과 권력의 배분은 인간이 공동체를 유지하는 데 필요하다. 민주주의 정치는 구성원들이 함께 돈과 권력을 배분하는 정치의 한 방식으로 인류가 수천 년의 역사를 통해 고안한 최적의 정치라 할 수 있다.

한국 정치에 대한 객관적 평가는 높다. 2022년 전 세계의 자유민주주의 수준을 평가하는 미국의 NGO 프리덤 하우스의 평가에 의하면, 한국은

100점 만점에 83점으로 완전한 자유민주주의 국가이다. 영국의 시사 주간지 『이코노미스트(The Economist)』가 발표하는 민주주의 평가에서도 한국은 민주주의 선진국이다. 한국은 노르웨이, 대만, 스위스, 독일 등에 이은 세계 16위의 민주주의 국가이다. 한국은 영국, 일본, 미국보다 민주주의 평가 점수가 높았다. 한국의 민주주의 수준을 높이 평가하는 이유는 여러 가지이지만, 가장 중요한 요인 중 하나는 평화적 정권 교체 때문이라 생각한다. 과거 역사를 보면, 동양과 서양 모두에서 정권이 교체된 후 정적을 살해하였다. 인류는 권력 교체기에 많은 폭력을 경험했다. 우리나라의 역사에서만 보아도, 조선 시대 권력의 교체 과정과 후에는 피의 숙청이 있었다. 그런데 한국은 1987년 이후 평화적인 정권 교체를 6번 이루어, 민주주의 선진국이 된 것으로 볼 수 있다.

그런데 정작 한국 내에서는 시민들이 정치 행위자들을 매우 불신하고 있다. 특히 국회와 정당에 대한 시민의 불신은 매우 높다. 2019년 7월 한국정치학회의 의뢰를 받아 한국리서치가 전국의 유권자 1만 5천 명을 대상으로 한 조사에서 응답자들은 10점 만점 중 국회에 대해서는 2.4점, 정당에 대해서는 2.7점을 주었다. 정부가 4.4점, 대법원이 4.2점, 대기업이 4.3점이어서 대체로 신뢰 점수가 낮았지만, 정치에 대한 시민들의 신뢰는 더 낮았다. 한국 정치가 개선되기 위해서는 정치인과 시민 사이의 소통이 필요하다. 국회와 정당이 시민의 목소리에 더욱 적극적으로 귀를 기울이고 대화해야 한다. 정치인과 유권자 사이의 소통 단절은 정치에 대한 불신을 불러일으키는 핵심 요인으로 보인다. 2022년 4월 뉴스에서 어느 한 시민은 "선출직은 시민 위에 군림하기 위한 자리가 아니다. 선거철이 되면 표를 구하기 위해

허리를 숙이고, 정작 배지를 달면 시민 위에 군림하고 여론을 무시한다. 올바른 민주주의가 되려면 우리 시민들이 목소리를 내야 한다."라고 했다.[3] 한국의 민주주의 정치 발전을 위해 정치인과 시민 사이의 소통이 필요하다. 시민이 정치인과 지속적이고, 편리하며, 거리낌 없이 소통하는 방안을 마련하는 것이 한국 정치의 핵심 과제라 할 수 있다. 정치인과 시민들은 메타버스를 활용하여 편하게 거리낌 없이, 그리고 지속적으로 소통할 수 있다.

메타버스 정치의 가능성 2
정치 참여 비용 절약

2020년 11월 미국에서는 제59대 대통령을 선출하는 투표가 있었다. 민주당의 후보로 공천을 받은 조셉 바이든 대통령 후보와 카멀라 해리스 부통령 후보는 포트나이트(Fortnite)라는 메타버스 게임 플랫폼에 '바이든과 함께 더 좋은 세상을(Build Back Better with Biden)'이라는 이름의 메타버스 공간을 공개했다. 이 디지털 공간은 젊은 유권자들이 투표에 참여하도록 동기를 부여하고, 바이든-해리스 후보의 공약을 알리기 위해 만들어졌다. 이용자들은 자신의 아바타로 이곳을 방문한 후, 주요 6개 정책을 주제로 만들어진 간단한 게임을 할 수 있다. 주제는 청정 에너지, 친환경, 5G(5세대 이동 통신) 등이다. 바이든-해리스 선거 운동 본부는 미국 청년 유권자가 투표에 관심을 두도록 이것을 만들었다. 또한, 유권자가 어디에서 어떻게 투표할 수 있는가에 관한 정보를 제공하여 청년 유권자들이 투표에 편리하게 참여할 수

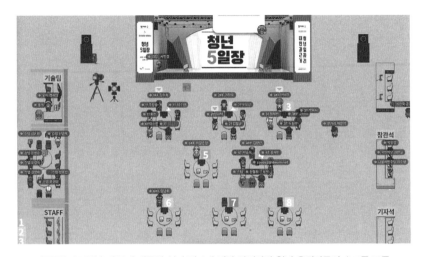

그림 3 2022년 제20대 대통령 선거 전 4개 정당 당직자와 청년 유권자들의 소그룹 토론

출처: 이완, 채반석. 2022. "청년이 '메타버스 대선 토론장'서 말했다…"한번 비정규직 되면…""
〈한겨레〉, 2022년 2월 28일.
https://www.hani.co.kr/arti/politics/politics_general/1032954.html(검색일: 2022.04.11.)

있도록 관련 정보와 경험을 제공한다.

2022년 2월 한국에서도 제20대 대통령 선거를 앞두고 4개 정당의 대통
령 선거 후보 캠프 정책 담당자와 청년 유권자, 그리고 기자들이 참여한 토
론회가 '청년 5일장'이라는 이름으로 메타버스 플랫폼에서 열렸다.[4] 개더타
운이라는 플랫폼을 이용하였는데, 개더타운은 2D의 평면형 온라인 공간이
며 참여자들이 전체 모임과 소모임에 참여할 수 있다. 온라인 토론장에 참
여한 청년 유권자들과 각 정당의 정책 대표들은 10인 정도의 소모임으로
나뉘어 청년 정책을 주제로 토론하였고, 소모임별 토론 내용을 운영자들이
실시간으로 종합 정리하여 이용자 전체에게 공개했다. 전체 토론에서 방문

자들은 각 정당의 정책을 듣고 질의하여 정당의 정책에 대한 견해를 들을 수 있었다. 전체 토론 이후에는 방문자들이 메타버스 공간의 한쪽에 그려진 정당별 사무소에 방문하여 정당의 정책 담당자와 개별적으로 질문과 응답을 할 수 있었다.

시민 자원 동원 이론에 의하면, 시민이 정치에 참여하기 위해서는 자신의 참 의지와 역량과 참여할 수 있는 연결망이 필요하다. 인터넷은 정치인과 유권자의 만남을 돕는 연결망이다. 특히 메타버스는 실시간으로 정치인과 유권자가 디지털 기술로 대면하는 환경을 제공한다. 유권자가 정당의 정책 담당자를 만나 대화하기 위해서는 찾아가야 하는 수고와 노력이 필요하다. 그런데 메타버스를 통하면, 시민은 적은 수고와 노력으로도 정치인을 만나 질문할 수 있다.

메타버스 정치의 가능성 3
메타버스의 수평성

메타버스에 등장하는 아바타들은 젊은 성인의 모습으로 표현된다. 50대와 60대의 대통령 후보 아바타와 20대와 30대 청년 유권자 아바타의 모습은 서로 다르지만, 아바타의 모습은 세대 차이를 잘 드러내지 않는다. 사회적 지위의 격차도 메타버스에서는 느끼기 어렵다. 경기도지사를 역임한 후보, 검찰총장을 지냈던 후보 아바타의 모습은 유권자 아바타의 모습과 크게 다르지 않다. 메타버스 공간에 들어가기 위해 이용자는 먼저 아바타를

그림 4 제페토 속 청소년과 경찰관의 대화

출처: 경기도 고양시 일산서부경찰서

선택하고 아바타의 옷을 결정하여 아바타의 모습을 결정하는데, 이용자의 노력과 선호에 따라 아바타를 꾸미기 때문에 청년 아바타의 모습이 후보 아바타보다 더 화려할 수 있다. 메타버스 안에서 만나는 아바타들의 외모는 현실에서보다 더욱 평등하다고 할 수 있다.

평등한 외모는 대화하는 데 장벽을 없애는 효과가 있다. 메타버스의 디지털 환경은 현실의 이용자들 사이에 존재하는 사회적, 직업적, 연령적 격차를 줄여준다. 현실과 가상이라는 구분으로 인해, 현실의 사회적 약자들이 상대적으로 자신감 있게 모임과 토론에 임할 수 있다. 예를 들어 현실의 장애인이나 청소년, 일반 유권자들은 총리를 역임한 정치인이나 고위 공무원 등을 현실에서 직접 만나기 어렵고, 만날 경우에도 질문하거나 토론하기 위해서는 많은 용기가 필요하다. 반면 메타버스에 들어서면, 현실에서 느끼는 외형상의 격차나 장애물, 부담감이 줄어든다. 2021년 7월 19일 경기도 고양시 일산서부경찰서의 학교 전담 경찰관들과 일산서부경찰서 명예 경찰 겸 청소년 정책 자문단원으로 활동하는 청소년 9명이 제페토에서 만나 대화를 나누었다. 청소년 아바타들은 경찰관 아바타에게 학교 폭력에 관해 질문하고 답변을 들었다. 제페토의 모임에 참여했던 한 경찰관은 "청소년들 사이에서 익숙한 플랫폼을 활용하니 기존의 학교 폭력 예방 때보다 호응이 컸고, 청소년들이 더 편하게 의견을 말하는 분위기가 되었다"라고 말했다.[5]

미래의 민원 상담, 주민 총회, 공청회

서울특별시는 2021년 11월 메타버스 플랫폼을 통한 공공 서비스 제공 계획을 발표했다. 2022년부터 2026년까지 5개년 계획이다. 서울시민대학을 메타버스에 조성하여, 강의, 멘토링, 진로 설명회를 시민과 청소년에게 제공한다. 서울의 관광 자원을 메타버스에 구현하여 제공한다. 광화문광장, 덕수궁, 남대문시장과 서울 빛초롱축제, 박물관과 미술관의 예술품 등도 메타버스에 구현하여 세계인 누구나 볼 수 있게 한다. 메타버스 서울에는 교육과 관광 분야와 함께 시민 소통과 가상 행정이 포함된다.

시민 소통 메타버스는 서울시가 과거부터 진행해 온 온라인과 오프라인 시민 의견 수렴 절차에 메타버스 기술을 적용하여 만드는 새로운 시민 참여 플랫폼이다. 현재 서울시는 120 다산콜센터를 운영 중인데, 120센터의 전화 응답 기능에 메타버스 기술을 적용하여 민원인과 공무원이 아바타로 만나 문의하고 응답하는 방식으로 전환하는 목표를 추진하고 있다. 가상 행정은 메타버스 공간에 서울시정 사무실을 디지털 트윈 기술로 만들고, 민원인이 담당 부서를 찾아가 담당 공무원에게 민원을 전달하고 대화하는 방식이다. 공공시설 예약과 같은 간단한 행정 업무와 마을 노무사와 세무사의 자문과 같은 전문적인 행정 안내를 가상 행정 서비스에 포함하여 추진하고 있다. 시청을 방문해야만 처리할 수 있었던 민원 상담 서비스를 메타버스에서 아바타 공무원과 만나 처리하는 미래가 메타버스 기술로 가능할 것으로 예상된다.

메타버스는 주민 자치회가 필수적으로 수행해야 하는 주민 총회에 젊은 층을 비롯한 직장인들의 참여를 확대하고, 정책 의제를 생생하게 소개하며, 소모임 숙의를 가능하게 하는 기술적 장점이 있다. 메타버스의 디지털 트윈 기술은 현실의 모습을 온라인 공간에 디지털로 동일하게 구현하는데, 주민 총회에서 제시된 각종 의제는 물리적인 공간과 연결되어 있다. 2021년 파주시 운정2동의 의제는 '반려동물 배설물 수거함 설치', '운정건강공원 전래 놀이판 조성', '선사시대 학습의 장' 등이었다. 반려동물의 배설물 수거함을 설치하는 의제의 경우, 배설물 수거함의 모습은 어떻게 생겼으며 마을의 어느 위치에 놓을 것인지를 메타버스 디지털 트윈으로 구현한다면, 주민들이 해당 의제를 좀 더 생생하게 이해하고 정확하게 판단할 수 있을 것이다. 전래 놀이판을 조성하는 의제의 경우 현재도 공원에 전래 놀이판이 그려진 가상 사진을 2D로 제공하고 있다. 메타버스의 3D 환경으로 구현한다면 전래 놀이판의 설치 이후의 모습을 더욱 생생하게 확인할 수 있을 것이다. 이외에도 공원 조성, 보도블록 교체, 어린이 공원 디자인 등 다양한 의제들을 생생하게 메타버스로 구현할 수 있고, 그 결과 주민들은 구체적으로 의제를 토론하고, 구체적인 수준에서 대안을 평가할 수 있게 될 것이다.

메타버스 주민 총회의 또 다른 장점은 소모임 토론이다. 메타버스의 아바타와 열린 세계의 기능으로는 주민들이 모여 행사나 발표회에 참여할 수 있고, 소모임으로 나누어서 토론할 수 있다. 현재 개더타운 플랫폼에서는 전체 모임과 소모임을 동시에 할 수 있다. 이용자가 전체 모임 공간에 아바타의 모습으로 들어서면, 전체 행사의 순서와 안내자의 설명에 따라 발표를 들을 수 있다. 동시에 전체 행사장 안에는 소모임을 할 수 있는 장소를 마련할 수 있다. 이용자들이 소모임 장소에 들어가면 그들만의 화상 대화 화면이 뜨고, 소모임에 있는 이용자들만 화상 대화를 할 수 있다. 마이크로소프트의 창업자인 빌 게이츠는 2021년에 메타버스에 대한 의견을 말하면서, "원격 회의 및 모임의 미래가 변화하고 있으며, 원격 회의의 대부분이 3년 이내에 메타버스 방식으로 이루어질 것"이라고 말했다.[6]

공청회는 국가 기관이나 지방 자치 단체가 공개적인 토론을 통해 어떠한 행정 작용에 대하여 당사자와 전문 지식을 가진 사람, 그 밖 일반인의 의견을 널리 수렴하는 절차이다. 공청회는 법에 규정되어 있으며, 도시 계획이나 도시 개발 관리 구역 지정 등 주민의 삶에 많은 영향을 미치는 정책에 대해서는 의무적으로 공청회를 실시하여야 한다. 의무적이지 않더라도 민주주의 시대에 행정 기관은 적극적으로 주민이나 이해관계인의 의견을 수렴하기 위해 공청회를 실시하도록 권고하고 있다. 2022년 행정안전부는 법을 개정하여 온라인 공청회만으로 공청회를 대신하는 방안을 추진하고 있다. 2022년 1월에 개정한 법에 따르면 코로나-19 상황처럼 현장 공청회가 어려운 경우에는 온라인 공청회로 현장 공청회를 대신할 수 있도록 하였다. 온라인 공청회의 기준은 누구든지 의견을 제출하고, 토론 참여가 가능하도록 정보 통신망을 구축하는 것이다. 온라인 공청회는 유튜브를 통한 중계 방식, 화상 회의 방식, 온라인 설문 방식 등 여러 방식이 있다. 여러 방식 중에서 메타버스 방식이 가장 공청회의 기준에 부합한다고 할 수 있다. 공청회는 새로운 제도에 대해 충분히 설명하고, 동시에 시민의 의견을 수렴하고, 대화를 통해 숙의하는 것을 목적으로 한다.

경상남도 도청은 2020년 11월 17일 '경남 미래 20년 종합계획' 온라인 공청회를 개최하였다. 지역 주민, 담당 공무원, 분야별 전문가가 토론하여 다양한 목소리를 종합 계획에 담고자 했다. 그런데 토론 주제가 9+1 핵심 전략, 32대 부문별 계획, 18개 시군 발전 방향으로 많은 소주제와 논점들을 다루어야 했다. 많은 소주제를 유튜브 공청회 방식으로는 처리하기 어려울 것이라는 점은 쉽게 알 수 있다. 결국, 주최 측은 사전 토론자를 섭외하고, 도민 중에서 2명을 선정하여 도민의 목소리를 반영했다. 또한, 유튜브 공청회 시간 동안 실시간으로 접수된 의견들을 유튜브 공청회를 마친 후 종합 검토할 것이며, 유튜브 공청회 이후에도 경남도청의 공식 유튜브 채널을 통해 공청회를 다시 보여주고 11월 23일까지 추가 의견을 받기로 했다. 메타버스 공청회에서는 참여자 중심의 쌍방향 소통이 가능하다. 메타버스 기술

그림 5 지방자치단체의 온라인 공청회

출처: 경상남도 도정 소식

로 전체 모임과 함께 소모임 패널 모임이 가능하기 때문이다. 메타버스 공간에서 전체 주제를 세부 주제로 분류하여, 소모임 토론방을 주제별로 만든다. 참여자들이 전체 회의에서 주제의 윤곽과 방향을 확인한 후, 자신이 관심을 둔 주제를 찾아 소모임 토론방으로 진입할 수 있다. 소모임 토론방에서는 소주제에 대한 정보를 동영상과 텍스트 자료들로 제공하여 안건에 몰입할 수 있다. 현실 회의에는 사회자가 있듯이, 메타버스 소모임 토론방에서도 운영자를 세울 수 있다. 운영자는 토론의 사회를 보며 소주제에 대한 소개와 내용을 공유하고, 토론을 진행한 후 의견들을 종합할 수 있다. 메타버스 회의의 가장 큰 장점이 소모임 토론이고 참여자들의 상호 작용이다.

메타버스 정치를 위한 과제

메타버스 정치를 위해서는 우선 시민 친화적 기술이 발전해야 한다. 메타버스는 3차원 디지털 기술을 적용하기 때문에 이용자가 메타버스 공간 속에서 현실을 생생하게 느끼는 몰입감을 구현하여야 한다. 메타버스 공간에서 현실과 같은 몰입감을 느끼기 위해서는 이용자가 헤드셋과 고글을 쓰고, 손의 움직임을 디지털 공간에 전달하는 손잡이 컨트롤러 등 메타버스 장비를 착용해야 한다. 컴퓨터와 스마트폰은 2차원 평면에 프로그램이 표시되는 데 비해, 메타버스에는 3차원 가상현실을 구현하는 새로운 장비가 필요하다.

메타버스 장비는 최근 많은 기술적 진보로 가격이 인하되었다. 2016년 초기에 등장한 가상현실 헤드셋인 오큘러스는 600달러였다. 2019년에는 400달러가 되었고, 2020년 출시한 오큘러스2는 300달러이다. 2022년 5월 시점에 한국에서 오큘러스2는 보급형이 40만 원 수준이고, 고급형은 70만 원을 넘는다. 메타버스 장비의 가격이 많이 하락한 것은 메타버스에 대한 진입 장벽을 낮춘다. 메타버스 장비인 오큘러스 퀘스트2는 2020년 10월 출시한 이래 2021년 12월 기준으로 판매량이 전 세계에서 천만 대를 넘어섰다. 이 숫자는 애플의 스마트폰인 아이폰의 출시 시점의 판매 추세와 비슷하다. 아이폰은 2007년 출시되어 139만 대가 판매되었고, 2008년에는 1천163만 대가 팔렸다. 당시 아이폰의 가격은 4기가 용량 버전이 500달러였고, 8기가 용량 버전이 600달러였다. 구글과 소니, 애플과 삼성 등 첨단 기업들이 메타버스 장비 개발과 판매에 집중하고 있어서 기술 개발과 가격인하는 계속될 전망이다. 모든 업체의 2022년도 메타버스 장비의 예상 판매량은 1천 4백만 대이며, 2023년에는 1천 9백만 대에 이를 것으로 예상된다. 2007년 출시한 아이폰이 스마트폰 세상을 열었고, 10여 년이 지나 스마트 세상이 열렸고, 스마트 워치 등 몸에 부착하는 기기들이 등장했다. 메타버스 장비도 헤드셋에서 스마트 안경으로 진화하는 등 점점 발전하고 있다. 현재 메타버스로 장비로 3D 게임을 하고 영화를 보는 등 메타버스가 오락 분야에 활용되고 있으나, 앞으로 메타버스에 전화 기능, 은행 기능, 쇼핑 기능에 사무실 업무 기능 등이 더해질 수 있다. 10년 후에는 메타버스 장비도 삶의 일부가 되어, 시민들이 메타버스 공간에서 메타버스 주민 총회와 공청회, 사무실 업무 회의와 국제 컨퍼런스에 참여하는 모습이 일상이 될 수 있다.

메타버스 정치를 위한 두 번째 과제는 디지털 시민성이다. 인류가 만든 도구들은 인간의 선택에 따라 선하게도 악하게도 사용되었다. 불, 칼과 총, 원자력 등이 그 예이다. 심지어 백신 기술도 사람을 살리기도 하지만, 전쟁에서 사람을 죽이기 위한 무기로 활용할 수 있다. 메타버스도 마찬가지다. 메타버스에 진입하기 위해서는 이용자가 자신의 아바타를 선택하고, 꾸며야 한다. 이용자는 자신의 실제 모습 그대로를 아바타로 전환할 수 있고, 남자 이용자가 자신을 여자 이용자로 꾸미는 등 거짓으로 변장할 수 있다. 최근 메타버스 공간에서 성범죄도 발생하고 있다. 국회에서는 2022년 1월 '메타버스 매개 아동·청소년 성 착취 현황과 대응 방안 토론회'가 개최되기도 하였다.

메타버스 안에서의 서로에 대한 존중과 진정성은 이용자가 스스로 지켜야 할 윤리의 영역이다. 정부도 메타버스에서의 윤리를 현실의 윤리와 같은 수준에서 적용하는 방안을 마련하고 있다. 2022년 4월 25일 연세대 디지털 사회과학센터가 주최한 포럼에서 서울디지털재단의 이승하 메타버스 팀장은 "메타버스에서 지켜야 할 지침을 현실의 윤리와 같은 수준에서 만들고 있다"고 설명했다. "메타버스는 기본적으로 혼자만의 세상이 아니라 '다중 사용자 기반' 디지털 공간이다. 새로운 사회를 형성하고 그 안에서 새로운 질서와 규칙이 정립"되어야 한다.[7] 메타버스에서 이용자들이 사회적 약속을 정하고, 규칙 안에서 활동하는 것이 중요하다. 정부가 메타버스 운영 규칙의 큰 틀을 마련하고 메타버스 운영자가 운영 지침을 제공하지만, 지침을 준수하는 주체는 시민이다. 다수의 개인이 만나 상호 작용하는 메타버스 안에서 시민들이 어떻게 서로 신뢰를 형성하고, 개인의 자유를 보장하면서 동시에 공익을 실현할 것인가는 여전히 정치적 과제로 남아 있다.

1967년 미국 시카고에서 인권 운동가인 마틴 루터 킹 목사는 "사회의 세 가지 악"에 대해서 연설하면서 다음과 같이 말했다. "우리는 이 나라의 정치 생활에서 인류를 위한 새로운 삶을 낳을 새로운 사람, 새로운 구조, 새로운 제도가 나타날 수 있다고 믿고, 희망하고, 기도하기 때문에 여기에 있습니다. 나는 이 새로운 삶이 우리나라가 가치의 근본적인 혁명을 겪을 때까지 나타나지 않을 것이라고 확신합니다. 기계와 컴퓨터, 이윤 동기와 재산권이 사람보다 더 중요하게 여겨질 때 인종주의, 경제적 착취, 군국주의의 거대한 삼중주는 정복할 수 없습니다."[8] 메타버스는 인류 역사에 등장한 새로운 발명품 중의 하나이다. 메타버스는 새로운 구조로 인류에게 다가오고 있다. 메타버스라는 새로운 구조를 활용하여 인류의 희망과 발전, 삶의 질을 높이는 주체는 새로운 사람이며, 새로운 사람들이 만드는 새로운 제도가 될 것이다. 메타버스 공간을 세계와 컴퓨터에 의해 지배되는 곳이 아닌 사람이 더욱더 중요하게 여겨지는 공간으로 만들 책임이 이용자에게 있다. 그렇기에 디지털 시민성이 메타버스 정치를 위해 필요하다.

5장

피할 수 없다면 누리자!

코로나-19로 인한
고령층의 일상 변화와 적응

오주현(연세대학교 사회발전연구소 연구교수)

그때는 알지 못했죠, 우리가 무얼 누리는지. 거릴 걷고, 친굴 만나고,

손을 잡고, 껴안아 주던 것, 우리에게 너무 당연한 것들……

당연히 끌어안고, 당연히 사랑하던 날, 다시 돌아올 거예요,

우리 힘껏 웃어요

—이적, 〈당연한 것들〉 중

2020년 1월 20일, 국내에 코로나-19 첫 확진 사례가 발표된 이후 대구를 중심으로 빠른 속도로 확진자가 늘었다. 이후 3월 12일, 세계보건기구(WHO)는 코로나바이러스 감염증에 대해 세계적 대유행인 팬데믹을 선언했다. 그리고 바이러스가 확산되는 경로인 사람 간 접촉을 줄이기 위한 대응책으로 '사회적 거리 두기(social distancing)'가 거론되었으며, 국내의 경우 2020년 3월 22일, 코로나-19 확산에 따라 시행된 사회적 거리 두기는 단계를 조절해 가며 2년 넘게 지속되었다.

오프라인에서 사람 간 물리적 접촉을 최소화하여 감염의 확산을 막기 위한 전략인 사회적 거리 두기는 새로운 일상을 가져왔다. 즉, 생활의 중심이

온라인이 된 것이다. 디지털 전환이야 스마트폰이 도입된 2010년 말 이후로 빠르게 진행되고 있었지만, 코로나-19로 인한 디지털 전환은 원격 수업, 재택 근무 등 우리의 생활을 송두리째 바꾸었고 이러한 변화가 새로운 일상, 뉴 노멀이 되었다. 그리고 디지털 기기 및 서비스 사용을 기반으로 하는 새로운 일상에 적응하는 사람과 적응하지 못하는 사람의 격차가 더욱 뚜렷하게 나타났다.

코로나-19 팬데믹은 고령층의 디지털 격차 측면에서 두 가지 양상을 나타냈다. 첫 번째는 생활의 중심이 온라인으로 이동하면서 인터넷을 이용하지 못하는 노인들의 안전이 위협받았고, 일상생활이 더욱 어려워졌다. 두 번째는 오프라인에서의 상호 작용을 선호하던 노인들의 디지털 문화 향유와 인터넷 쇼핑이 크게 증가했다. 즉, 사회적 거리 두기 상황에서 인터넷 이용에 대한 동기가 증가하였으며 인터넷이라는 차선책을 적극적으로 이용하기 시작했다.

이처럼 코로나-19로 인해 우리는 예상보다 더욱 빠른 속도로 디지털 전환이란 흐름을 타고 있다. 이 챕터에서는 우리가 팬데믹과 함께 어떠한 경험을 하고 있고, 얻은 교훈은 무엇이며, 당연한 것들을 기다리는 시간 동안 디지털 전환이라는 흐름에 어떠한 태도를 가져야 할지 생각해 보기 위해, 고령층의 디지털 격차와 디지털 활용이라는 이야기를 담았다.

산 넘어 산! 전자 출입 명부 넘어 키오스크

과학기술정보통신부와 한국지능정보사회진흥원은 2001년부터 매년 정보 사회에 적응하는 데 어려움을 겪는 사람들의 실태를 파악하기 위해 디지털 정보 격차 실태 조사를 실시하고 있다. 정보 취약 계층을 장애인, 고령층, 저소득층, 농어민 등으로 보고 일반 국민 대비 컴퓨터, 모바일 기기 보유 및 사용 기회 여부를 의미하는 접근 지수와 디지털 기기를 이용할 수 있는 기본 능력을 의미하는 역량 지수, 그리고 일상생활에서 어느 정도 활용하는지를 의미하는 활용 지수 등을 매년 비교하여 발표한다. 실태 조사 결과를 살펴보면, 정보 취약 계층 가운데 중 고령층은 디지털 이용 역량이 가장 낮은 집단이다.[1] 이와 같은 결과를 뒷받침하듯 코로나 초기, 고위험 집단인 고령층은 일상생활용품을 구매하기 위해 직접 밖으로 나왔고, 약국에 마스크 재고량을 알려주는 앱을 사용하지 못한 이들은 발품을 팔아야 했다. 디지털 격차가 안전 문제와 직결될 수 있음을 보여주는 사례이다.

이 외에도 고령층의 정보 격차 이슈는 계속 나타났다. 대표적인 예가 전자 출입 명부 QR코드 인증이다. 출입 명부는 확진자 발생 시 접촉자 관리를 위해 시행되었다. 그러나 수기로 작성하는 출입 명부 작성에 대해 개인정보 유출이나 펜을 통한 감염, 허위 기록 등의 문제가 제기됐다. 이러한 문제를 해결하기 위해 정부는 2020년 6월 10일, 전자 출입 명부를 도입했다. 전자 출입 명부는 스마트폰으로 네이버, 카카오 등의 앱에서 발급받은 QR코드를 식당, 카페, 병원 등의 입구에 비치된 기기에 인식하는 방식이다. QR코드 인식을 활용한 전자 출입 명부는 2차 감염에 대한 안전성 문제와 허위 기록 문제를 해결했지만 다른 한편으로는 스마트폰이 없는 사람들과 스마트폰이 있으나 이용에 어려움을 느끼는 노인들의 생활에 제약을 가져왔다. 특정 앱을 설치하고, 처음 이용 시 본인 인증을 거쳐야 하며, 15초 이내에 QR코드를 인식해야 하는 점은 스마트폰 이용이 서툰 고령층에게는 높은 진입 장벽이었다. 다행스러운 것은 2020년 9월 고양시에서 도입한 안심콜 출입 관리 서비스의 경우 전화 한 통으로 출입 기록이 가능하다는 점이다. QR코드 인식을 위해 기다려야 하는 불편함을 없앴을 뿐 아니라 접촉자 파악도 빨랐기 때문에 전국적으로 확산되었다. 안심콜 출입 관리 서비스는 개인 정보 보호 측면에서도 우수할 뿐 아니라 출입에 어려움을 겪던 정보 취약 계층의 배제 문제를 해결했다는 점에서 디지털 전환 방법 측면에 중요한 시사점을 준다.

그러나 아쉽게도 2021년 11월, 일상적 단계 회복과 함께 시행된 방역 패스는 이전과 유사한 시행착오를 되풀이했다. 방역 패스는 코로나-19 백신 미접종자의 다중 이용 시설을 제한하는 조치로 전자 출입 명부 QR체크인과 질병관리청 전자 예방 접종 증명서 쿠브(COOV) 앱을 통해 확인하는 방식이 일반적이다. 종이 예방 접종 증명서나 행정복지센터에서 발급받은 신분증에 붙인 예방 접종 스티커 등을 대안으로 제시했지만 홍보가 되지 않아 실효성이 낮았다. 다만 안심콜 출입 관리 서비스가 예방 접종 증명을 할 수 있도록 진화하고 있는 점이 주목할 만하다.

수기 출입 명부나 전자 출입 명부 또는 안심콜 인증을 거친 후 식당이나 카페에 들어갔다면, 이제 산 하나를 넘은 것이다. 음식을 주문하기 위해서는 '키오스크'라는 또 다른 산을 넘어야 하기 때문이다. 키오스크는 어느덧

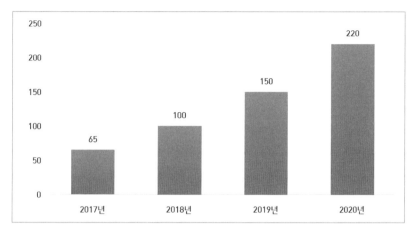

그림1 키오스크 시장 규모(단위: 억 원)

출처: NH투자증권(저자가 재구성)

디지털 격차를 떠올리게 하는 대명사가 되었다. 비대면을 권장하는 사회적 배경과 인건비를 줄이기 위한 고용주의 이해관계가 맞아떨어지면서 키오스크의 수는 기하급수적으로 증가하고 있다(그림 1 참고). 대형 프랜차이즈를 시작으로 소규모 매점, 영화관, 병원, 대형 마트의 계산대, 약국 등에서 사용되는 다양한 종류의 키오스크는 사용 방법도 제각각이다. 한국소비자원의 보고서에 따르면 고령층은 키오스크 사용을 어려워하는 것으로 나타났으며, 그 이유로는 상품 선택부터 결제까지 단계가 복잡한 점, 주문이 늦어질 경우 뒷사람한테 눈치가 보인다는 점, 화면의 그림, 글씨가 잘 보이지 않는 점 등을 꼽았다.[2]

키오스크, 무인 점포의 증가는 거스를 수 없는 흐름이다. 그림 2에서 알 수 있는 것처럼 키오스크는 고령층뿐 아니라 휠체어를 타는 지체장애인이

그림 2 키오스크 연관어 분석 워드클라우드

출처: 빅카인즈(검색 기간: 2017.02.28.~2022.02.27, 검색어: 키오스크), 홍보 기사 키워드 제외

나 시각장애인에게도 큰 걸림돌이 되고 있다는 점에서 무인 단말기에 대한 접근성을 높이는 일이 시급하다. 시각장애인을 위한 음성 기능과 점자 표기, 돋보기 기능 등이 있는 은행 ATM처럼 현존하는 기술을 반영하고, 높이 조절, 음성 인식 등 진화된 기술을 개발해야 한다. 하루속히 이용자 환경을 개선하여 일상생활의 소비에서 배제되는 이들이 없도록 해야 한다.

온라인 수업, 할머니 엄마의 당혹스러움!

『할머니 엄마』라는 그림책이 있다. 손주를 돌봐주는 엄마 같은 할머니의 이야기를 담은 책이다. 엄마 역할이 처음이 아닌 덕분에 할머니는 초보엄마보다 능숙하게 손주를 돌본다. 조부모의 지원은 맞벌이가 가능한 주요

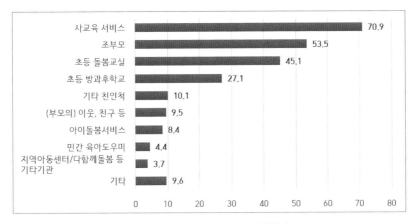

그림 3 근무 시간에 초등학생 자녀를 돌보는 사람/기관(복수 응답, n=306)

출처: 조숙인. 2021. "코로나19 상황 속 맞벌이 가구의 일·가정 양립 실태와 요구." 〈육아정책포럼〉 68.

이유 중 하나다. 그림 3에서 보여주는 것처럼, 조부모들은 아이의 돌봄에 있어서 핵심적인 역할을 수행한다.[3] 그러나 코로나-19 확산은 양육을 담당하고 있던 조부모들에게 예상하지 못한 어려움을 안겨주었다. 온라인 개학이라는 초유의 변화 속에서 아이들은 가정에서 EBS 시청이나 온라인 수업으로 학습의 공백을 메워야 했다. 컴퓨터와 인터넷 이용이 익숙한 고학년의 경우에는 상황이 좀 나은 편이지만, 초등학교에 갓 입학한 신입생을 비롯한 저학년이 스스로 온라인 수업에 참여하기는 어렵다.

할머니 엄마는 돌봄에 능숙한 조력자이지만 컴퓨터 앞에서는 작아진다. 실시간 화상 수업을 처음 접해보는 탓에 어떻게 해야 할지 막막하기만 하다. 할머니는 화면이 나오지 않는다거나 소리가 안 들리는 등의 문제를 해결하기 위해 딸과 통화한다. 통화 소리가 고스란히 모든 참여자에게 들리는가 하면 할머니는 이러한 상황을 오랫동안 인식하지 못한다. 또한 가정에서 들리는 다양한 잡음이 공유되는 등 에피소드가 넘쳐난다. 실시간 화상 수업을 처음 접해보는 것은 모두가 마찬가지라 할머니 엄마, 그리고 엄마, 손주 3대가 발을 동동거리는 상황이 연출된다.

사실 줌(Zoom)으로 대표되는 화상 회의, 화상 수업 프로그램은 대다수의 사람들이 코로나-19를 계기로 처음 써봤을 것이다. 물론 스카이프, 페이스톡 같은 1:1 화상 통화를 사용한 경험은 있지만, 공식적인 공간에서 다수가 함께 사용하지는 않았기 때문이다. 사회적 거리 두기가 강화되면서 30~50대의 경우 화상 회의, 재택 근무, 웨비나(온라인 세미나)가 권장되면서 이런 프로그램을 학습할 기회가 생겼고, 반복적으로 사용하면서 익숙해졌다. 20대 역시 디지털 기기를 잘 다루는 세대 특성이 있을 뿐 아니라 대학교 수업 역시 온라인으로 전환되면서 기술적 이용 능력에서의 문제는 없는 듯 보인다. 그러나 조부모가 화상 수업을 어려워하는 이유는 실시간 화상 수업 프로그램을 접해보지 않은 채 바로 실전에 투입됐기 때문이다. 특히 1963년 이전에 출생한 세대는 PC보다 스마트폰에 익숙한 세대라는 점에서 수업에 활용되는 PC 또는 태블릿이 낯설다. 또한 디지털 기기를 잘 다룰 수 있다는 믿음인 디지털 자기 효능감(digital self-efficacy)이 낮다는 점에서 심리적 진입 장벽이 있다. 특히 처음 이용 시 화면이나 스피커를 알맞게 설정하는 것이 어렵고, 다른 사람과의 커뮤니케이션이 중심이 되는 프로그램의 특성상 실제처럼 미리 연습해 볼 기회가 없는 상태에서 타인들과 연결된 상황이 어려움으로 다가왔다는 것을 짐작할 수 있다. 조손 가정, 그리고 맞벌이로 인한 할머니 엄마가 많은 현 상황에서 고령층의 디지털 역량 부족은 어린 손주의 학습 공백이 될 수 있고, 할머니 엄마 역시 디지털 전환으로 인한 사회적 소외감을 느낄 수 있다는 점에서 고령층에게도 새로운 커뮤니케이션 도구에 친숙해질 수 있는 기회가 필요하다.

어른이 아이에게 예절을 가르치는 것처럼, 기술적인 역량 이외에도 온라인 공간에서의 예절도 함께 알려주는 것도 중요하다. 예를 들면, 온라인 수업으로 컴퓨터를 접한 아이들에게 수업 시간에 늦지 않고, 식사를 하면서 수업하지 않는다거나, 옷을 갖춰 입고 수업에 참여하는 등의 기본적인 예의를 함께 알려주고 실천해 나갈 때 사회 전반의 디지털 리터러시(문해력)가 향상될 수 있을 것이다.

본 글에서는 온라인 수업을 예로 들었지만 이와 같은 화상 커뮤니케이션이라는 흐름은 거스를 수 없어 보인다. 즉, 교육뿐 아니라 원격 진료로의 변화가 시작된 만큼, 고령층 역시 화상 커뮤니케이션 플랫폼에 익숙해져 필요한 순간 유용하게 쓸 수 있도록 일상적으로 기기와 서비스에 친숙해지는 것이 중요하다. 따라서 새로운 서비스에 대해 고령층에게도 함께 인지하고, 학습하고, 경험할 기회가 제공되어야 할 것이다.

트로트 가수 팬덤! 고령층의 디지털 향유

다른 한편에서는 디지털 기기 사용을 시도하고 디지털 문화에 익숙해지는 고령층도 있다. 특히 유튜브가 고령층의 디지털 향유 플랫폼으로 그 중심에 있다. 한국언론진흥재단의 「2021 소셜미디어 이용자 조사」에 따르면,

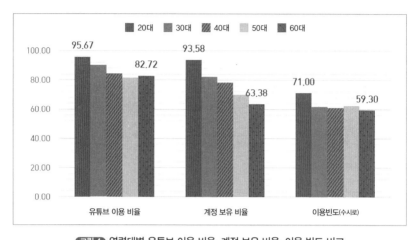

그림4 연령대별 유튜브 이용 비율, 계정 보유 비율, 이용 빈도 비교

출처: 한국언론진흥재단(2021)

*이용 빈도는 유튜브 계정을 보유한다고 응답한 사람에 한함

60대의 82.7%가 유튜브를 이용한다고 응답했으며, 이들 중 63.4%가 유튜브 계정을 보유했다고 응답했다(그림 4 참고). 유튜브 계정 보유자의 59.3%는 하루에도 수시로 유튜브를 이용하며, 23.7%는 하루에 한두 번 이용하는 것으로 나타났다. 이처럼 고령층의 유튜브 이용률이 높은 이유는 검색만 할 수 있으면 다양한 영상을 쉽게 접할 수 있고, 텍스트가 아닌 영상이 빠른 이해를 돕는다는 점을 꼽을 수 있다.[4]

흥미로운 사실은 고령층이 단지 콘텐츠 소비에 그치지 않는다는 것이다. 한국언론진흥재단의 같은 조사에서 유튜브 개인 채널 운영 여부를 살펴본 결과, 60대의 5.6%가 현재 채널을 운영하고 있다고 응답했으며, 10.1%가 예전에는 채널을 운영했으나 현재는 운영하고 있지 않다고 대답했다. 이와 같은 수치는 전체 연령 평균(현재 운영: 5.7%, 과거 운영: 10.3%)과 유사하다는 점

언박싱 코로나

에서 일부 고령층의 적극적인 온라인 활동을 알 수 있다.

고령층의 유튜브 이용은 TV 프로그램과 상호 작용하며 고령층의 팬덤 문화를 만들어내기도 했다. 2020년 1월 방송된 〈내일은 미스터트롯〉은 코로나-19로 친구 모임, 복지관, 교회 등 외출할 곳이 사라진 어르신들의 답답함을 위로했고, 어르신들은 온라인에서 트로트 가수 관련 정보를 찾으며 문화를 향유했다. 이러한 양상은 검색어로 확연히 나타난다. 2020년 1월 1일부터 2022년 3월 24일까지 코로나, 사회적 거리 두기, 트로트, 해당 프로그램에서 상위 7위에 들어간 가수 이름을 키워드로 네이버 트렌드에서 검색량을 비교한 결과는 흥미롭다. 50대 이상 이용자의 검색량 추이를 나타낸 그림 5에서는 트로트 관련 검색량이 사회적 거리 두기나 코로나보다 압도적으로 많은 것을 알 수 있다. 그리고 해당 프로그램이 끝난 지 2년이 지났지만, 여전히 많이 검색되고 있다는 것을 알 수 있다. 한편 그림 6은 40대 이하 연령층의 검색량 추이이다. 40대 이하 연령층에서는 프로그램이 방영 중일 때 검색량이 많았고, 방송이 끝난 이후에는 감소한 것을 알 수 있다. 고령층의 경우 트로트와 트로트 가수의 검색량이 코로나 또는 사회적 거리 두기보다 많다는 점에서 이들이 코로나-19의 고위험집단이기에 사회 활동을 줄이고 집에서 문화 콘텐츠를 소비했음을 유추할 수 있다. 한편, 40대 이하 연령층에서 코로나, 사회적 거리 두기 등의 검색량이 많은 것에서 전략적인 사회 활동을 위한 코로나 관련 정보 찾기 활동이 더 많았음을 유추할 수 있다.[5]

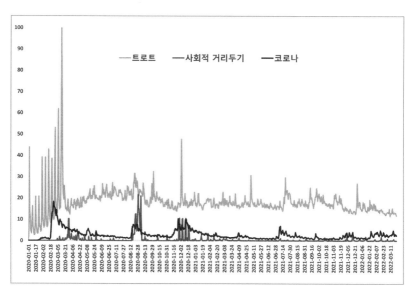

그림5 50대 이상 연령층의 트로트, 사회적 거리 두기, 코로나 검색량 비교

출처: 네이버 트렌드(검색 기간: 2020.1.1~2022.3.24)

* 그래프는 네이버에서 해당 검색어가 검색된 횟수를 일별/주별/월별로 각각 합산하여 조회 기간 내 최다 검색량을 100으로 설정하여 상대적인 변화를 나타냄
* '트로트'의 경우 '미스터트롯', '임영웅', '영탁', '이찬원', '강호중', '정동원', '장민호', '김희재'가 검색량에 포함됨

　　이처럼 포털에서의 검색량이 의미하는 것은 고령층 역시 TV 시청으로 끝나지 않고 인터넷에서 관련 정보와 영상을 찾아보며 온라인에서 문화를 즐긴다는 것이다. 또한 포털 사이트에서 검색할 뿐 아니라 유튜브에서 영상을 찾아보고 댓글을 남기고, 팬클럽에 가입하기도 하며 팬덤(fandom)을 형성한다. 팬덤이란 특정한 분야나 사람을 열정적으로 좋아하는 사람이나 문화 현상을 일컫는다. 단순히 좋아하는 대상을 응원하는 것에서 더 나아가 좋아하는 대상의 긍정적인 이미지를 형성하기 위해 콘텐츠를 만들어 공유하고, 스타의 이름으로 기부 활동을 하거나 봉사 활동을 하는 등 생산적이

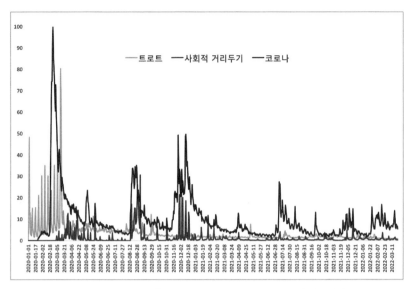

그림 6 40대 이하 연령층의 트로트, 사회적 거리 두기, 코로나 검색량 비교

출처: 네이버 트렌드(검색기간: 2020.1.1~2022.3.24)

* 그래프는 네이버에서 해당 검색어가 검색된 횟수를 일별/주별/월별로 각각 합산하여 조회 기간 내 최다 검색량을 100으로 설정하여 상대적인 변화를 나타냄
* '트로트'의 경우 '미스터트롯', '임영웅', '영탁', '이찬원', '강호중', '정동원', '장민호', '김희재'가 검색량에 포함됨

며 사회 참여적 행동을 하는 것이 특징이다.[6]

홍미로운 점은 10대와 20대에서 주로 나타나던 팬덤 현상이 중장년에서도 나타나고 있다는 것이다. 예를 들면, 트로트 가수 임영웅의 팬클럽인 '영웅시대'는 50대 이상 중장년층으로 구성된 팬들의 '총공(총 공격의 준말. 스타의 모든 활동에 팬덤 지원을 집중하는 것, 음원 구매, 온라인 투표 등)'으로 각종 음원 사이트에서 1위를 차지하고, 팬들의 투표를 통해 음악 관련 시상식에서 수상한다.[7] 이 외에도 자신이 좋아하는 스타의 이름으로 다양한 기부와 봉사 활동에 참여하여 스타의 긍정적 이미지 형성에 힘쓴다. 중장년층의 이러한 팬

덤 문화는 디지털 네이티브인 10대 청소년들의 팬덤 문화와 유사하다.

열정적으로 좋아하는 대상이 있다는 것은 무료한 삶에 에너지를 주고, 공통의 관심사를 매개로 한 온라인 만남은 타인과 쉽게 공감대를 형성하게 한다. 이는 사회적 관계망으로 이어지기도 한다. 좋아하는 대상을 위해 자발적으로 행동하는 팬덤은 개인에게도 활력을 주며, 기부, 봉사 등의 사회 참여를 통해 활동적인 노화(active aging)를 장려한다는 점에서 의미가 있다. 한편에서 트로트 영웅들이 고령층의 '코로나 블루(코로나로 인한 우울감)'를 이겨내는 데 기여했다는 소리도 심심치 않게 들리는 이유일 것이다. 이러한 팬덤 활동은 온라인에 기반한 활동이 많다는 측면에서 콘텐츠 소비에서 나아가 콘텐츠 생산, 참여 등에 동기 부여를 한다. 이는 고령층의 디지털 기기 및 서비스 이용 경험을 증가시켜 결과적으로 이들의 인터넷 기술 이용 능력 향상을 이끈다는 점에서 긍정적이다.[8]

고령층, 온라인 쇼핑의 큰손?

눈여겨봐야 할 또 다른 긍정적인 변화는 소비이다. 코로나-19 상황에서 온라인을 통한 비대면 소비가 안전의 개념과 직결되면서, 주로 오프라인에서 소비하던 일부 고령층이 온라인 쇼핑으로 눈을 돌리며 고령층의 온라인 소비가 큰 폭으로 증가했다. 한국소비자원의 '2021 한국의 소비생활지표 조사' 결과에 따르면, 전국 20세 이상 만 명을 대상으로 조사를 시행한 결과 82.1%가 온라인으로 소비한 것으로 나타났다. 이는 2019년의 44%에

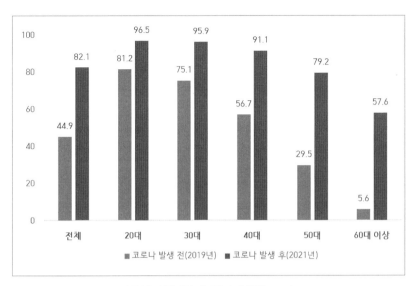

그림7 **연령대별 디지털 소비 현황**(단위: %)

출처: 한국소비자원(2021)(저자가 재구성)

비해 디지털 소비자 규모가 2배가량 증가한 것이라고 발표했다(그림 7 참고).[9] 이처럼 디지털 소비자들의 규모가 증가한 데는 50대 이상 이용자 비율의 변화를 주목할 필요가 있다. 코로나-19 상황 전후를 살펴보면 전 연령대에서 디지털 소비 증가 양상이 보이지만, 특히 50대가 2.6배, 60대 이상은 10배 이상이 증가했기 때문이다.

이와 같은 결과는 2020년 디지털 정보 격차 실태 조사에서도 확인할 수 있다. 55세 이상 고령층의 경우 코로나-19로 인해 검색 및 이메일, 콘텐츠 서비스에 대해서는 34.2%, 사회 관계 및 정보 공유 서비스가 30.8%, 생활 서비스가 33.9%, 정보 생산 공유가 13.6%, 네트워킹이 15%, 사회 참여가 10.5%, 디지털(비대면) 소비가 25.7% 증가하는 등 이용량이 매우 많이 늘었

거나 늘어난 편이라고 응답했다.[10]

디지털 격차 관점에서 보면 고령층의 디지털 소비가 증가했다는 것은 반가운 소식이다. 디지털 기기 사용에 대한 태도가 바뀌었고, 이용 동기가 생겼으며, 이용 방법을 배워 디지털 소비 행동에 이르렀음을 의미하기 때문이다. 특히 온라인 쇼핑의 경우 다른 온라인 활동에 비해 온라인에 대한 이해와 기본적인 이용 능력이 전제되어야 하기 때문이다. 즉, 전자 상거래를 이용하기 위해서는 온라인 계정을 이해하고, 인증서 등의 활용이 가능해야 하는 등 상대적으로 요구되는 능력이 많기 때문이다. 디지털 소비 즉, 온라인으로 물건 또는 서비스를 구매할 수 있다는 것에서 일부 고령층의 이용 능력 수준이 향상되었거나 지인의 도움으로 진입 장벽을 넘어 활용하고 있음을 유추할 수 있다. 따라서 이와 같은 변화는 고령층의 유튜브 이용 시간 증가 같은 양적 변화뿐 아니라 이용 능력 및 활용의 질적 변화를 의미한다는 점에서 시사하는 바가 크다. 그리고 디지털 기기 및 서비스 유용성의 경험은 코로나-19 상황이 끝난다고 하더라도 고령층의 디지털 기기에 대한 태도를 바꿔 지속적으로 사용하게 되도록 긍정적인 영향을 줄 것으로 보인다.

그렇다면 새롭게 디지털 소비자에 합류한 이들은 누구일까? 디지털 정보 격차 실태 조사 결과를 보면 일반 국민과의 격차는 여전히 크지만, 장노년층(만 55세 이상)의 디지털 정보화 종합 수준이 지속적으로 향상되고 있음을 알 수 있다. 일반 국민의 디지털 정보화 수준을 100%로 했을 때, 고령층의 디지털 정보화 수준은 2017년 58.3%, 2018년 63.1%, 2019년 64.3%였으며 특히, 코로나-19 발생 이후인 2020년에는 68.6%로 증가 폭이 큰 것으로 나타났다.[11] 그러나 같은 장노년층에 속한다고 할지라도 집단 내의 격

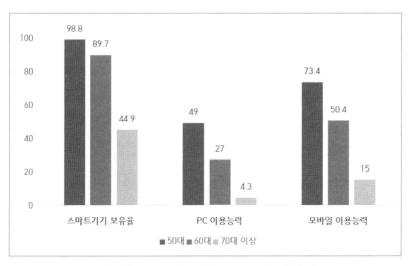

그림8 장노년층 스마트 기기 보유율 및 PC, 모바일 이용 능력(단위: %)

출처: 과학기술정보통신부, 한국지능정보사회진흥원(2020)(저자가 재구성)
*일반 국민의 정보화 수준을 100%로 할 때 일반 국민 대비 수준을 의미

차는 크다. 구체적으로 살펴보면, 모바일 스마트 기기 보유율의 경우 50대가 98.8%, 60대가 89.7%, 70대 이상이 44.9%로 연령대에 따라 차이가 크다. 디지털 기기의 기본적 이용 능력 역시 PC의 경우 50대가 49%, 60대가 27%, 70대 이상이 4.3%이다. 모바일 기기 이용 능력은 50대가 73.4%, 60대가 50.4%, 70대 이상이 15%이다. 이와 같은 수치가 보여주는 것은 장노년층 내에서도 연령대에 따라 이용 능력에 차이가 있다는 점과 PC보다는 모바일 기기 이용 능력이 상대적으로 높다는 것이다(그림 8 참조).

흥미로운 점은 고령층의 디지털 이용 역량 수준과 비교하면 활용 수준은 높다는 것이다. 그림 9를 보면 40대까지는 역량 수준이 활용 수준보다 높은 것을 알 수 있다. 그러나 50대부터는 활용 수준이 역량 수준보다 높다.

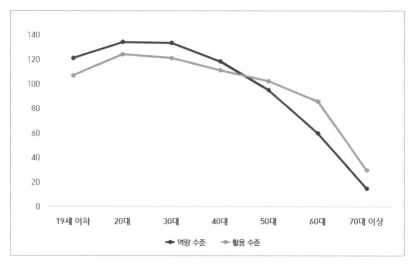

그림 9 연령대별 디지털 기술 이용 역량 및 활용 수준 비교(단위: %)

출처: 과학기술정보통신부, 한국지능정보사회진흥원(2020)(저자가 재구성)
*일반 국민의 정보화 수준을 100%로 할 때 일반 국민 대비 수준을 의미

이 그래프가 의미하는 바는 이용 능력과 활용 수준이 서로 비례하지 않음을 의미하며, 이용 능력이 부족할지라도 디지털 기기 및 서비스를 활용할 수 있게 하는 서비스가 있다는 것을 보여준다. 예를 들면, 메신저 카카오톡의 경우 처음 이용 시 앱을 다운로드하고 설치한 후 회원 가입을 하면, 이후에는 자동 로그인 기능으로 번거로운 절차 없이 쉽게 사용할 수 있기 때문이다. 즉, 고령층이 앱 설치 및 회원 가입이라는 진입 장벽을 넘은 후에는 스마트폰으로 문자를 쓸 수 있는 능력만 있다면 메신저를 통한 커뮤니케이션이 가능하다.

중요한 요인은 진입 장벽을 넘을 수 있도록 도와주는 디지털 조력자이다. 코로나-19가 고령층이 온라인 소비 동기를 갖게 했다면, 디지털 조력자는 온라인 상거래의 자발적 비이용자였던 고령층을 이용자의 대열에 합류할 수 있도록 도와주는 역할을 하기 때문이다. 고령층의 경우 가족에게 도움을 요청하는 경우가 가장 많다.[12] 특히 온라인 쇼핑, 인터넷 뱅킹, 공공 서비스 등의 경우 결제 정보, 주민등록번호, 인증서 등을 사용하는 경우가 많다는 점에서 타인의 도움을 받기가 쉽지 않기에 성인 자녀의 도움이 결정적인 요인일 수 있다. 보다 구체적으로는 성인 자녀의 동거 여부, 자녀와의 대면/비대면 상호 작용 횟수 등이 영향을 줄 수 있을 것이다.

누가 디지털 소비자에 합류했을까에 대한 질문에 답을 하자면 모바일 이용 능력이 상대적으로 높고, 디지털 기기 이용에 도움을 받을 수 있는 디지털 조력자가 있는 50~60대가 온라인 소비자가 되었음을 유추할 수 있다. 인터넷을 이용할 의향은 있지만, 여건이 되지 않은 비자발적 비이용자의 경우 사용 방법을 모르거나 어렵다는 응답이 75.7%로 높다는 점은 사용 방법을 알려줄 수 있는 공식적인 디지털 조력자가 필요함을 보여준다.

이외에도 코로나-19와 관련하여 확진자 현황이나 동선 파악, 마스크 재고 수량 확인, 선별 진료소 위치 및 혼잡도 파악, 재난 지원금 신청 등에 다양한 정보 통신 기술이 활용되었다. 2020년 디지털 정보 격차 실태 조사에서는 코로나-19 관련 신청 서비스(정부 긴급 재난 지원금, 긴급 고용 안정 지원금 등), 정보 서비스(확진자 현황, 확진자 동선, 선별 진료소 위치), 배달 서비스(생필품, 음식 등), 구독 서비스(넷플릭스, 멜론, 리디북스 등의 콘텐츠)에 대해 인지도와 사용 경험, 유용성 등을 조사했는데, 인터넷/모바일 재난 지원금 신청 서비스에 대한 고령층의 인지도는 76.3%임에 반해 사용 경험은 42%로 인지도와 실제 경험은 차이가 있다는 것을 알 수 있다. 확진자 관련 정보 서비스의 경우 인지도와 사용 경험이 각각 21%, 13.4%로 낮은 것을 알 수 있다.

배달 서비스의 경우 인지도는 66.7%이나 사용 경험은 29.3%에 불과하며, 구독 서비스의 경우 39.4%가 인지하지만 14%만이 사용 경험이 있는 것으로 나타났다. 민간 영역 서비스에 대해서는 경험이 없는 이유로 '추가 요금에 대한 부담'의 비율도 높게 나왔지만 공통적으로는 사용 방법을 모르거나 어렵다는 응답과 필요성을 느끼지 못한다는 응답이 많았다. 필요성을 느끼지 못한다는 응답은 TV 등 다른 매체로 관련 정보를 얻기 때문으로 생각되지만, 사용 방법을 몰라 어렵다고 하는 점에서 효율적으로 서비스를 홍보하고 이용 방법을 안내하는 방법을 모색해야 함을 알 수 있다. 한편 위에서 예로 든 서비스를 사용한 경험이 있을 경우, 유용성에 대해서는 90% 이상이 유용하다고 평가했다. 이처럼 디지털 기기 및 서비스 이용에 대한 긍정적인 경험이 향후에도 디지털 기기 및 서비스를 지속적으로 사용할 가능성을 높인다는 점에서 디지털 격차 해소에 기여할 수 있을 것으로 생각된다.

피할 수 없다면 누리자!

지금까지 코로나-19로 인한 고령층의 일상 변화와 적응을 두 가지 측면에서 살펴봤다. 우선 전자 출입 명부와 키오스크, '할머니 엄마'의 당혹스러운 온라인 수업 사례를 통해 ICT(정보 통신 기술)를 활용하지 못해 어려움을 겪고 있는 고령층의 모습을 살펴봤다. 두 번째로 젊은 세대 못지않게 온라인 플랫폼을 통해 여가 생활을 즐기고, 온라인 쇼핑을 이용하며 ICT가 주는 혜택을 누리고 있는 고령층의 모습을 확인했다. 우리의 부모님, 할머니, 할아버지의 생활은 어디에 가까울까?

인터넷 비이용자를 좀 더 세부적으로 살펴보면 자발적 비이용자와 비자발적 비이용자로 구분할 수 있다. 자발적 비이용자의 경우는 이용할 수 있는 경제적 환경은 갖추어져 있으나 이용하지 않는 사람을 의미한다. 반면 비자발적 비이용자는 인터넷을 할 수 있는 디지털 기기가 없거나 이용하고 싶어도 이용 방법을 모르기 때문에 인터넷을 이용하지 못하는 사람을 의미한다. 표 1은 인터넷 비이용자를 세분화한 것이다. 유형 1은 디지털 서비스에 접근도 가능하고 역량도 있는 집단이다. 따라서 이들은 필요 시 언제든지 인터넷 이용자가 될 수 있는 잠재적 이용자이다. 그러나 유형 2는 디지털 기기는 있지만 역량은 없는 유형으로 향후 비자발적 비이용자 집단이 될 가능성이 있다. 유형 3은 디지털 역량은 물론 디지털 기기도 없는 유형으로 잠재적 비자발적 비이용자 집단이다. 한편 유형 4는 디지털 기기는 있지만 디지털 역량이 부족한 집단으로 정부가 주목해야 할 디지털 역량 교육이 필요한 집단이다. 마지막으로 유형 5는 디지털 서비스를 이용하고 싶지만 경제적인 이유로 디지털 기기가 없고, 이용 역량 또한 부족한 집단으로 정부는 이들의 디지털 접근성을 제고하고 역량 교육을 마련하여 누구나 디지털 기술이 주는 혜택을 누릴 수 있는 디지털 포용 사회를 지향해야 할 것이다. 즉, 중요한 점은 이용할 마음이 없다고 하더라도 필요 시 언제든지 이용할 수 있는 이용 능력이 있어야 한다는 것이다. 사회 시스템이 빠르게 디지털로 전환되고 있고, 앞으로도 사회적 거리 두기가 실시되는 상황이 얼마든지 다시 올 수 있기 때문이다.

표1 인터넷 비이용자 세분화

	유형	이용의지	접근	역량	활용	특성
자발적 비이용자	1	×	○	○	×	잠재적 이용자
	2	×	○	×	×	잠재적 비자발적 비이용자
	3	×	×	×	×	잠재적 비자발적 비이용자
비자발적 비이용자	4	○	○	×	×	디지털 역량 교육 필요 집단
	5	○	×	×	×	디지털 접근성 제고 및 역량 교육 필요 집단

개인에 따라 새로운 플랫폼에 적응하는 데 속도의 차이가 있지만, 사용법이 어렵지 않아도 늦게 접했기 때문에 뒤처지는 느낌을 받을 수 있다. 먼저 시작한 사람들이 이용자로서의 경험을 쌓고, 플랫폼 내의 문화를 만들기 때문이다. 예를 들면, 온라인 수업이나 웨비나의 경우 젊은 세대도 처음 접할 때는 시행착오를 거치며 점차 안정적으로 사용할 수 있게 되었다. 음 소거를 하지 않아 사적인 대화 내용이 공유되거나, 공유 화면 설정에 어려움을 겪는 것 등 본인이나 타인의 경험을 학습함으로써 익숙해진 것이다. 그러나 상대적으로 늦게 서비스를 접한 고령층은 본인과 달리 서비스에 익숙한 타인과 자신을 비교하면서 위축감이 생길 수 있다. 따라서 새로운 서비스를 빠르게 익히기 위해서는 사회 활동과 젊은 세대와의 일상적 상호 작용이 중요하다. 한편, 고령층의 인구 비율 증가로 기존 산업의 주요 고객이 고령자 계층으로 이동하는 시니어 시프트(senior shift) 현상을 생각했을 때 온라인, 무인화 등 비대면 거래에서 어려움을 겪고 있는 고령 소비자를 위한

기업의 관심 또한 필요하다.

코로나-19로 인해 사회적 거리 두기를 처음 경험했고, 누구도 의도하지는 않았지만 디지털 기기와 관련 서비스를 이용하지 못하면 불편할 뿐 아니라 결과적으로 배제를 경험하고 불이익이 생길 수 있다는 것을 깨달았다. 이와 같은 상황은 고령층을 디지털 정착민이 될 것인지, 디지털 난민이 될 것인지 갈림길에 서게 만들었다. '나'를 비롯하여 부모님, 할머니, 할아버지는 갈림길에서 어느 길을 선택할 것인가?

현존하는 서비스 중에서도 고령층이 사용할 경우 만족감을 더욱 크게 느끼는 서비스가 있을 것이다. 예를 들면, 온라인 쇼핑의 경우 무거운 짐을 들지 않게 됨으로써 신체적 부담을 줄일 수 있다. 경제력이 허락해야겠지만 병원에 가야 할 때도 택시 앱을 활용할 수 있다면 집 앞에서 병원까지 편리하게 이동할 수 있을 것이다. 나아가 자율 주행 차를 보편적으로 이용할 수 있게 된다면 고령 운전자의 교통사고 발생률이 자연스레 줄어들 뿐 아니라 고령자의 이동권을 보장할 수 있지 않을까?

앞으로 디지털 기기 사용에 익숙한 세대가 공공 기관, 기업 등 조직 구성에서 점점 더 큰 비율을 차지하기에, 자칫 모두가 디지털 기기를 쉽게 사용할 수 있다고 생각하고 그것을 전제로 여러 가지 생활 서비스를 추진할 수 있다. 그것이 디지털 격차에 더욱 주의를 기울이고 디지털에 익숙하지 않은 계층을 위해 목소리를 내야 하는 이유이다. 한편, 디지털에 익숙한 세대 또한 최신 기술의 적용이 만능은 아니라는 생각을 지녀야 할 것이다. 앞선 예로 전자 출입 명부 QR코드가 사회적 배제를 함께 가져왔다는 점에서 안심콜 출입 관리 서비스와 같은 보편적인 기술의 적용을 함께 검토하는 것이 더욱 바람직하다. 또한 온라인 수업이 학교의 돌봄 기능은 대체할 수 없으며, 아이들의 사회성과 신체적 활동성을 키울 기회는 주지 못하고 있는 현실을 상기하고 장기적인 측면에서 대책을 마련해야 한다.

2022년 2월부터 전자 출입 명부, 방역 패스 의무화가 순차적으로 폐지됐고, 2022년 4월 18일, 757일 만에 사회적 거리 두기가 전면 해제됐다. 대면 만남이 일상이던 '당연하던 날'들이 조금씩 다가오는 것이다. 한편, 마스크 5부제, 전자 출입 명부, 방역 패스, 안심콜, 온라인 수업 등으로 가시화됐던 정보 격차, 정보 불평등 문제는 일상 회복과 함께 점차 잊혀갈 가능성이 크다. 그러나 코로나-19 팬데믹 대응 과정에서 얻은 교훈을 기억하고 고령층을 포함한 정보 취약 계층이 일상적 상황에서 디지털 기기 및 서비스에 대한 친숙도를 쌓아 유사시 배제되는 이가 없도록 대비해야 할 것이다.

"강한 자가 아니라 적응하는 자가 살아남는다"라는 말처럼 조직과 개인 모두 디지털 전환이라는 롤러코스터를 탄 현재, 우리 일상의 디지털화는 피할 수 없다. 따라서 개인은 디지털 환경에 적응하고 디지털화가 주는 혜택을 누릴 수 있는 길을 선택해야 하며, 이들의 선택에 힘을 실을 수 있도록 제도적으로 효과적인 지원이 필요하다.

6장

흩어지면 살고,
뭉치면 죽는다?

– 거리 두기와 마음의 건강

임정재 (한국형사·법무정책연구원 부연구위원)

My grandfather. 요양병원 가시던 날이야.

대성통곡하며 인사. 코로나바이러스 면회 못 간대. (F*ck Covid).

ㅡ비오(BE'O), 〈카운팅 스타즈(Counting Stars)〉 중에서

코로나-19가 만든 삶의 변화와 마음의 상처

힙합 서바이벌 프로그램 〈쇼미더머니10〉에서 화제가 된, 래퍼 비오의 노래 〈카운팅 스타즈〉의 가사에는 할아버지가 요양병원에 입원하였지만, 코로나-19 상황으로 인해 면회를 갈 수 없다는 내용이 나온다. 기침이나 재채기를 할 때 나오는 침방울을 통해 바이러스가 퍼지는 탓에 전염을 줄이려면 사람들끼리 접촉하는 거리를 멀리 띄울 수밖에 없었고, 이 방식이 '사회적 거리 두기' 정책으로 발전됨에 따라 자연스럽게 사람들 간의 만남도 줄어들었다. 앞서 이야기한 병원 면회에서부터, 교육, 공연, 모임, 행사, 여행, 심지어 회사 출퇴근까지 새로운 바이러스의 공포 아래 제한적으로 이

루어지거나 온라인으로 대체되었다.

이전에는 자연스러웠던 일들이 코로나-19 이후 너무나도 많이 바뀌어 버린 것이다. 위기가 발생하더라도 협력을 하면 헤쳐 나갈 수 있다는 의미로 사용된 "뭉치면 살고, 흩어지면 죽는다"라는 말도, 사회적 거리 두기 정책을 빗대어 "흩어지면 살고, 뭉치면 죽는다"로 바뀌어 사용되었다. 757일간 이어진 사회적 거리 두기는 코로나-19의 확산 속도를 늦추는 데 큰 도움이 되었지만, 이 글을 읽는 독자들, 독자들의 가족, 친구, 이 글을 쓰는 필자도 코로나-19가 바꿔버린 세상에 적응하느라 안간힘을 썼다.

사회적 거리 두기와 자가 격리 등으로 대인 관계가 줄어들어 실내에서 보내는 시간은 늘어만 가고, 밖에 나가더라도 마스크를 끼고 있어 답답하고, 혹시나 코로나에 걸리지는 않을까 조심조심 신경을 쓰다 보니 불안과 스트레스를 느끼는 사람들이 많아졌다. 코로나-19에 확진된 사람들은 감염에 대한 두려움을 느꼈으며, 나도 모르는 사이에 주위 사람들에게 바이러스를 퍼트리지는 않을까, 다른 사람들이 나를 비난하거나 손가락질하면 어떻게 할까 하는 등의 걱정을 하기도 하였다. 자가 격리 대상자는 외부 활동을 할 수 없어 지루함을 느낄 수밖에 없었고, 의료 종사자들은 쏟아지는 환자들로 몸과 마음이 지쳐갔다.

사회적 거리 두기 정책에는 모일 수 있는 인원, 시설별 운영 방법과 영업 시간의 제한 등이 있었는데, 이러한 정부의 통제에 점점 피로감을 느끼고 불만의 목소리를 내는 사람들도 늘어났다. 코로나-19로 문 닫는 회사의 직원들이나, 매출이 줄어든 가게 주인들과 같이 경제적인 어려움에 고통을 호소하거나 심지어는 극단적 선택을 하는 사례도 알려졌다. 코로나-19의의 '코로나'와 우울을 의미하는 'Blue'가 합쳐진 '코로나 블루(Corona Blue)', 반대로 코로나로 인해 생기는 분노감을 일컫는 '코로나 레드(Corona Red)'라는 새로운 말이 등장하기도 하였다. 코로나-19가 이렇게 장기화될 것이라고 예상하지 못하였기 때문에, 많은 사람들이 다양한 이유로 정신적인 어려움을 호소하는 상황이 생긴 것이다. 변화무쌍하고 대담한 이 바이러스가 많은 사람들의 목숨을 앗아간 동시에 사람들의 마음에도 상처를 주었다.

이렇게 우리는 코로나-19라는 피할 수 없는 재난으로 인해 삶의 큰 변화를 경험하였고, 사회적 거리 두기 정책은 그 변화의 중심에 있었다. 코로나-19 이전에는 너무나도 자연스러웠던 사람들 간의 소통이 줄어들거나 끊겼으며, 새로운 방식으로 펼쳐졌다. 그 과정에서 많은 사람들이 심리적인 어려움을 호소하는 것이 사회적 문제로 떠올랐는데, 한편으로는 사람들의 상호 작용이 심리적 측면과 어떻게 연관되는지 확인할 수 있는 일종의 시험지가 되었다. 본 장에서는 이러한 측면에 주목하여, 다양한 자료를 통해 코로나-19로 인한 상호 작용의 변화와 부정적 감정이 어떻게 사회적으로 드러났는지 살펴보고자 한다. 그리고 이를 통해 코로나-19가 우리들의 삶에 어떤 메시지를 던져주는지 고민해 보고자 한다.

바이러스는 우리 마음도 아프게 해

코로나-19와 같은 대규모의 감염병이 유행하게 되면, 의료진들과 환자들은 물론 일반인들까지 심리적인 어려움을 경험하게 된다. 사스

(SARS-CoV), 메르스(MERS-CoV), 에볼라 바이러스(Ebola Virus)와 같은 과거의 대표적인 대규모 감염병 사례에서 이러한 연구 결과가 확인된 바 있고,[1] 그렇다 보니 코로나-19가 발생한 초기부터 그 위험성이 논의되었다.[2,3] 실제로 연구 결과[4]에 따르면 대부분의 일반 대중들은 코로나-19와 관련된 우울증이나 불안, 스트레스 증상이 증가한 것으로 확인되었다.

이러한 맥락에서 바이러스에 대한 방역뿐만 아니라 심리적 방역의 중요성도 강조되었다. 우리나라의 경우 국립정신건강센터의 국가트라우마센터(https://nct.go.kr/)에서 코로나-19 통합심리지원단을 운영하였으며, 청년/여성 등 취약 계층에 대한 맞춤형 심리 지원, 코로나 대응 인력에 대한 소진 관리, 확진자/완치자 대상 선제적 심리 지원, 재난 심리 지원 인프라 확대 등 코로나 우울 고위험군을 위한 심리 지원을 강화하였다.[5]

그렇다면 코로나-19는 심리적 측면에서 어떤 감정들과 연관되어 있을까? 모든 감정들과의 연관성을 살펴볼 순 없겠지만, 가장 대표적인 부정적인 감정들인 스트레스, 불안, 우울, 분노에 주목할 필요가 있다. 먼저, 스트레스는[6] 외부의 자극에 노출될 때 발생하는 호르몬 반응으로 볼 수 있다. 사람은 일시적이거나 강도가 낮은 스트레스에 대해서는 잘 대처할 수 있으나, 강도가 강하거나 지속적인 스트레스에 노출될 때에는 면역 체계의 이상이나 신체적 질병이나, 정신적 피해가 발생할 수 있다. 사회적 측면에서 재난 사고와 같이 매우 큰 사건이나, 이혼이나 지인의 죽음, 실직과 같은 삶의 변화, 경제적으로 위협받는 생활 환경에서 겪게 되는 지속적인 어려움, 말다툼이나 예상치 못한 일상생활의 사소한 일들이 스트레스를 만들 수 있다.

코로나-19는 다양한 측면에서 스트레스의 원인과 연관되어 있을 수 있다. 크게 보자면 코로나-19 사태 자체가 전 세계적으로 대유행하게 된 전염병(팬데믹·Pandemic)이므로 많은 사회경제적 문제를 만들었다. 코로나-19로 인한 문제들은 앞서 이야기한 스트레스 유발 요인과 정확하게 일치한다. 예를 들어 코로나로 인해 자신의 지인들이 고통을 겪거나 죽게 되고, 실직 등으로 경제적 어려움에 놓이는 사례는 개인들의 삶에서 매우 큰 충격을 주는, 스트레스의 원인이 될 수 있다. 마찬가지로 코로나-19로 일상생활에 변화가 찾아오다 보니, 그 과정에서 크고 작은 스트레스가 발생할 수 있을 것이다. 해외에서는 봉쇄 정책(lock-down) 이후 부부가 집안에서 함께 보내는 시간이 많아지자 갈등이 늘어나고, 그 부작용으로 이혼이 늘어났다는 보도가 있었다. 우리나라 또한 사회적 거리 두기로 돌봄 기관이 문을 닫고, 아동들이 집에 있는 시간이 늘어나면서 부모들의 아동 학대나 방임이 늘어났다는 사례가 있다.

코로나-19로 인해 받는 스트레스가 커지거나 누적되고 장기화된다면, 불안과 우울, 더 나아가 분노와도 연관될 수 있을 것이다. 불안은 긴장감이나 걱정스러운 생각, 혈압 상승과 같은 신체적 변화가 특징인 감정이다.[7] 주로 개인의 안전이나 정체성이 위협받거나 삶과 죽음에 대해 고민하게 될 때 불안이 나타날 수 있으며, 특히 이러한 문제를 겪는 과정에서 무엇인가 잘못된 것을 느꼈지만 어떤 문제인지 모호할 경우 발생할 수 있다.[8] 코로나-19는 직접적으로 사람들의 생명을 위협한다는 점에서 불안과 강력하게 연관되어 있을 것이다. 더욱이 코로나-19의 발생과 관련된 여러 가지 가짜 뉴스와 거짓 정보들은 소셜미디어를 통해 기하급수적으로 확산되었고, 사람들의 불안을 더욱더 자극하는 원인이 되었다. 코로나-19 초기 우리나라의 마스크 대란이나 해외에서의 사재기, 개인 위생에 대한 강박적인 집착 등은 불안이 만들어낸 사회적 문제로 볼 수 있을 것이다.

우울은 단순한 슬픔 이상의 감정으로서, 우울감을 느끼는 사람들은 단순히 일상 활동에 관한 관심이나 즐거움의 부족, 눈에 띨 정도의 체중 증가나 감소, 과도한 수면이나 불면증, 에너지의 부족, 집중력 저하, 무가치감 또는 과도한 죄책감, 죽음이나 자살에 대한 반복적인 생각을 경험할 수 있다.[9] 우울감의 경우, 코로나 블루라는 신조어가 생길 만큼 사회적으로 많은 관심을 받게 되었다. 사회적 상호 작용의 감소 혹은 코로나-19로 발생한 문제들이 사람들의 우울의 직접적인 원인이 될 수 있으며, 동시에 코로나-19로 인한 스트레스와 불안이 우울감의 간접적인 원인이 될 수도 있다.

분노는 누군가 혹은 무언가가 고의적으로 나에게 잘못을 저질렀다고 느껴졌을 때 내가 느끼는 적대감이 특징인 감정이다.[10] 또한, 욕구 자체가 좌절되거나, 욕구 충족을 위한 목표 지향적 행동이 좌절될 때 발생할 수 있다.[11] 마찬가지로 코로나-19로 인해 삶의 여러 면에 제약이 생기거나, 사회적/경제적 불이익이 발생한 경우 자연스럽게 분노의 감정이 생길 수 있을 것이다. 코로나바이러스는 인격체가 아니다 보니 직접적인 분노의 대상이 되지는 않았다. 대신 코로나-19가 최초로 보고된 중국과 중국 정부, 방역을 담당하는 정부나 기관, 정치/행정 지도자들, 확진자, 전파자, 더 나아가 해외에서는 아시아인들이 분노와 혐오의 대상이 되었다.

앞에서 이야기한 바와 같이 코로나-19와 관련된 여러 사례들은 스트레스, 불안, 우울, 분노와 같은 부정적인 감정들과 쉽게 연관 지어 볼 수 있다. 그렇다면 실제로 우리 사회는 코로나-19 기간 동안 부정적인 감정을 얼마나 많이, 그리고 어떻게 이야기해 왔을까? 이를 확인하기 위해서 본 장에서는 빅데이터 뉴스 분석 사이트 빅카인즈(https://www.bigkinds.or.kr/)를 통해 뉴스 자료를 수집하고, 사회적 측면에서 살펴보았다. 우리가 TV, 소셜 미디어, 인터넷 포털 사이트에서 매일 자연스럽게 접하는 뉴스는 우리가 살고 있는 사회의 모습을 비춰주는 하나의 렌즈로 이해할 수 있다. 대중 매체가 만들어내는 뉴스는 우리 사회에서 벌어지는 많은 이슈들을 다루고 있고, 사회를 함께 살아가는 사람들의 의견을 반영하고 있다. 이러한 측면에서 먼저 뉴스 자료 분석을 통해 코로나-19 기간 동안 우리나라 언론사들이 코로나-19와 사람들의 사회적 심리 상태를 얼마나 많이 기사화했고, 또 어떤 단어들과 연관 지어 이야기하였는지를 살펴보았다.

본격적으로 뉴스 자료를 분석한 결과는 다음과 같다. 먼저 각 주제별 기사 건수는 '스트레스'가 포함된 코로나-19 관련 기사의 경우 총 2만 2천 440건(하루 평균 약 29건, 하루 최대 92건), '불안'이 포함된 코로나-19 관련 기사의 경우 총 12만 4천 201건(하루 평균 약 161건, 하루 최대 888건), '우울'이 포함된 코로나-19 관련 기사의 경우 총 2만 4천 509건(하루 평균 약 31건, 하루 최대 115건), '분노'가 포함된 코로나-19 관련 기사의 경우 총 1만 8천 507건(하루 평균 약 24건, 하루 최대 122건)이 확인되었다. 기사 건수만을 보았을 때, 코로나-19와 관련된 정서적 표현은 '불안'과 관련된 기사의 수가 가장 많았으며, 이어 '우울', '스트레스', '분노' 순으로 많았다.

"중국 우한 지역에서 원인 모를 폐렴이 확산되고 있습니다"
─코로나-19 시작, 불안한 나날들

2019년 12월 중국 우한 지역에서 원인을 알 수 없는 폐렴이 퍼지고 있다는 뉴스가 알려지기 시작하였다. 당시만 하더라도 많은 사람들은 단순히 이웃 나라의 해프닝 정도로만 생각하고 이를 무심코 지나쳤다. 그러다가 곧 우리나라에서도 첫 번째 확진자가 발생하였고, 확진자 수는 점점 늘어나며 상황은 점점 심각해졌다. 새로운 전염병에는 곧 '코로나-19(COVID-19)'라는 이름이 붙여졌고, 전 세계적으로 유행하게 되었다. 이런 상황에서 우리 모두는 불안한 나날을 보낼 수밖에 없었다.

먼저 앞에서 기사 건수를 살펴본 바와 같이, 다른 부정적 감정에 비해 '불안'이 포함된 코로나-19 관련 기사 건수가 압도적으로 많았다. 아무래도 코로나-19가 감염병인 관계로 고통이나 죽음과 직접적으로 연관되어 있는 불안이라는 감정이 사회적으로 가장 많은 주목을 받은 것이다.

코로나-19의 등장 이후, 불안은 우리 사회의 가장 중심적인 감정으로 자리 잡았다고 말할 수 있다. 특히, 코로나-19 발생 초기에 사람들은 어마어마한 불안감에 휩싸일 수밖에 없었다. 제대로 된 정보도 없는 상황에서 확진자들이 발생하기 시작하였고, 특정 종교 신도들을 중심으로 시작된 대유행은 도시 전체가 쑥대밭이 되는 모습을 보여주었다. 마스크와 손 소독제 등 개인 방역 물품을 구입하는 것이 하늘의 별 따기가 되었으며, 코로나-19 확진자들이 전해주는 끔찍한 고통의 경험, 선진국이라고 생각했던 나라들의 방역 체계가 붕괴되는 모습, SNS를 통해 퍼져가는 가짜뉴스들은 사람들을 불안에 떨게 만든 것이다. 팬데믹 초기 이후에는 반복되는 대규모 감염 사례와 코로나-19 백신의 부작용에 대한 우려 등이 불안의 원인이 되기도 하였다.

뉴스 분석 결과는 이러한 흐름을 반영하고 있다. 다음 그림 1은 '불안'이 포함된 코로나-19 관련 기사의 키워드 트렌드 분석 결과이다. 불안과 관련된 기사는 코로나-19 확진자가 최초로 발견된 2020년 1월 말부터 매우 급격하게 증가하기 시작하였음을 확인할 수 있다. 이어 2020년 2월 21일에서 28일 사이에 기사 건수가 급증하여 기사 수가 가장 많은 것으로 확인되는데, 이는 신천지교회발 대유행, WHO(세계보건기구)의 팬데믹 선언, 마스크 5부제 등이 시작된 시기이다. 이러한 중요한 이슈들은 사회적으로 불안감이 증폭하게 된 원인이 되었다. 2020년 5월 초 황금 연휴 이후 발생한 이태원 클럽발 유행으로 6월까지 기사 수가 소폭 증가하는 경향을 보이다가 다시 완만하게 감소하였고, 2020년 8월 말 이후, 2020년 12월~2021년 1월 기간 중 다시 증가하는 경향을 보였다. 이렇게 '불안'이 포함된 코로나-19 관련 기사의 수가 증가하는 시기가 사랑제일교회 관련 유행 시기, 제3차 대유행 시기 및 연말연시 방역 강화 시기와 유사함을 알 수 있다.

2021년 이후에는 상대적으로 큰 변동 경향이 나타나지는 않았으나 백신 도입 논의 시기와 연관되어 2021년 2월 말, 2021년 4월 말 기사 건수가 다소 증가한 것으로 나타났다. 이는 아스트라제네카 백신 접종 시작, 아스트라제네카 백신과 관련된 안전 문제를 검토하기 위해 백신 접종이 보류된 시기이다. 이후 대체적으로 완만하게 감소되는 경향을 보이다가, 오미크론 변이가 보고되기 시작한 12월 초 다소 증가하는 경향을 보였다.

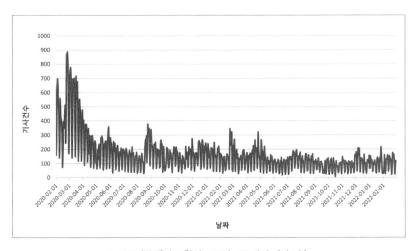

그림1 '불안'이 포함된 코로나-19 관련 기사 건수

출처: 빅카인즈 뉴스 검색/분석 서비스 키워드 트렌드 분석 결과

 이러한 경향은 실제로 개인들을 대상으로 실시한 설문 조사 결과에서도 상당히 유사하게 나타났다. 보건복지부에서는 한국트라우마스트레스학회와 함께 2020년부터 분기별로 '코로나-19 국민 정신건강 실태조사'[12]를 실시하여 왔다(그림 2). 이 조사는 코로나-19가 발생한 이후 정기적으로 반복 조사하여 우리나라 국민들의 정신 건강 수준의 변화를 확인할 수 있는 자료이다. 해당 조사에서는 불안(총점 21점)과 우울(총점 27점)에 관한 문항이 포함되어 있는데, 코로나-19가 발생한 초기(2020년 3월) 불안 점수의 평균이 가장 높았고, 2020년 5월 크게 감소하였다. 그러나 2020년 9월에는 다시 높아졌고, 이후 점차 감소하다가 2021년 9월 이후 다시 소폭 증가하는 경향을 보였다. 즉, 코로나-19 초기의 대혼란 시기와 2020년 9월 이후의 대규모 재유행 속에서 사람들은 실제로 심한 불안감을 경험했으며, 이후 코

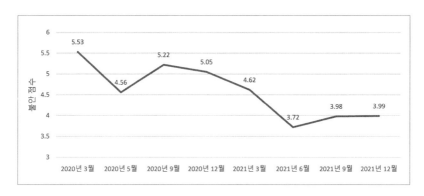

그림 2 국민 정신건강 실태 조사 결과 - 불안

출처: 코로나19 국민 정신건강 실태 조사 자료 재구성

로나-19 상황에 적응하면서 불안이 감소하다가 2021년 하반기 이후 델타 변이가 유행하면서 다소 소폭 상승한 경향을 보인 것이다.

다음 그림 3은 불안 관련 기사의 연관어 분석 결과를 시각화한 것이다. 그림에서 나타나는 단어의 크기가 클수록, 뉴스와의 연관성을 바탕으로 산출한 가중치가 높은 단어임을 의미한다. 불안과 가장 연관성이 높은 키워드는(가중치 기준) 확진자(146.32), 시민들(83.28), 중국(67.59), 문재인 대통령(54.87), 가짜뉴스(37.24), SNS(34.87), 확산 방지(32.74), 세계보건기구(32.01), 국민들(28.78), 장기화(28.12) 순으로 나타났다. 추출된 뉴스 기사의 내용들과 함께 비교 분석해 보면, 코로나-19 확진자 발생이나 확진자, 사망자 증가에 따른 시민들의 불안감이 뉴스화된 경우가 많았다는 것을 알 수 있다. 또한 코로나-19의 감염 사례가 중국에서 최초로 보고되었기에 중국에 관한 언급이 많았다. 더불어 불안은 가짜뉴스, SNS와도 연관되어 있었는데, 중국 정부에 관한 괴담 등 가짜뉴스가 SNS상에서 퍼져 불안감을 일으킨다는

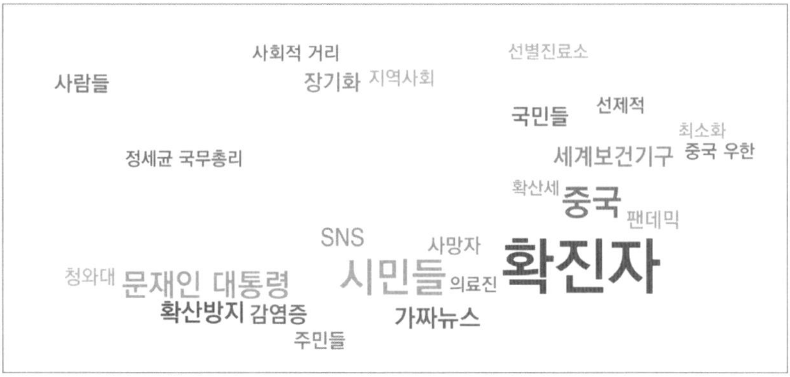

그림 3 '불안'이 포함된 코로나-19 관련 기사의 연관어 분석 결과

출처: 빅카인즈 뉴스 검색/분석 서비스 연관어 분석 결과

기사들도 확인되었다. 문재인 대통령, 정세균 국무총리 등의 코로나-19에 대한 대응을 언급한 뉴스들도 확인되었다. 코로나-19의 장기화나 세계보건기구의 팬데믹 선언 등도 불안감과 연관되어 뉴스화된 것으로 유추할 수 있었다. 이러한 결과는 앞서 이야기한 바와 같이 코로나-19 발생 초기 코로나-19의 위험성 자체에 대한 불안뿐만 아니라, 바이러스와 감염병에 관한 정보가 매우 한정적인 상황에서 가짜뉴스나 잘못된 정보들이 유통되며 사람들의 불안감이 증폭되었음을 보여준다.

'사회적 거리 두기 2주 연장_수정_진짜최종_마지막(2)'
─ 사회적 거리 두기의 장기화, 스트레스와 우울

대부분의 신종 전염병들이 그러하듯, 코로나-19 확산 초기의 가장 큰 문제점은 치료제와 백신의 부재였다. 의약품을 통한 예방과 치료가 불가능한 상황이다 보니, 전염을 늦추기 위한 다양한 정책적 접근이 시도되었다. 사회적 거리 두기(혹은 물리적 거리 두기)는 그중에서도 가장 대표적인 정책이었다. 우리나라 정부는 뾰족한 해결책이 없는 상황에서 사회적 거리 두기 정책을 적극적으로 시행할 수밖에 없었다.

처음에는 마스크 착용과 손 세정제, 발열 감지기 사용 등 위생에 신경을 쓰고 불필요한 모임과 외출을 자제하는 수준에서 시작되었다. 그러나 코로나-19 상황이 계속 나빠지자 다인 이용 시설 방문, 사적 모임, 행사, 집회 등의 인원 제한 등 여러 가지 영역에 사회적 거리 두기 정책이 적용되었다. 물론 사회적 거리 두기 도입에 반발하거나 관련 정책을 위반하는 사례들이 발생하기도 하였지만, 대부분의 사회 구성원들은 코로나-19 확산 방지라는 큰 목표를 위해 불편함을 참으며 지내왔다. 오미크론 변이가 확산되기 이전까지는 일반 시민들의 협조와 중앙재난안전대책본부, 질병관리청, 의료진 등의 노력으로 우리나라의 피해 정도는 상대적으로 양호한 수준을 유지하였다. 다른 나라들처럼 도시 전체가 봉쇄되고 의료 체계가 붕괴되지 않은 것이 천만다행이었다.

그러나 코로나-19 상황은 끝을 알 수 없을 정도로 오랜 기간 지속되었으며, 백신 및 치료제 도입이 지연되었다. 사회적 거리 두기 또한 마찬가지로 코로나-19와 함께 장기화될 수밖에 없었다. 2020년 3월 22일부터 2022년 4월 17일까지 총 757일간 이어져 온 사회적 거리 두기로 많은 사람들이 스트레스를 받았고, 사회적 상호 작용이 줄어듦에 따라 우울감을 느끼기도 하였다. 코로나-19와 사회적 거리 두기로 경제적 타격을 입은 산업 분야의 종사자, 자영업자들의 경우 물질적/정신적 고통을 받게 되었고 학생 자녀를 둔 부모들은 자녀들의 온라인 수업을 도와주느라 어려움을 느꼈다. 확진자 수의 증감에 따라 단계가 조정되는 과정에서 사회적 거리 두기 단계가 다소 완화되는 경우도 있었으나, 상황에 따라 계속해서 연장되어 왔다. 사회적 거리의 연장과 장기화가 사람들의 심리적 피로감을 유발하는 상황이 된 것이다.

'스트레스'와 '우울'에 관한 뉴스 분석 결과는 사회적 거리 두기 장기화의 영향을 잘 반영하고 있다. 다음 그림 4와 그림 5는 각각 '스트레스', '우울'이 포함된 코로나-19 관련 기사의 키워드 트렌드 분석 결과이다. 스트레스와 우울 관련 기사는 2020년 2월 초부터 증가하기 시작하였는데, 이때는 코로나-19 확산이 시작되고 마스크 소비량이 급증하여 마스크 구입과 관련된 어려움이 발생하는 등 사회적인 문제가 발생하던 시기이다. 2020년 2월 말 이후 3월 중순까지 관련 기사의 수가 급격히 늘어나기 시작하였는데, 신천지교회발 제1차 대유행, WHO의 팬데믹 선언, 마스크 5부제 등 여러 가지 이슈들이 나타난 시기와 맞물린다. 이후 잠시 코로나 확진자 수가 감소 추세를 보이다가, 2020년 3월 21일 다인 이용 시설(교회, 클럽, 헬스장 등)의 운영을 통제하는 강화된 사회적 거리 두기 정책을 실시한 시기 전후로 기사 건수가 눈에 띄게 증가하였다. 이후 6월 말 사회적 거리 두기를 3단계로 세분화하여 적용하기 시작한 시기, 9월 말 수도권에서의 감염 확산으로 강화된 사회적 거리 두기 2단계가 발표된 시기, 11월 이후 2021년 1월까지의 제3차 대유행 시기 및 연말연시 방역 강화 특별 대책 시기에 기사 건수가 증가한 것을 확인할 수 있다. 이후 완만하게 증가와 감소를 반복하는 경

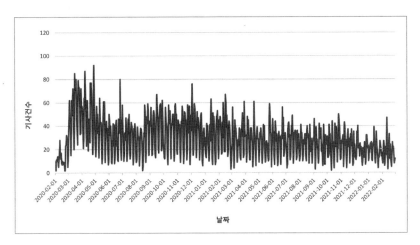

'스트레스'가 포함된 코로나-19 관련 기사 건수

출처: 빅카인즈 뉴스 검색/분석 서비스 키워드 트렌드 분석 결과

향을 보였다. 대체적으로 스트레스와 우울 관련 기사 건수의 변화는 확진자 증가 및 사회적 거리 두기 강화 시기와 맞물려 서로 비슷한 양상을 보였다. 그러나 차이점은 스트레스의 경우 코로나-19 초기에 더 집중되어 나타난 반면, 우울은 강화된 사회적 거리 두기 시행 이후 집중되어 나타났다는 것이다. 이러한 결과는 코로나-19가 장기화되기 시작한 상황에서 사회적 거리 두기가 강화되자 이로 인한 우울이 사회적으로 문제시되기 시작한 것으로 볼 수 있을 것이다.

코로나-19 국민 정신 건강 실태 조사 결과에서 확인된 우울과 자살 충동의 정도 변화 추이는 뉴스 분석 결과와 유사한 경향을 나타냈다. 코로나-19 초기보다는 2020년 9월~2021년 3월까지의 기간에 우울과 자살 충동의 정도가 상대적으로 높게 나타난 경향이 있었다. 이는 앞서 이야기한 바와 같이 수도권에서의 감염 확산으로 강화된 사회적 거리 두기 발표 시기,

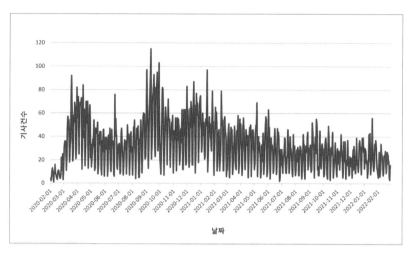

그림 5 '우울'이 포함된 코로나-19 관련 기사 건수

출처 : 빅카인즈 뉴스 검색/분석 서비스 키워드 트렌드 분석 결과

연말연시 방역 강화 시기와 유사한 시기임을 알 수 있다. 특히 자살 충동의 경우 2021년 3월 가장 높은값을 보였는데, 이는 코로나-19와 사회적 거리두기의 장기화가 누적되어 시간 차를 두고 나타난 것으로 볼 수 있다. 이후 우울과 자살 충동의 비율은 다소 감소하는 경향을 보였으나, 코로나-19 발생 초기와 비교하였을 때 자살 충동의 비율이 40%나 증가(9.7% →13.6%)하고, 우울 위험군의 비율도 18.9%로 나타나 정신건강 수준이 눈에 띄게 개선되지는 않았다.[13] 즉 뉴스 분석 결과에서는 잘 드러나지 않았을 뿐이지 계속해서 국민들은 정신적인 어려움을 겪고 있었음을 보여준다.

다음으로는 스트레스 관련 기사의 연관어 분석 결과이다. 그림 8을 살펴보면, 스트레스와 연관성이 높은 키워드는 장기화(137.53), 우울감(94.25), 사회적 거리(76.56), 확진자(63.44), 사람들(55.36), 불안감(53.19), 시민들(46.13), 정

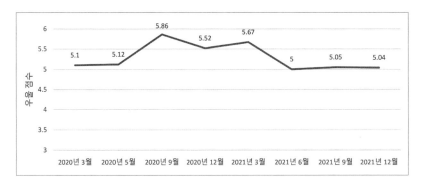

그림6 국민 정신 건강 실태 조사 결과 – 우울

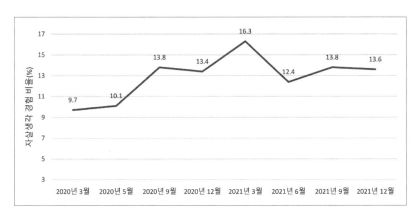

그림7 국민 정신 건강 실태 조사 결과–자살 충동

출처: 코로나–19 국민 정신 건강 실태 조사 자료 재구성

신건강(44.76), 우울증(37.91), 주민들(25.59) 순으로 나타났다. 이 키워드들이 추출된 뉴스 결과를 살펴보면, 코로나–19의 장기화를 스트레스의 주요 원인으로 언급하는 기사들이 많았다. 또한, 우울감이나 불안감, 정신건강, 우울증, 피로감, 무기력증과 같이 여러 심리적 현상과 연관되어 스트레스가 강조되었고, 사회적 거리 두기 정책으로 인한 스트레스, 코로나–19로 인한

그림 8 '스트레스'가 포함된 코로나-19 관련 기사의 연관어 분석 결과

출처: 빅카인즈 뉴스 검색/분석 서비스 연관어 분석 결과

업무의 폭증으로 인한 의료진들의 스트레스, 스트레스로 인한 정신건강 문제가 서로 연관되어 뉴스화되었음을 확인할 수 있다.

다음의 그림 9는 우울 관련 기사의 연관어 분석 결과이다. 우울과 연관성이 높은 키워드는 장기화(175.88), 사회적 거리(66.62), 사람들(64.98), 확진자(60.11), 불안감(53.48), 시민들(47.8), 정신건강(44.75), 영국(29.26), 사망자(28.8), 대구(28.22) 순으로 나타났다. 이 키워드들이 추출된 뉴스 기사의 내용들과 함께 비교 분석해 보면, 스트레스와 마찬가지로 코로나-19의 장기화가 사람들의 우울감의 원인으로 언급되며 뉴스화되는 경우가 많았다는 것을 알 수 있다. 이는 사회적 거리와도 연관이 되었는데, 마찬가지로 사회적 거리 두기로 인해 사람들 간의 상호 작용이 줄어들면서, 우울과 함께 언급되는 경우들이 많은 것으로 나타났다. 코로나-19 사태가 심각해지면서 확진자 및 사망자 수의 증가에 따른 우울이 언급되는 경우도 있었다. 또한 불안감,

그림 9 '우울'이 포함된 코로나-19 관련 기사의 연관어 분석 결과

출처: 빅카인즈 뉴스 검색/분석 서비스 연관어 분석 결과

무기력과 같이 다른 정서적 표현과 함께 언급되거나 정신건강에 대한 우려와 보건복지부가 발표하는 코로나-19 관련 정신건강 실태 조사 결과가 뉴스화되는 경우가 많았다. 영국의 경우, 영국의 코로나 피해 상황이나 영국 학자들의 연구나 의학 학술지의 연구 결과 등이 언급된 것이 확인되었다. 한편 신조어의 경우, 코로나 시기에 겪는 우울한 상황을 일컫는 신조어 '코로나 블루'가 소개되고 언급되기도 하였다.

고객님 마스크 똑바로 착용해 주세요
─반복되는 분노와 혐오

코로나-19 발생 이전과 이후를 비교하였을 때, 일상생활에서 가장 눈에 띄는 변화는 마스크 착용이다. 역학 조사 결과 마스크 착용 유무에 따라 코로나바이러스의 전파력에 큰 차이가 있다는 것이 확인된 이후, 마스크는 가장 필수적인 생활용품이 되었다. 처음에는 마스크 착용을 권장하는 수준이었으나, 마스크 착용은 곧 의무가 되었다. 아이들도 놀이터에 나가서 놀기 위해서는 마스크를 껴야 한다는 것을 자연스럽게 알게 되는 세상이 되어버린 것이다.

공공장소나 밀폐된 공간에서 마스크를 쓰지 않는 이들을 보았을 때, 혹시 저 사람이 나에게 코로나를 옮기지 않을까 불안해하며 화를 내는 사람들이 늘어났다. 마스크 착용에 대한 사회적 압력이 강해지다 보니 마스크 착용을 둘러싸고 다툼이나 갈등이 벌어지기도 하였다. 마스크를 제대로 써달라는 아르바이트생에게 폭력을 가하거나, 지하철에서 승객들 간에 싸움이 나는 등의 사건을 뉴스에서 접할 수 있게 되었다. 그뿐만 아니라 SNS에서는 역학 조사 시 거짓말을 한 확진자나 방역 수칙을 지키지 않은 사람들을 '빌런(villain, 악당)'이라고 부르며 거세게 비난하였다.

마스크는 내 몸을 지킬 수 있는 효과적인 방어 수단이지만 숨을 쉴 때마다 답답함을 유발한다. 마찬가지로 사회적 거리 두기와 같은 방역 정책 또한 코로나-19의 확산 속도를 막기 위한 필수적인 조치였지만, 우리들의 마음을 답답하게 만들었다. 사회적 활동에 제약이 생기고 답답한 일상이 지속되다 보니 코로나-19로 인한 스트레스를 해소할 기회가 줄어들 수밖에 없었다. 자연스럽게 우리들의 마음속에서는 분노가 치밀어 오르게 된 것이다.

그러나 코로나바이러스 자체는 눈에 보이지 않으므로 직접적으로 분노를 표출할 수 없었다. 따라서 코로나-19가 최초로 보고된 중국(중국인, 중국 정부)은 코로나-19 사태를 만들어낸 범인으로 간주되어 대표적인 분노의 대상이 되었다. 또한, 위에서 예시를 든 것과 같이 개인의 부주의로 많은 사람들에게 코로나-19를 전염시킨 전파자들에 대한 분노, 방역 수칙을 지키지 않은 사람들에 대한 분노가 나타났다. 이후에는 사회적 거리 두기와 백신 도입 등의 방역 정책이 비판을 받으며, 대통령, 방역 당국과 관계자들이 분노의 대상이 되었다. 따라서 특정 사건들로 인해 확진자들이 급증하게 되었을 때 혹은 코로나-19를 둘러싼 여러 가지 이슈들이 생겼을 때 분노의 감정이 사회적으로 주목을 받게 되었다.

분노에 관한 뉴스 분석 결과는 이러한 흐름과 일맥상통하다. 다음의 그림 10은 '분노'가 포함된 코로나-19 관련 기사의 키워드 트렌드 분석 결과이다. 분노와 관련된 기사는 다른 검색어들과 마찬가지로 2020년 2월 초부터 증가하기 시작하여, 2020년 2월 말에서 3월 초까지 크게 증가하였다. 이 시기는 코로나-19 전염과 관련된 여러 이슈가 나타난 시기였는데, 예를 들어 의심 증상이 있었음에도 교회 예배에 참석하였던 신천지교회 신도들이 비난을 받은 시기이다. 이후 기사 건수는 완만하게 감소하다가 2020년 8월 말부터 다시 증가하였다. 기사 내용을 확인하여 보면, 사랑제일교회발 집단 감염 사례, 2차 재난지원금 지급을 둘러싼 논쟁들, 의료계 집단 휴진과 관련된 기사들이다. 이후 2021년 4월 7일 재보궐선거 과정에서 언급된 정권에 대한 분노 표현 등의 기사들이 증가하였고, 2021년 7월 중순 코로나-19로 자영업자들이 경제적인 어려움을 겪고 있는 상황에서 최저 임금 인상에 대한 반발 기사들, 2022년 2월 코로나-19 상황에서 개최된 중국 베이징 동계올림픽에서 쇼트트랙 경기 편파 판정 논란이 발생하였을 때 분노라는 키

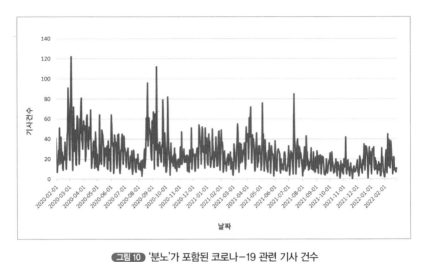

그림 10 '분노'가 포함된 코로나-19 관련 기사 건수

출처: 빅카인즈 뉴스 검색/분석 서비스 키워드 트렌드 분석 결과

워드가 포함된 기사가 증가하는 경향을 확인할 수 있었다.

다음의 그림 11은 분노 관련 기사의 연관어 분석 결과이다. 분석 결과 분노와 연관성이 가장 높은 키워드는 중국(144.45)이었고, 확진자(87.11), 사람들(61.11), 시민들(49.01), SNS(44.16), 확진 판정(39.03), 트럼프 대통령(33.68), 사망자(33.18), 우한(31.62), 사회적 거리(31.36)가 그 뒤를 이었다. 이 키워드들이 추출된 뉴스 기사의 내용들과 함께 비교 분석해 보면, 코로나-19가 최초로 보고되었던 중국에 대한 분노 표출에 관한 기사가 보이고, 위에서 언급한 바와 같이 2022년 동계올림픽 쇼트트랙 경기의 편파 판정 논란으로 분노를 표출한 뉴스가 많았다. 또한, 확진자, 사망자 증가 등 코로나-19의 상황이 악화된 것에 대한 분노, 코로나-19의 장기화와 사회적 거리 두기로 인한 분노를 다룬 기사들이 확인되었다. 한편으로 SNS가 분노 표출의 창구

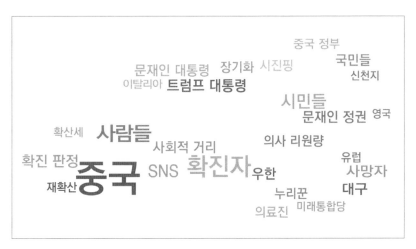

그림 11 '분노'가 포함된 코로나-19 관련 기사의 연관어 분석 결과

출처: 빅카인즈 뉴스 검색/분석 서비스 연관어 분석 결과

로 표현되는 기사들도 확인되었다. 트럼프 대통령이나 문재인 대통령의 연관성도 높게 나타났다. 트럼프 대통령의 경우 코로나-19 대응에 관한 비판 의견, 그리고 그 비판에 대한 트럼프 대통령의 반응이 뉴스화된 것으로 확인되었다. 문재인 대통령의 경우, 우리나라 정부의 코로나-19 대응에 대한 분노가 문재인 대통령을 향해 표출되었음을 확인할 수 있다.

사회적 거리 두기, 마음의 거리 두기
─대면 교류의 감소와 부정적인 감정들

코로나-19가 발생한 이후, 친구, 지인들과 연락을 주고받을 때 "코로나가 좀 잠잠해지면 보자"라는 식의 끝인사를 한 경험이 있을 것이다. 앞서 살펴본 바와 같이, 코로나-19의 심화와 사회적 거리 두기의 장기화는 사람들의 부정적인 감정을 불러일으키는 사회적 조건이 되었다. 이러한 변화에는 여러 가지 원인이 있겠지만, 모두 경험한 바와 같이 사람들 간의 대면 교류가 줄어든 것이 가장 직접적인 원인일 것이다. 사회적 거리 두기 정책의 중심이 되는 사적 모임 인원 제한과 다인 이용 시설의 운영 시간 제한은 사람들의 교류의 양적·질적인 감소를 불러일으킬 수밖에 없었다.

대면 교류의 부족이 가져오는 정서적 어려움은 다양한 집단과 영역에서 쉽게 찾아볼 수 있었다. 초·중·고등학생들의 경우, 현장 수업이 온라인 수업으로 대체되는 동안에는 친구들과 교류할 기회가 매우 적었는데 학교에 등교하였더라도 친구들과 교류할 기회가 부족하여 또래 관계 형성에 어려움을 느꼈다. 짝꿍끼리 앉지 못하고 한 줄로 앉아야 했고, 쉬는 시간과 점심시간은 줄어들어 친구들과의 대화도 제약되었기 때문이다. 대학생들도 대부분의 강의가 온라인 비대면으로 전환되었고, 신입생 환영회, MT, 학과 활동, 동아리 활동도 대면으로 진행되지 못하고 온라인 공간으로 제한될 수밖에 없었다. 신입생들이 꿈꾸었던 캠퍼스의 낭만은 코로나-19와 함께 사라지게 된 것이다. 노인들의 경우 감염병에 취약한 계층이다 보니, 사람들과의 접촉을 줄일 수밖에 없어 대면 교류 감소로 어려움을 겪는 대표적인 집단이 되었다. 노인정이나 노인 여가 복지 시설의 운영이 중지되는 바람에 만남의 공간이 부족하였다. 명절이 되었어도 타지에 있는 가족들이 찾아오지 못하였는데, 중앙재난안전대책본부가 지역 간 전파를 막기 위해 명절 시 고향 방문 자제를 권고하였기 때문이다.

실제 코로나-19 유행 시기 동안 개인들이 경험한 사회적 상호 작용 방식의 변화가 부정적 정서와 어떠한 관계가 있었을까? 먼저 코로나-19 유행 초기와 사회적 거리 두기 정책이 강화된 시점의 사회조사자료(2020년 3월 말~4월 중)를 이용하여 사람들의 외출 빈도의 변화와 부정적인 정서 간의 관계를 살펴보면, 전반적으로 코로나-19로 인해 외출의 빈도가 상당히 많이 감소한 것으로 나타났다.[14] 전체 응답자의 85%가 평소보다 '외출을 훨씬 적게' 하였거나(55.19%) '조금 적게' 한 것(29.38%)으로 나타났다. 평소만큼 한 응답자는 12.56%, 평소보다 외출이 조금 더 늘어난 경우는 1.48%, 평소보다 외출이 훨씬 더 늘어난 경우는 총 1.38%였다. 사람들의 외출 빈도가 반드시 사람들과의 대면 교류 빈도를 의미하는 것은 아니지만, 외출이 대면 교류의 기회와 연관되어 있다는 점에서 중요한 의미를 지니고 있다.

그렇다면 외출 빈도의 감소와 부정적 정서 경험은 어떠한 연관 관계를 가지고 있을까? 그림 12는 평소 대비 외출 빈도와 부정적 정서 경험의 비율을 확인한 결과를 정리한 것이다. 평소 대비 외출 빈도의 감소와 부정적 정서 경험에 초점을 맞추고자, 주로 외출 빈도가 평소보다 늘어난 경우를 제외하여 정리하였다. 외출 빈도 감소에 따른 부정적 정서 경험 비율을 살펴보면, 전체적으로 외출 빈도가 더 많이 줄어든 경우 부정적인 정서를 더 많이 경험하는 경향이 확인되었다. 코로나-19라는 전염병으로 인해 자신의 의지와 관계 없이 교류의 기회가 줄어들게 되었고, 이것이 사람들의 여러 가지 부정적인 정서와 연관되어 있음을 알 수 있다. 그러나 코로나-19로 인해 공포, 슬픔, 걱정, 불면 등의 감정을 더 경험한 사람일수록 외출을 두려워하고, 자제하였을 가능성도 있다. 따라서 이러한 반대의 경우가 있을

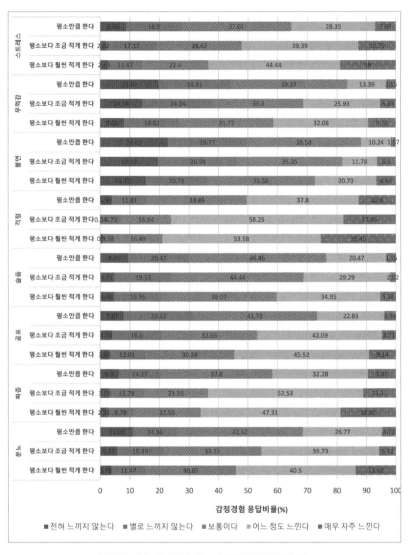

그림 12 평소 대비 외출 빈도와 부정적 정서 경험 정도

출처: 한국사회과학조사(KAMOS) 2020년 1차 조사 자료

언박싱 코로나

가능성도 고려해 봄 직하다.

　하지만 흥미로운 점은 대면 교류의 감소가 환영받는 사례도 있었다는 점이다. 앞선 사례에서 명절 기간의 고향 방문 자제 권고는 노인들이 외로운 명절을 보내게 했지만, 가족 간의 모임을 부담스러워했던 사람들에게는 가족 친지와의 만남에 따르는 스트레스를 덜어주는 핑계가 되었다. 씁쓸한 시선으로 바라볼 수 있는 상황이지만, 한편으로는 한국 사회에 남아 있는 가부장적 문화와 대가족 문화, 참견 문화 등을 고려하면 이해가 가능한 부분이기도 하다. 또한, 재택근무의 활성화는 직장 내 상사·동료들과의 접촉에서 오는 스트레스나 갈등을 줄여주기도 하였다. 재택근무가 가능한 업종의 경우 직원들의 만족도가 높게 나타나, 회사 차원에서 재택근무와 관련된 재정적 지원을 해주는 사례도 있었다. 특히, 한국 특유의 회식 문화를 꺼리는 사람들에게는 회식이 사라졌다는 것만으로도 환영받기도 하였다. 이러한 사례들은 코로나-19로 인한 대면 교류의 감소가 사람들의 부정적인 감정과 연관이 있는 것은 사실이지만, 특정 측면에서는 그렇지 않을 수도 있음을 보여준다. 교류의 방식이나 영역에 따라 다양한 맥락이 존재할 수 있기 때문이다.

　다음의 그림 13은 사회적 거리 두기가 다소 하향 조정된 시기에 실시된 조사(2020년 10월)를 이용하여 사회적 상호 작용의 유형을 세분화한 뒤, 부정적 정서 중 하나인 고독감과의 관계를 확인해 본 것이다. 각 문항은 친족(가족/친지), 친구(사적 모임), 공적/업무상 모임의 대면 교류 빈도가 코로나-19 이전과 비교하였을 때 얼마나 증가 혹은 감소했는지 질문한 것이며, 고독

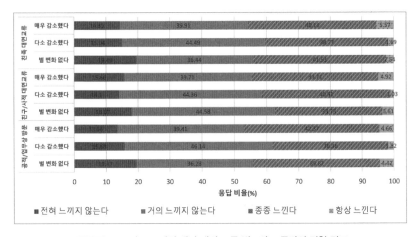

그림13 코로나-19 이전 대비 대면 교류 빈도와 고독감의 경험 정도

출처: 한국사회과학조사(KAMOS) 2020년 3차 조사 자료

감의 경우 '혼자 남겨져 있다는 느낌'을 얼마나 자주 받는지 질문한 것이다.

　대면 교류 증감 빈도와 고독감 경험과의 관계를 분석한 결과를 살펴보면, 흥미로운 경향을 확인할 수 있다. 친족과의 대면 교류의 경우, 고독감을 느끼는 비율(종종 느낀다+항상 느낀다)을 살펴보면 대면 교류가 매우 감소한 경우(45.71%), 별 변화 없다(44.07%), 다소 감소했다(40.46%) 순으로 결과가 나타났다. 즉 친족과의 대면 교류가 다소 감소한 경우는, 그렇지 않은 응답자들에 비해 상대적으로 고독감을 느끼는 사람의 비율이 낮은 경향이 있었다는 것이다. 이러한 경향은 공적/업무상 방문에서도 유사하였다. 공적/업무상 방문의 경우에는 대면 교류가 매우 감소했다(총 47.03%), 별 변화 없다(총 44.24%), 다소 감소했다(38.18%) 순으로 고독감의 비율이 높은 것으로 나타났다. 반면 친구 등 사적 대면 교류의 경우, 감소 폭이 큰 경우 고독감을 느끼는 비율도 증가하는 것으로 나타났다.

이러한 결과는 대면 교류 감소와 고독감이 반드시 비례적인 관계가 아니며, 상호 작용의 유형에 따라 다르게 나타날 수 있음을 보여준다. 또한, 친족과의 교류나 공적/업무상의 대면 교류가 다소 감소한 경우 상대적으로 고독감을 덜 느꼈다는 결과는 기존의 대면 교류의 빈도가 부담스러웠을 가능성을 보여준다. 한편으로는 대면 교류 빈도가 별 변화가 없다고 응답한 사람들의 경우, 코로나-19와 무관하게 대면 교류의 절대적인 빈도가 적은 경우가 포함되어 있을 가능성도 고려할 필요가 있다.

언택트로 우리의 마음을 채울 수 있을까?

앞서 우리는 코로나-19로 인한 대면 교류의 감소와 부정적인 감정 간의 관계를 살펴보았다. 그런데 코로나-19 이후 더욱더 주목받게 된 상호 작용 유형도 있다. 쉽게 예상할 수 있듯 바로 온라인을 통한 비대면 상호 작용이다. 현실 공간에서의 상호 작용에 제약이 생기자, 울며 겨자 먹기로 인터넷을 통한 소통을 늘려갈 수밖에 없었기 때문이다. 기존에는 온라인을 통한 비대면 커뮤니케이션의 필요성을 느끼지 못하였던 사람들도 원하건 원치 않건 그것을 이용하여야 하는 상황과 맞닥뜨렸다는 것이었다. 온라인을 통한 비대면 상호 작용은 대면 교류의 부족함을 채울 수 있을 것이라는 기대를 받으며 점차 각광받기 시작했으며, 비대면을 뜻하는 단어인 '언택트(untact)'와 인터넷을 통한 상호 작용이라는 뜻의 '랜선 OO'라는 표현이 널리 유행하기 시작하였다.

명절 기간에 친지 방문이 어렵게 되자 영상 통화를 통해 세배를 드리고, 줌(ZOOM)과 같은 온라인 화상 회의 애플리케이션으로 가족들이 모여 랜선 차례/성묘를 지내기도 하였다. 비대면 교류의 한계는 있었으나 만남 자체가 어려운 상황에서 가족들의 얼굴을 보고 소통할 수 있다는 그 자체만으로도 의미가 있었던 것이다. 모니터 앞에서 술을 마시며 친구들과 랜선 술자리를 갖는 문화, 비대면을 통한 동호회와 모임과 파티, 친구 모임 등의 친구나 지인들과의 만남도 온라인에서 계속되었다. 비대면 교류가 가장 적극적으로 사용된 곳은 회사와 학교와 같은 공적 영역이었다. 온라인 화상 회의나 온라인 수업이 전격적으로 도입되었고, 가상 세계를 의미하는 메타버스 시스템이 관심을 받아 이를 통한 대학교 입학식과 졸업식이 개최되기도 하였다. 특히 재택근무의 경우 출퇴근 시간을 줄이고 업무 외적인 부분에서의 부담도 줄어든다는 장점이 있어 근로자들에게 환영받았다.

그러나 반드시 좋은 모습만 있었던 것은 아니다. 코로나-19로 학교 수업이 온라인으로 대체되는 과정에서 학부모, 학생, 교사 모두 많은 혼란을 겪기도 하였다. 온라인 수업에 집중할 수 없는 환경의 학생들이 학교 수업을 얼마나 따라갈 수 있을지 걱정하는 목소리들도 늘어갔다. 대학생들의 경우에도 비대면 수업의 질에 만족하지 못하고 학습권이 침해되었다는 불만에 등록금 환불을 요구하기도 하였다. 온라인을 통해 사회적 상호 작용을 이어옴으로써 사람들이 가진 만남의 욕구를 해소할 수 있었지만, 이것이 만능 해결책은 아니었던 것이다.

다음의 그림 14는 각 상호 작용 유형별로 대면 교류 방식과 비교하였을 때 비대면 교류 방식이 얼마나 만족스러운지 확인한 것이다. 대면 교류와

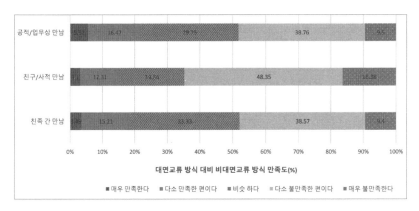

공적/업무상 만남   5.51   16.47   29.75   38.76   9.5
친구/사적 만남   12.31   14.86   48.35   16.38
친족 간 만남   3.48   15.21   33.33   38.57   9.4

0%   10%   20%   30%   40%   50%   60%   70%   80%   90%   100%

대면교류 방식 대비 비대면교류 방식 만족도(%)

■ 매우 만족한다   ■ 다소 만족한 편이다   ▨ 비슷 하다   ▨ 다소 불만족한 편이다   ■ 매우 불만족한다

그림 14 대면 교류 대비 비대면 교류 만족도

출처: 한국사회과학조사(KAMOS) 2020년 3차 조사 자료

비슷하다는 응답은 비대면 교류의 경험이 사실상 긍정적이었다는 표현으로 이해할 수 있으므로 만족한다는 응답들과 합쳐볼 수 있을 것이다. 공적/업무상 만남과 친족간 만남은 절반이 넘는 응답자가 대면 교류와 비슷하거나 더 만족스러운 경험을 한 것으로 보인다. 그러나 친구/사적 모임의 경우, 상대적으로 다른 유형보다 만족도가 더 낮음을 확인할 수 있다. 그러므로 전반적으로 비대면 교류의 만족도가 절대적으로 높은 편이라고는 이야기하기는 어렵다.

더불어 코로나-19 종식 이후 어떠한 교류 방식을 선택할 것인지 조사해 보았다. 그 결과는 그림 15와 같다. 대부분의 응답자는 코로나-19가 종식될 경우 전반적으로 오프라인 미팅(39.92%)을 선호할 것이라고 응답하였다. 전반적으로 화상 회의 등 온라인 미팅을 선택하겠다는 경우는 22.09%, 업무와 관련된 경우에만 온라인으로 진행하겠다고 하는 경우는 28.39%, 친교 모임만 온라인 미팅을 선택하는 경우는 9.59%이다. 전반적

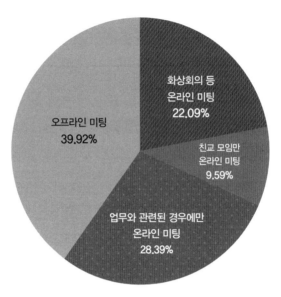

그림 15 코로나-19 이후 선호하는 교류(업무, 모임) 방식

출처: 한국사회과학조사(KAMOS) 2020년 3차 조사 자료

으로 온라인 미팅을 선택하겠다는 응답은 업무 모임과 친교 모임 모두 온라인으로 진행하겠다는 의미이므로, 다른 응답과 나눠서 묶어볼 수 있을 것이다. 즉 업무와 관련된 모임을 온라인으로 진행하겠다고 응답한 비율은 50.48%(=22.09%+28.39%), 친교 모임을 온라인으로 진행하겠다는 비율은 31.68%(=9.59%+22.09%) 정도로 이해할 수 있다. 이러한 응답 비율은 코로나-19 이후에도 온라인을 이용한 소통이 주로 업무/공적 영역에서 활발히 이루어질 가능성이 높음을 보여준다.

그렇다면, 비대면 교류의 만족도에 따라 고독감은 어떻게 차이를 보였을지 살펴보았다. 그림 16은 비대면 교류의 만족도와 고독감을 느낀다고 응답한 비율을 살펴본 것이다. 모든 유형에서 전반적으로 비대면 교류 방식

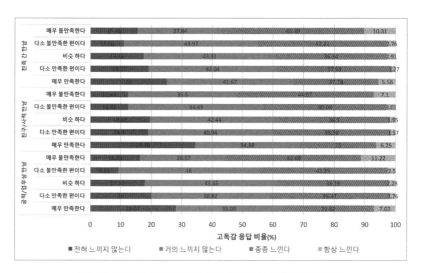

그림 16 대면 교류 대비 비대면 교류 만족도와 고독감 응답 비율(%)

출처: 한국사회과학조사(KAMOS) 2020년 3차 조사 자료

에 만족할수록, 고독감을 느낀다고 응답하는 비율이 낮아지는 것을 확인할 수 있다. 이러한 결과는 온라인을 통한 비대면 교류가 가지고 있는 긍정적인 역할을 보여준다. 코로나-19로 인해 대면 교류가 부족한 상황에서, 만족스러운 비대면 교류를 경험했다면 부정적인 감정도 상대적으로 덜 느낄 수 있다는 것이다.

그런데 중요한 점은 이를 반대로 생각해 볼 경우, 비대면 교류가 만족스럽지 않았을 경우, 상대적으로 더 큰 고독감을 느낄 수 있다는 것이다. 따라서 비대면 교류가 어려운 환경(예를 들어 컴퓨터나 노트북의 유무, 스마트폰 사용 능력 부족, 열악한 인터넷 상황)에 놓일 수 있는 저소득, 저학력, 노인, 장애인 계층의 경우 코로나-19 기간 동안 심리적 어려움에 노출될 가능성이 더욱더 높을 것이다.

견뎌냈지만, 아프지 않았던 것은 아니다

좋아하는 사람들과 함께 만나 부대끼며 울고 웃고 떠들 수 있는 기회가 줄어든다면, 우리의 하루하루는 어떤 기분일까? 우리는 상상만으로도 힘든 일상을 코로나-19를 통해 실제로 경험해 볼 수 있었다. 만나고 싶은 시간까지 만나고, 모이고 싶은 만큼 모이는 자유가 얼마나 소중한지 깨닫게 되었으며, 아무 고민 없이 할 수 있던 일들을 해도 될지 고민하는 것이 얼마나 힘든 일인지 알게 되었다.

본 장에서는 이렇게 코로나-19로 인해 변화된 일상생활과 부정적인 감정들이 연관된 사례들을 이야기해 보았다. 또한 뉴스 빅데이터 분석을 통해 코로나-19 관련 뉴스에서 부정적 감정이 얼마나 많이, 그리고 어떤 단어들과 함께 나타났는지 살펴보았고, 설문 조사 자료들을 이용하여 실제 개인들의 상호 작용 방식의 변화, 더 나아가 그것과 부정적인 감정 경험 간의 관계에 대해서도 살펴보았다.

먼저 뉴스 빅데이터 자료를 통한 키워드 트렌드 분석 결과를 종합해 보자면, 전반적으로 코로나-19 유행 초기에 부정적인 감정을 주제로 하는 기사들이 가장 활발하게 작성되었으며, 사회적 거리 두기의 단계 변화나 집단 감염을 유발한 사건, 대확산 시기 등과 맞물려 기사들이 늘어나거나 줄어들었으며, 2021년 이후로는 점차 감소하는 경향을 보였다. 코로나-19 확진자의 증가와 감소에 따라 사회적 거리 두기 정책의 단계도 조정될 수밖에 없었는데, 이 과정에서 사람들 간의 교류가 줄거나 사람들이 느끼는 사회적 통제 수준이 높아지면서 부정적인 감정과 연관되었을 가능성이 나타난다. 실제로 설문 조사 자료를 분석한 결과 외출 빈도가 감소된 사람일수록 부정적인 감정들(스트레스, 무력감, 불면, 걱정, 슬픔, 공포, 짜증, 분노)을 더 많이 경험하였다.

특정 감정에 관한 키워드별로 독특한 패턴이 확인되기도 하였다. 예를 들어 불안의 경우 다른 키워드들에 비해 코로나-19 발생 초기에 관련 뉴스 건수가 눈에 띄게 많았다. 이것은 코로나-19 초기에 정보가 부족한 상황에서 불안이라는 정서가 사회적으로 강하게 나타난 것으로 이해할 수 있을 것이다. 우울의 경우 다른 키워드들과 비교하였을 때, 코로나-19 발생 초기보다는 사회적 거리 두기의 강화 시점에 맞춰 기사 건수가 더 늘어나는 패턴을 보였다. 코로나-19 발생 초기보다는 사회적 거리 두기가 장기화되며 생긴 사회적 상호 작용의 제약이 우울감으로 표현되었음을 보여준다. 흥미로운 점은 불안과 우울에 관한 기사 건수의 증감 패턴이 국민들을 대상으로 한 '코로나-19 국민 정신건강 실태 조사' 결과의 변화 패턴과 매우 비슷하게 나타났다는 것이다. 즉 실제 개인 수준에서 겪고 있는 심리적 어려움이, 사회적 수준에서 언론을 통해 유사하게 비친 것이다. 그러나 주의해야 할 점은 2021년 이후 부정적인 감정에 대한 기사 건수가 대체적으로 줄어드는 경향을 보인 것에 반해, 설문 조사 결과에서는 개인들의 정신건강 수준이 크게 개선되지 못한 것으로 나타났다는 것이다. 코로나-19 및 사회적 거리 두기가 장기화되다 보니 사람들의 부정적인 감정에 대한 언론의 관심은 비교적 감소하였지만 개인들의 정신건강 문제는 온전히 해소되지 않고 계속해서 남아 있는 것이다.

따라서 두 결과 간의 차이는 코로나-19로 인한 심리적 문제에 관해 사회적인 관심이 줄어들더라도, 이에 관한 정책적 차원의 노력과 치료 지원은 계속되어야 함을 보여준다. 코로나-19의 후유증이 오랜 기간에 걸쳐 나타나는 '롱 코비드(Long Covid)'는 불안 및 우울 증상을 심화시켜 사회 적응에 어려움을 줄 수 있다. 미국, 영국, 캐나다 등은 이에 주목하여 태스크 포스를 꾸리고 영국은 전국에 관련 클리닉을 운영하기도 하였다.[15] 우리나라도 코로나-19 후유증의 신체적/정신적 측면에 관해 정책적으로 대비해야 한다.

해외 선진국들의 경우, 코로나-19 가이드라인의 3분의 1이 정신 건강 서비스와 관련된 내용일 정도로 심리 방역에 관심을 쏟아왔다.[16] 2절에서 이야기한 바와 같이 우리나라 정부 또한 코로나-19에 관한 심리적 방역을 꾸준히 진행해 왔으나 다른 국가들에 비해 다소 부족한 부분도 있었다. 예를 들어 독일의 경우 1차 대유행(2022년 3월~4월)과 2차 대유행(2020년 10월 말) 사이에 심리 지원 서비스를 보다 신속하게 확대 지원하였으며, 지원 정책의 핵심을 '대면'으로 강조하며 사람들의 정신 건강을 위해 소규모 대면 교류들이 적절히 유지될 수 있도록 노력한 바 있다.[17] 이러한 해외 사례와 우리의 방역 경험을 적절히 조화한 뒤 심리적 방역에 대한 체계적이고 장기적인 정책을 수립하여, 또 다른 대규모 감염병 사태에 대비할 필요가 있다.

연관어 분석 결과들을 정리해 보면, 스트레스와 우울, 불안과 분노가 서로 비슷한 결과를 보이는 것을 확인할 수 있었다. 스트레스와 우울의 경우 공통적으로 장기화가 가장 연관성이 높은 키워드로 나타났고, 정신건강과 관련된 키워드들과 함께 기사화되는 패턴을 보였다. 불안과 분노는 코로나-19와 관련된 정보들(중국, 가짜뉴스, SNS)과 관련되었거나, 특정 대상(트럼프 대통령, 문재인 대통령, 문재인 정권), 코로나-19의 확산세(장기화, 사망자 등)와 관련된 내용 등이 기사화된 것을 알 수 있었다. 특히, 코로나-19 발생 초기 불안과 관련된 내용의 기사들이 급격히 많이 작성된 것을 고려하면, 추후 대규모 감염병 발생 시 적극적인 정보 공개와 가짜뉴스를 대비한 팩트 체크, 정보 안내 서비스 등을 더욱더 적극적으로 활성화하여야 한다. 보건복지부, 질병 관리청, 중앙재난안전대책본부 등이 홈페이지, 카카오톡, 콜센터 등을 통해 코로나-19 관련 정보들을 제공하고자 한 것은 좋은 시도였다. 그러나 문의 가 폭주하는 상황에서 인력이 부족하여 신속한 답변 처리 등이 어려웠다는 불만도 제기된 바 있다.

더불어 사회 구성원들로 하여금 온라인에서 알게 된 정보가 허위 정보인 지 사실인지 판단할 수 있게끔 교육과 캠페인이 함께 진행되어야 할 것이 다. 이 글을 읽는 독자들 또한 온라인에서 어떤 정보를 접하였을 때 ①정보 의 출처를 확인하고, ②정보를 만든 저자를 확인하며, ③언제, 어디서 정보 가 만들어진 것인지 확인할 필요가 있다. 또한, ④동일한 주제의 다른 정보 를 추가적으로 찾아 교차 검증하고, ⑤정보가 과도한 불안을 주는지 생각 해 보는 안목을 키우길 권한다.[18] 이러한 비판적인 자세를 통해, 가짜뉴스나 허위 정보에 쉽게 속지 않는 현명한 사회 구성원이 될 수 있을 것이다.

코로나-19 이후, 달라질 우리의 모습

우리는 코로나-19로 대면 교류가 감소하거나 줄어들어 심리적인 어려움을 겪게 되었지만, 반대로 코로나-19 이전의 사회 교류가 지나치게 촘촘하지는 않았는지 질문해 볼 수 있다. 과거의 몇몇 연구들은 평소 상호 작용하는 사람의 수가 너무 많은 경우, 그만큼 교류를 위해 시간과 에너지를 너무 많이 쏟게 되므로 오히려 정신건강에 좋지 않은 영향을 미칠 수 있다고 주장하였다.[19,20] 사회적 차원에서도 사회적 통합이 너무 잘 이루어진 사회에서는 사회 구성원들끼리 서로 과도하게 통제[21]할 수 있으므로, 정신건강에 부정적일 수 있다. 3절의 결과에서도 볼 수 있다시피 친족과의 교류, 공적/업무상의 교류가 다소 감소한 응답자들이 그렇지 않은 응답자들에 비해 고독감의 비율이 오히려 낮았다. 코로나-19가 발생한 후, 실제로 명절/가족 모임이나 회식을 하지 않아 좋다는 이야기들을 쉽게 들을 수 있었다. 가부장적 문화, 참견 문화, 서열 문화, 수직적 문화가 널리 퍼져 있는 우리 사회에서는 사람들 간의 빈번한 교류가 스트레스나 부담이 될 수 있다는 것을 직/간접적으로 어렴풋이 경험한 것이다. 따라서 코로나-19 이후에는 이러한 교류와 문화가 느슨한 방향으로 변화할 가능성도 높다.

또한, 앞으로 우리 사회에서 온라인 커뮤니케이션이 가지게 될 역할과 방향이 그려지기도 하였다. 온라인을 통한 비대면 커뮤니케이션은 장단점이 명확하다. 기존의 대면 커뮤니케이션을 완전히 대체할 수는 없겠지만, 물리적, 시공간적 한계를 극복할 수 있다는 방향에서 대면 커뮤니케이션의 단점을 보완할 수 있음을 보여주었다. 분석 결과와 여러 사례에서도 볼 수 있듯이, 온라인을 통한 교류는 사적인 교류에서 이루어지는 여러 가지 욕구를 모두 충족하기에는 다소 부족한 면이 많다. 그러므로 온라인 비대면 커뮤니케이션의 긍정적 발전 가능성은 공적/업무적인 부분에 한정될 수 있을 것이다. 한편 코로나-19 시기 온라인 커뮤니케이션의 중요성이 주목을 받으며, 공공 영역과 민간 영역에서 디지털 소외 계층에 대한 교육이 이루어지기도 하였다. 앞으로도 계속해서 디지털 소외 계층에 대한 지원과 정책적/사회적 관심과 노력이 필요할 것이다.

코로나-19 발생 초기 다른 나라들이 봉쇄 정책(lock down)을 펼친 것과 비교하였을 때, 우리나라의 사회적 거리 두기 정책은 상대적으로 덜 엄격했던 것으로 볼 수 있다. 물론 여러 가지 한계와 부정적인 결과도 많았으나, 2022년 오미크론 변이의 대규모 전염 상황이 벌어지기 전까지는 우리나라의 사회적 거리 두기 정책은 비교적 큰 효과를 발휘하였고 시민들도 어려움 속에서도 기꺼이 협조해 주었다. 그렇다 보니 사회적 거리 두기 정책이 오랜 기간 유지될 수 있었는데, 장기간 유지될 수 있었던 것은 방역의 측면에서는 긍정적이었으나 반대로 개인들의 심리적 측면에서는 고통스러운 일상이 길어진 것이다. 감염의 확산을 막아야 한다는 입장과 개인들의 자유를 보장해야 한다는 입장은 어느 한쪽에 무게를 신건 비판의 대상이 될 수밖에 없다. 그러니 정부와 방역 당국은 그 황금 비율을 찾기 매우 어려웠을 것이다. 만일 다음에도 이러한 대규모의 감염병 사태가 발생한다면, 코로나-19에서의 경험과 교훈을 바탕으로 좀 더 정교하고 발전된 차원에서의 사회적 거리 두기 정책이 진행될 필요가 있다. 또한, 사회적 거리 두기에서 발생하는 심리/정서적 건강의 공백을 사회적 안전망 구축을 통해 메꿀 수 있도록 정부와 우리 사회 구성원들 모두가 노력하여야 할 것이다.

코로나-19로 앞당겨진
노동의 미래

손연우(연세대학교 사회과학연구소 전임연구원)

코로나바이러스 위기는 온라인상 근무가 급증하도록 박차를 가하고 있다. 지니(Genie, 소원을 들어주는 램프 속 요정)는 다시 병으로 들어가지 않을 것이다.

—마리아 멕시(UN 사회개발연구소(UNRISD) 협력연구원)

램프 밖으로 나온 요정 지니
—온라인으로 옮겨온 일터

2020년 1월 20일, 우리나라에서 첫 코로나 감염증 환자가 발생했다. 코로나-19가 세 해를 넘기며 오래 지속될 것이라고 예상한 사람은 많지 않았다. 우리는 대면 접촉을 줄이기 위해 사회적 거리 두기라는 낯선 일상을 시작했다. 코로나 초반에는 '2주 잠시 멈춤', '몸은 멀리 마음은 가까이' 등의 구호로 코로나로부터 도망가기 급급했다. 그러나 곧 대안 없이 멈추기에는 코로나가 쉽게 끝나지 않을 거라는 판단과 함께 일상을 적극적으로 바꾸는 방식을 택했다.

먼저 원격 근무와 온라인 교육이 활성화되었다. 공부와 업무가 온라인으로 옮겨 왔다. 직장인들은 반드시 현장 업무를 해야 하는 경우가 아니라면 상당 시간 재택 또는 개인 공간이 갖춰진 대여 사무실에서 근무하게 했다. 업무뿐 아니라 회의, 종교 활동과 학술 활동, 때로는 친교 모임까지 다양한 활동이 온라인에서 이뤄졌다. 학교 수업도 등교 일수를 조정하고 많은 비중을 온라인 강의실로 옮겨 왔다. 수업이 실시간 온라인 강의와 사전 녹화형 수업 등으로 전환되자 학교와 가정에서는 신속하게 관련 설비와 기기를 갖추었다. 비상 대책으로 시작했던 일과 교육의 원격화는 일상으로 자리 잡았다.

온라인 소비도 급격히 늘었다. 식당, 카페 등의 수용 인원과 영업 시간이 제한되자 음식 배달이 늘어났고, 대형 마트에서 주말 쇼핑을 즐기던 사람들도 온라인 주문을 이용하게 됐다. 아슬아슬하게 차 사이를 오가는 배달 오토바이가 눈에 띄게 늘었고 쌓인 택배 상자를 보는 일도 흔해졌다. 식음료를 비롯한 소비재 배달 요구가 증가하면서 소비자의 배달 앱 사용이 급증하고 관련 유통 및 배달 종사자도 함께 증가했다.

생각해 보면 진즉 온라인에서 할 수 있었던 일들이었지만 굳이 온라인에서 하지 않은 일상 활동들이 많았다. 그런데 코로나를 계기로 다른 선택의 여지가 많이 줄어든 상황에서 더 빠른 속도로, 그리고 더 넓은 범위에서, 더 많은 일이 온라인 환경에서 이뤄지게 됐다. 사람들은 원래의 자리를 떠나서도 큰 공백 없이, 아니 더 효율적으로 일과 공부를 해내기 위해 애쓰고 집중했다. 그리고 그것이 가능하다는 것을 알게 됐다.

코로나가 종식된다고 해서 코로나 상황으로 인해 가속화된 온라인화, 디지털화의 흐름이 역진할 것 같지는 않다. 최소한 일하는 방식과 직업의 세계는 예전 상황으로 돌아가게 되지는 않을 것이라는 예상이 지배적이다. 코로나로 인해 선택했던 변화는 비단 팬데믹 상황에서 생존하기 위한 대응이었다기보다 예견했던 변화를 조금 더 속도감 있게 받아들인 상황이었기 때문이다. 램프 밖으로 나온 지니는 다시 그 안으로 들어가려 하지 않을 것이다.

최근 포스트 코로나 시대(post-COVID)의 뉴 노멀(new normal)이라는 말을 종종 듣는다. 단어들을 직역하자면 '코로나 이후의 새로운 일상' 정도로 번역할 수 있다. 그 내용을 짚어보자면 코로나-19로 인한 경제적, 사회적 변화를 지나면서 만들어진 새로운 삶의 질서와 내용이라고 말할 수 있겠다. 이 글에서는 코로나 이후 우리가 살아갈 뉴 노멀 시대의 직업적 변화는 어떠할지 살펴보고자 한다.

코로나 시기 일자리 변화 – 노동 4계급?

사회적 신분을 나타내는 계급(class)이 현대 사회에도 존재할까? 일본의 어느 경제학자는 현대 사회를 '고용 신분 사회'로 규정했다. 정규직, 파견직, 계약직, 시간제, 아르바이트 등 취업 형태에 따라 받는 임금, 고용안정성, 복지가 다르고 사회적 서열이 형성된다는 점을 지적했다.[1]

그런데 코로나를 지나면서 신계층 구조가 만들어졌다는 주장이 영국

일간지인 『가디언(The Guardian)』에 실렸다.[2] 기고자는 빌 클린턴 행정부(1993.1~2001.1)에서 노동부 장관을 지낸 경제학자인 로버트 라이시다. 그는 코로나 시대에 신(新) 노동 4계급이 나타났다고 주장한다. 코로나-19 국면을 지나면서 노동자들이 겪은 변화를 반영한 분류여서 현재 진행 중인 상황을 이해하기에 유용하다.

그는 먼저 제1계급에 '원격 근무가 가능한 노동자(the remotes)'를 놓았다. 이들은 팬데믹과 같은 위기 상황에도 큰 영향을 받지 않는다. 주로 재택근무로 전환하는 데 큰 불편이 없었던 사무직 및 전문직 근무자로 미국 전체 노동자의 약 35%를 차지한다. 다음으로 코로나 시대 '필수 노동자(the essentials)'를 제2계급으로 분류했다. 필수 노동자란 의사, 간호사, 음식 배달(공급)자, 경찰관 등을 포함하는데 약 30%를 차지한다. 제1, 2계급은 코로나 시대에도 임금이 줄지 않으며 직업적으로 안정적이었다.

그렇다면 원격 근무가 가능한 1계급은 어떤 특성을 보일까? 그림 1은 OECD(경제협력개발기구)에서 제공한 도표로, 2020년 3~4월을 기준으로 팬데믹 시기 원격 근무 가능 여부를 학력별로 보여준다. 고등학교 미졸업자의 경우 일을 그만둔 비율이 40%가량으로 가장 높았다. 반면, 대학 졸업자가 일을 그만둔 비율은 그 절반 수준이었다. 집에서 일할 수 있는 사람의 비율은 대학 졸업자가 50% 이상으로 가장 높았고, 고졸 미만의 학력인 경우 원격 근무 비율이 20%에 미치지 못했다.

이와 더불어 그림 2를 통해 임금 수준별 근무 시간 변화를 확인할 수 있다. 2020년 한 해, 고임금 근로자의 업무 시간에 비해 저임금 근로자의 업무 시간이 많이 줄었다. 물론 2020년 2/4분기의 경우 고임금 노동자와 저

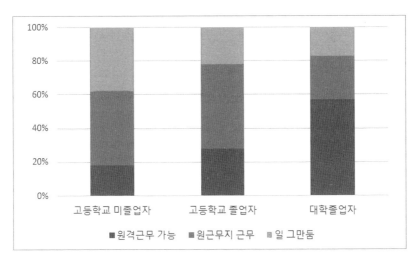

그림1 팬데믹 시기 학력별 원격 근무 가능/불가능 여부

출처: OECD(2021)[3]

임금 노동자 모두 근무 시간이 눈에 띄게 줄었지만, 1년 동안 고임금 노동자는 근무 시간에 큰 변화가 없었다. 반면, 저임금 노동자의 경우, 2/4분기에는 25% 이상 노동 시간이 줄었고 그 전후 시기에도 5% 이상, 15% 이하 범위에서 노동 시간이 줄었다. 고임금 노동자들과 비교할 때 저임금 노동자들이 코로나 상황에서 근무 시간이 더 많이 줄었다는 점에서 상대적으로 수입 축소 비율도 더 컸으리라 예상할 수 있다.

　코로나 시기의 일자리 변화를 요약해 보면 다음과 같다. 원격 근무가 가능한 노동자와 필수 노동자는 직업적 안정을 유지할 수 있었고, 학력이 높을수록 원격 근무로의 전환이 용이했으며 일을 그만둔 비율도 낮았다. 그리고 고임금 노동자들은 코로나 시기에도 근무 시간의 양이 거의 변하지 않았던 반면, 저임금 노동자들은 근무 시간이 눈에 띄게 줄었다. 코로나 시

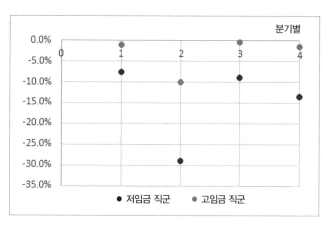

그림2 2020년 임금 수준별 근무 시간 변화

출처: OECD(2021)[4]

기는 고학력, 고임금 노동자들보다 저학력, 저임금 노동자들에게 경제적으로 더 힘든 시간이었을 것이다.

그렇지만 제3계급과 제4계급의 상황은 다르다. 라이시는 코로나 상황에서 '무급 근로자(the unpaid)'로 전환된 사람들을 제3계급으로 분류했다. 즉 코로나로 직장을 잃었거나 또는 코로나로 타격을 입은 직장에서 임금을 받지 못하고 무급 휴가 등의 방식으로 직업만 유지한 사람들이 여기에 속한다. 그리고 제4계급을 '잊힌 사람들(the forgotten)'로 명명했는데, 중증 장애인, 노숙자, 서류상으로는 존재하지 않는 이민자 등 정부 방역 정책의 범주에 들어오기 어려운 사람들이 이 범주에 속한다고 보았다. 제3, 4계급은 코로나 시대에 경제 활동을 멈추거나 축소해야 했고, 최악의 경우에는 정부의 코로나 상황 관리에 포함되지 못했다.

따라서 코로나 상황에서 직업적으로 안전했던 사람들은 원격 근무가 가능하거나 위기 상황에 투입되는 필수 인력에 속한 사람들이었다는 것을 알 수 있다. 코로나는 비단 정규직, 비정규직 같은 노동 계약의 유형에 따라서만 노동 신분이 나뉘지 않는다는 점을 알려주었다. 기술 발전과 노동 시장 구조의 변화는 오랜 노동 계급적 시각을 고수하는 대신 이미 도래한, 또는 속도감 있게 펼쳐질 새로운 직업 세계를 이해하고, 이에 따른 사회적, 제도적 조정 방향과 내용을 논의해야 한다는 점을 시사한다.

기술 발전이 직업(job)과 직무(task)에 미칠 영향

비단 코로나의 영향이 아니었어도 기술 발전이 산업과 직업 세계에 어떤 변화를 가져올 것인지에 대한 전망은 사회경제적 주요 관심사였다. 세계적 전략 컨설팅 회사인 맥킨지 글로벌 연구소에서 제공한 그림 3은 2018~2030년 사이의 노동 수요 변화를 미국을 기준으로 예측해 보여준다. 이 연구소가 내다본 '코로나 이후 일의 미래(2021)'에서는 노동 수요가 줄어드는 일자리만 있지 않고 동시에 늘어나는 일자리가 분명히 존재한다.

엷은 색 막대그래프는 노동 수요가 감소할 직군이고, 짙은 색은 증가할 직군이다. 노동 수요가 가장 많이 감소할 것으로 예상되는 직군은 사무 보조로 17%가량 줄어들 것으로 예상한다. 이외에도 고객 서비스 및 판매, 생산직, 요식업, 기계 설치 및 보수를 하는 직군에서의 노동 수요는 줄어들 것으로 보았다. 반면, 수요가 급증할 것으로 예상되는 직군도 있다. 헬스 케어와 웰빙 관련 업종, 기술자의 수요는 36%나 증가할 것으로 내다봤다. 이에

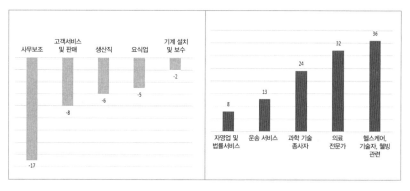

그림3 직군별 노동 수요의 변화(미국 기준, %)

출처: McKinsey Global Institute(2021), Forbes Korea(2021.03.23.) 저자가 자료 재가공[5]

못지않게 의료 전문가의 수요도 32%, 과학기술 종사자도 24%로 노동 수요가 많이 늘어날 것이며, 운송 서비스와 자영업 및 법률 서비스도 각각 13%, 8% 증가할 것으로 예상했다. 다시 말하면 제4차 산업혁명, 디지털화, 자동화로 인해 갑자기 많은 직업이 소멸되는 상황으로 일의 미래가 전개되지는 않을 것이라는 전망이다.

기술 발전으로 노동하는 인간은 사라질 것이라는 가정은 지나치게 단순한 결론이다. 200여 년 전인 1811년~1817년은 소란스러운 시기였다. 당시 수공업자들에게 증기 기관의 발명과 방직기를 비롯한 대량 생산이 가능한 기계의 등장은 위협 그 자체였기 때문이다. 더는 밥벌이를 할 수 없을 것 같은 위기감 속에 공장 방직기를 부쉈다. 일명 러다이트 운동, 기계 파괴 운동이다. 4차 산업혁명, 노동 시장 변화 등의 화제를 꺼내놓다 보면 꼭 듣게 되는 이야기이다.

그런데 다행스럽게도 인간은 제 밥벌이를 했다. 어떻게 가능했을까? 인간은 대량 생산 기계를 만드는 기술, 사용하는 기술, 고치는 기술, 더 나은 기계를 만드는 기술을 배워 다시 할 일을 찾았던 것이다. 전문가들은 직업 (job) 자체가 갑작스럽게 소멸하기보다는 특정 또는 일부 직무(task)가 자동화 또는 디지털화될 것이라고 내다본다. 대표적 연구자인 프레이와 오스본은 직업이 아닌 직무가 재편성된다고 주장한다.[6] 4차 산업혁명 논의가 한창이던 2017년, 맥킨지 글로벌 연구소는 2055년경에는 현재 직무의 절반가량이 자동화될 것이라고 내다보았다.[7] 그렇지만 이로 인해 사라지는 일자리는 약 5% 정도로 예상했다. 전체 일자리의 약 60% 정도가 약 30% 정도의 자동화 가능성이 있는 직무를 포함하고 있으므로 기존 인력을 돕는 역할을 하게 될 것으로 보았다. 가령 노인 돌봄 서비스 영역에서 인공지능을 활용하여 유용한 소식을 전달하거나 노인들과의 대화를 통한 정서적 지지 기능 등을 수행할 수 있다면 노인 돌봄 종사자가 사라진다기보다 해당 업무가 인공지능의 일로 대체되는 것이다.

그렇다면 우리나라에서의 직업의 변화는 어떻게 전망되고 있을까? 그림 4는 코로나 발생 이전인 2019년, 고용노동부의 보고서에 실린 2018~2028 중장기 인력 수급 변화에 대한 예측 내용을 보여준다. 그림에서 보면 가장 많은 인력을 필요로 할 것으로 전망되는 분야는 보건 및 사회 복지 서비스 영역으로 독보적 비중을 차지하며, 전문 과학 기술 서비스업과 정보통신업에서도 취업자가 크게 증가할 것으로 예상하고 있다. 반면, 농림어업 취업자는 가장 큰 폭으로 축소되고 교육, 금융, 건설 등에서도 취업자가 줄어들 것이라고 내다본다. 그리고 이러한 직군별 인력 수급 변화를 만들어내는 주요 요인으로 급속한 노령화와 디지털화와 자동화로 대표되는 기술 혁명

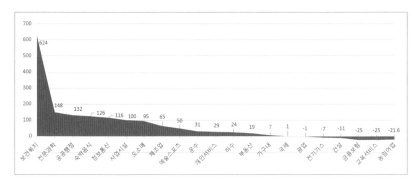

그림 4 2018~2028년 사이 산업별 취업자 증감 전망(단위: 천 명)

출처: 고용노동부(2019) 자료를 저자가 재가공[8]

을 꼽는다.

디지털화와 자동화는 고용을 대체한다.[9] 이번 코로나-19로 인해 디지털화, 자동화, 비대면화의 속도가 급격히 빨라졌다고들 평가한다. 대개 직업과 노동의 미래에 대한 전망은 비관적이기 쉽고 막연한 두려움을 불러일으킨다. 내 일자리는 유지될 수 있을까 하는 막연한 두려움이다. 그렇지만 이러한 분석의 목적은 소망하지 않는 미래를 피하기 위해 지금의 우리가 해내야 할 과제가 무엇인지 탐색하고 더 나은 미래로 나아가는 것이다.

원격 근무의 장점과
코로나 이후 근무 형태의 조정

그림 5는 근무 시간, 근무일, 근로 장소를 선택 또는 조정하는 근무 형태

인 유연 근무의 활용 현황을 정부가 조사한 결과를 보여준다.[10] 유연 근무제 참여자는 지속적으로 증가해 왔으며 특히 2020년과 2021년 코로나 시기를 거치면서 급격히 증가했다. 직장을 벗어나 근무하는 것을 원격 근무 또는 재택근무로 부른다. 원격 근무는 근무 장소의 자유로움을 강조한 표현으로 재택근무를 그 하위 근무 형태로 보기도 하는데,[11] 기본적으로 직장 이외의 장소에서의 모든 근무를 가리킨다.[12] 원격 근무 도입과 확대 가능성은 정보 통신기술(ITC)이 발달하면서 더욱 관심을 받아왔다. 업무의 대부분을 컴퓨터와 온라인을 통해 처리해야 하는 직종을 포함한 많은 직종에서 원격 근

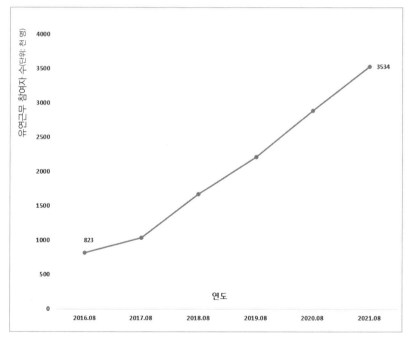

그림 5 유연근무제 활용 현황(2016.8~2021.8)

출처: 통계청[13]

무는 점차 확대될 수밖에 없어 보인다.

　코로나 시기 정부는 재택근무 우수 기업과 근무 혁신 인센티브제 우수 기업 사례를 소개하고 기업과 노동자를 독려했다.[14] 가령, 회사 측은 불필요한 업무 공간을 축소할 수 있고 부대 비용을 절감할 수 있을 뿐 아니라, 초과 근로를 줄여 근로자의 일·생활 균형을 지원할 수 있으므로, 자율적 책임성을 부여할 수 있는 숙련 직원과 우수 직원을 유치하는 데 도움이 된다는 것이 주요 포인트였다. 언뜻 보면 팬데믹 상황 관리를 위한 정부의 기업에 대한 권고처럼 보일 수도 있다. 하지만 비단 코로나가 아니었어도 진작 원격 근무가 가능하다고 여겨지는 부분이 적지 않았음에도 관성적으로 유지된 사무실 근무를 적극적이고 과감하게 조정해 보았어야 했다.

　코로나 국면에서 2020년 경기연구원에서 수행한 설문 조사[15] 결과에 따르면 재택근무를 경험한 응답자의 80% 이상이 재택근무에 만족했다. 만족 이유로 36.2%가 출퇴근 시간 및 비용을 줄일 수 있다는 점을 이유로 꼽았고 뒤이어 업무 자율성과 능률이 개선됐다는 점을 들었다. 그도 그럴 것이 우리나라 직장인들의 평균 통근 시간은 58분으로 OECD 회원국 평균의 두 배에 가깝다.[16] 대중교통 이용에서 오는 피로감과 길에서 버리는 시간을 다른 활동에 쓸 수 있다는 점이 원격 근무의 장점이었다.[17] 더불어, 미국의 경우 하버드 경영대학원이 2021년 1천 5백 명의 전문직 종사자를 대상으로 조사한 결과에 따르면 응답자의 61%는 주 2~3회 재택근무를 희망했다.[18] 코로나 이후 근무 환경을 조정할 때 참고할 수 있는 결과들이다.

　앞서 언급한 내용은 다분히 근로자의 업무 수행과 기업 운영의 경제적 효율성에 초점을 맞추고 있다. 예컨대 출퇴근 시간을 쓰지 않아도 된다든지 사무실 운영비가 줄어든다든지 하는 것들이다. 반면, 원격 근무에 부정적인 경우 재택근무 결과 업무와 일상의 경계가 모호해 근무 시간이 오히려 더 늘어났다고 느끼기도 한다.[19] 더불어 업무에서의 '비업무적 요소'도 중요하다.[20] 동료들 간의 소통에서 오는 조직적 유대감이나 대면 소통을 통한 정보 공유 과정은 비대면 환경에서의 그것과는 질적으로 다를 수 있다.

더불어 원격 근무의 도입과 실행에서는 근로자뿐만 아니라 정부, 사업주, 각각의 요구와 조건이 조화되어야 한다. 정부는 디지털 인프라를 구축하되 이것이 기업의 원격 근무 도입 과정에서 요구되는 환경과 연계되도록 설계해야 한다. 원격 근무 인프라는 개별 기업의 문제라기보다는 국가에서의 산업 정책적 차원에서 먼저 이뤄져야 하는 것이기 때문이다.[21] 그리고 기업은 장기적 관점으로 원격 근무 환경에서의 근로자의 사회적 고립을 막을 수 있는 방안을 모색하고 근무 관리와 성과 평가의 체계를 제대로 갖추어야만 원격 근무와 사무실 근무의 장점을 모두 취할 수 있을 것이다.[22]

플랫폼 노동의 확산

요즘 자주 듣게 되는 말 중에 '플랫폼 노동(platform labor)'이라는 말이 있다. 기차나 전철을 타는 역사에 들어가면 승객들이 타고 내리는 공간인 승강장이 있는데 이 공간을 영어로 플랫폼이라고 한다. 온라인 시스템이 구인, 구직하는 사람들이 타고 내리는 플랫폼이 되어준다는 것이다. 웹사이트나 스마트폰 앱 등을 이용해 일할 사람을 구하고 일거리를 찾는다.

아주 다양한 일이 이 온라인 플랫폼을 매개로 행해진다. 기존 연구들을 토대로[23] 플랫폼 노동을 비교적 단순하게 분류한 표 1을 보고 설명에 해당하는 업종을 일상 경험과 연결시켜 보자. 첫 번째 사례. 휴대폰으로 재밌어 보이는 동영상을 클릭하는 순간 배달 라이더 모집 광고가 떴다. 점심시간마다 배달 아르바이트를 해서 한 주에 8만 원 가까운 부가 수입을 벌 수 있고, 때로는 2분 내 거리에 음식 배달을 하는 것으로도 돈을 번다고 한다. 그다지 힘들지 않은데 벌이는 쏠쏠한 투잡족이 돼보라는 거다. 이 표에서 몇 번에 해당할까? 바로 5번의 배달 노동자가 되어보라는 광고다.

표1 플랫폼 노동의 종류

	종류	사례
1	온라인 인력 중개	IT, 소프트웨어 개발자 등
2	디지털 콘텐츠 창작	웹툰, 일러스트, 디자인 등
3	크라우드 워크(crowdwork)	자료 기입 업무, 설문 조사 등
4	승객 운송	승차 공유: 카풀, 학원 셔틀 공유 등
5	배달	음식 배달, 퀵서비스 등
6	가사 및 생활 서비스	가사, 이사, 리모델링, 돌봄, 반려동물 케어 등

두 번째 사례. 신상품 출시 후 고객 반응을 확인하고 싶은 직장인이 있다. 지역별, 성별, 연령별 등 다양한 집단별 반응을 알아보고 제품 개선 및 광고에 반영하고 싶다. 설문 조사를 어떻게 해야 할까? 종이에 설문 문항을 출력해서 거리로 나가야 할까? 인터넷에서 '고객 설문 조사'라는 키워드로 검색해 보았다. 그랬더니 온라인 설문 조사 플랫폼을 추천해 준다. 이 가운데

하나에 들어가 설문 문항과 응답자에 대한 소정의 혜택 등을 기재한다. 그 반대편에는 설문에 응답하고 그 보상을 받으려는 사람들이 있다. 이들은 온라인 설문 조사 플랫폼으로 들어가 설문 응답자로 등록하고 설문 응답에 대한 보상으로 포인트나 응답 사례비를 받는다. 이 상황은 표에서 몇 번에 해당할까? 3번 크라우드 워크다.

세 번째 사례. 동아리 로고를 만들고 싶은 동아리장은 혼자서 로고 디자인을 구상해 보았다. 몇 개 안을 만들어보다 문득 비용만 적당하다면 디자인을 배운 사람에게 맡길 수 있으면 좋겠다는 생각이 들었다. 인터넷에서 '로고 디자인'으로 검색했더니 로고 디자이너들이 모인 온라인 플랫폼이 여러 개 검색됐다. 고객의 필요에 따라 작업을 하겠다면서 서비스 내용과 비용을 안내해 준다. 이들 로고 디자이너들은 온라인을 매개로 표의 2번에 해당하는 디지털 콘텐츠 창작 서비스를 제공하고 있다.

1~3번과 4~6번은 다소 차이가 있다. 짐작했겠지만 전자는 온라인상에서 구인, 구직할 뿐 아니라 업무도 수행한다. 반면, 후자는 구인, 구직은 온라인에서 하지만 물리적 지역에 기반을 두고 노동을 제공해야 한다. 플랫폼 노동과 관련된 다양한 표현을 익혀볼 요량이라면 다음과 같은 분류도 한번 보아둠 직하다. 주문이 들어오면 그 주문에 따라 특정 위치와 시간에서 작업을 수행하는 음식 배달, 대리 운전과 같은 일들은 '온 디맨드 워크 (On Demand Work)'라고도 한다. 그리고 앞서 말했듯이 어떤 조직이나 개인이 특정 작업을 수행하기 위해 불특정 다수에게 업무를 맡기는 크라우드 워크로 구분하기도 한다. '크라우드'는 '군중'이라는 말이므로, 크라우드 워크는 '군중 노동'으로 표현할 수 있겠다.[24] 이러한 온라인에서 단기로 수행하는

일을 두고 '일시적인 일'을 의미하는 영어 단어인 '긱(gig)'을 사용해서 '긱 워크(Gig Work)'라고도 한다.[25]

플랫폼 노동 관련 표현이 다양하다는 건 그만큼 여러 유형의 플랫폼 노동이 생겨나고 있다는 것이고 각각의 특성도 다르다는 것이다. 요구에 즉각 반응하는 노동인지(on demand), 서비스 제공자가 군집을 이루고 있는지(crowd), 일시적 업무인지(gig) 등등이다. 그런데 이 표현들은 서비스 제공 방식이나 기간을 나타내지만, 이 표현들로는 서비스를 제공하는 사람들이 노동 시장에서 어떤 지위를 갖는지는 짐작하기 어렵다.

플랫폼 노동이 준 직업적 자유와 불안정성

플랫폼 노동은 진입 장벽이 아주 낮은 일자리이다. 물론 전문 서비스와 컴퓨터 기술 분야 엔지니어 등의 경우는 다르지만, 배달 업무 등은 만 18세 이상이면 별다른 요건 없이 시작할 수 있다.[26] 경력이 단절됐던 사람이 노동 시장에 재진입하기도 용이하며 이직 준비 기간에도 경제 활동을 할 수 있는 기회를 부여하는 공간이다. 까다로운 자격 요건과 기술을 갖추지 못한 탓에 경제 활동을 시작하지 못하던 사람들에게도 문이 열렸다.

플랫폼 노동의 좋은 점은 또 있다. 자유롭게 일하는 시간대와 일하는 시간의 양을 선택할 수 있다. 하루에 1시간만 일할 수도 있고, 필요하다면 여건이 허락하는 한 일하는 시간을 늘릴 수도 있다. 가정에서 돌봄의 역할을 맡은 사람들은 시간을 자유롭게 사용할 수 있길 바라기 마련인데, 이런 사

그림 6 영화 〈미안해요, 리키〉 포스터

람들도 원하는 때에 일할 수 있다. 그리고 흔히 말하는 투잡을 뛰는 사람도 쉽게 일을 시작할 수 있다. 일자리 진입 조건이 거의 없다는 것과 시간을 자기 편의에 맞게 사용할 수 있다는 것은 플랫폼 노동의 최대 강점이다. 더불어 위계적인 조직 문화에서 오는 스트레스나 부당한 노동 계약이 맺어지는 일이 없을 것이라는 점도 플랫폼 노동을 시작하는 사람들의 기대이다.

　그렇지만 이 기대들은 현실에서 다소 다르게 펼쳐진다. 플랫폼 노동자를 다룬 영화 한 편이 있다. 코로나-19가 세상을 긴장시키기 전인 2019년, 칸 영화제 황금종려상을 두 번이나 받은 켄 로치 감독이 〈미안해요, 리키〉라는 영화를 내놓았다. 이 영화의 원제는 'Sorry, we missed you(죄송해요. 부재중이시네요.)'이다. 주인공 리키는 다니던 회사가 부도가 나면서 여러 일을 전전하다 택배 기사로 일하게 된다. 리키가 택배 기사로 일하기 위해 짧은 면접을 보는 장면이 나오는데 여기서 인상적인 대사를 듣게 된다. "당신은 우리를 위해 일하는 게 아니라, 우리와 함께 일하는 겁니다."

언뜻 듣기에는 좋은 말 같은데 무슨 의미일까? 이 말을 법적으로 표현하자면 이렇다. "우리는 당신을 고용하지 않았습니다. 따라서 당신은 프랜차이즈 사업자(일종의 자영업자)와 같은 신분입니다." 리키는 구체적으로 다음과 같은 조건으로 일하게 된다. 그는 물건 배송을 위해 개인의 돈을 들여 승합차를 대여하거나 사야 했는데 사는 것이 더 낫다고 판단하고 승합차를 산다. 일하던 중 다쳤지만 회사에서 치료비를 받지 못하고 전적으로 개인이 부담한다. 주 6일, 하루 16시간씩 일하는 탓에 가족들과 함께할 여유는 고사하고 잠도 충분히 자기 어렵다. 배달 일을 하는 동안 페트병을 들고 다니면서 생리 현상을 해결한다. 배송 일을 하는 사람들의 상황은 다른 나라들에서도 별반 다르지 않다.

플랫폼 노동이 더 좋아지기 위한 조건

최근 우리나라의 배달 노동자들은 '라이더 유니온'이라는 노동조합을 만들었다. 이 노동조합 위원장은 한 텔레비전 인터뷰에서 이런 말을 했다. "이게 꿈이라고 하는 사람은 없을 거예요. '나는 이 일을 (평생) 하고 싶어', '이 일을 열심히 해야겠어'라는 사람들은 없을 거예요. 저한테 플랫폼은 중간에 들를 수 있는 정류장 같은 느낌입니다."[27]

그럼에도 플랫폼 노동 참여자는 줄어들기 어려운 추세이다. 우리나라의 경우, 고용노동부의 「2021년 플랫폼 종사자 규모와 근무실태」 조사에 따르면[28] 조사 시점(2021년 11월)을 기준으로 지난 3개월 동안 온라인 플랫폼을 통해 일거리를 얻은 플랫폼 노동자는 취업자의 8.5%인 약 220만 명이었다. 표 2에서 보듯 플랫폼 노동을 주업으로 하는 사람도 있고 본업을 갖고 부업으로 하는 사람들도 있다. 배달·배송·운전 종사자가 전체 플랫폼 노동자의 30%가량으로 가장 비중이 높았는데, 특히 플랫폼 노동을 주업으로 하는 사람들 가운데 80% 이상이 배달·배송·운전 종사자이다.

표 2 플랫폼 노동자 직종과 주업 비중

직종	전체 비중	직종	주업 비중
배달 · 배송 · 운전	29.9%	배달 · 배송 · 운전	82.3%
음식 조리 · 접객 · 판매 · 수리	23.7%	가사 · 청소 · 돌봄	4.6%
전문 서비스	9.9%	전문 서비스	3.3%
데이터 입력 등 단순 작업	8.6%	데이터 입력 등 단순 작업	2.8%
IT 관련 서비스	5.7%	IT 관련 서비스	2.7%

출처: 고용노동부 (2021)

플랫폼 기업은 플랫폼 기반으로 일하는 사람들을 직접 통제하지 않는다. 그리고 플랫폼에서는 배달 한 건에 3천 원, 로고 디자인 작업에 8만 원 등, 노동이 건당 거래된다. 이런 구조로 인해 플랫폼 기반 노동자들은 실질적으로는 노동자와 독립 계약자 사이 어디쯤 존재하고, 법적으로는 근로기준

법상의 근로자로 분류되지 않는다. 결과적으로 플랫폼 노동자는 근로자로서의 법적 보호를 받지 못한다.[29] 흔히 온라인 경제의 성장으로 '표준적 고용 관계(SER)'에서 벗어난 노동이 증가한다고들 한다. 표준적 고용 관계란 뭘까? 임금, 근무 기간, 사회보험(건강보험, 국민연금, 고용보험, 산업재해보상보험 등)을 보장받는 고용 관계를 가리킨다.[30] 따라서 플랫폼 노동자를 보호하는 방안으로 표준근로계약서 작성과 사회보험 확대를 요구하는 목소리가 있다.

플랫폼 노동자 보호의 필요성을 보여주는 사례를 들어 보자. 간병인 플랫폼을 통해 병원에서 환자 돌보는 일을 하게 된 사람이 있다. 업무 시간, 업무 범위, 급여에까지 사적 기준에 따라 계약이 이뤄진다면 불합리한 상황을 피하기 어렵다. 지금까지 간병인은 제대로 계약서를 쓰지 않고 일을 하는 경우도 많았다. 이때 표준화된 근로계약서가 존재한다면 일정한 보수와 근로 조건을 적용받게 된다. 서울시는 2021년 8월 간병인을 대상으로 하는 표준근로계약서를 개발하는 데 착수했다.[31]

다른 예로 음식 배달 라이더가 오토바이를 타고 배달하던 중 빗길에 미끄러져 넘어지면서 팔을 다쳤다. 일을 하다가 다쳤는데 치료비는 어떻게 처리해야 할까? 참고로 2021년 11월 서울시 기준 당해 오토바이 사고 사망자 62명 중 37명, 60%가 배달 라이더였다. 배달 라이더에게 산재보험은 중요하다. 그런데 현실은 일반 근로자의 경우 사업주가 산재보험료를 전부 부담하지만 배달라이더의 경우 사업주와 라이더가 반반씩 보험료를 낸다. 이러다 보니 산재보험 가입률이 배달 노동자의 절반에도 미치지 못한다. 게다가 두 곳 이상에서 일감을 받아 일한 경우, 사고가 난 일감을 받은 업체에서 받은 소득이 월 115만 원을 넘거나 일한 시간이 93시간 이상이어야 한다는 전속성(한 사업장에 종속된 정도) 조건이 있었다.[32] 이 조건이 산재보험에 가입한 배달 라이더들조차 사고를 당했을 때 산재보험을 적용받기 어렵게 해왔으나 최근 법 개정(2022.5.29.)으로 2023년 7월부터는 이 전속성 규정이 폐지되어 산재보험 적용 범위가 확대되었다.

중개 플랫폼 수수료 문제도 중요한 이슈이다. 플랫폼 기업은 수수료로 이익을 창출하는데 이 수수료는 지속적으로 상승했다. 플랫폼을 이용하지 않으면 사업자는 가게나 사업장을 운영하기 어렵고, 일거리를 찾기 어렵다. 사실 한 설문 조사에 따르면 플랫폼 노동자들은 앞서 말한 산재보험이나 고용보험보다 수수료 부문에 정부 규제가 더 필요하다고 응답했다.[33]

요컨대 표 1에서 보듯이 플랫폼 노동의 종류와 일하는 방식에 따라 다른 제도적 요구가 존재한다. 다양한 직업이 생겨나고 사라지기도 하지만 사실 더 중요한 변화는 고용자–사용자 간 관계 맺는 방식의 변화다. 이러한 노동 시장, 노사 계약 형태의 변화 속도는 빠른 반면 이들을 보호하는 제도는 그 속도를 따라가지 못하고 있다. 변화된 노동 환경에서 일하는 사람들이 공적 제도의 보호 아래 들어오도록 속도를 내야 할 시점이다. 기술 변화를 거부하지 않고 적극적으로 수용하는 사회적 흐름은 다양한 유형의 일자리와 직업에 참여해도 사회적 보호가 수반된다는 제도적 변화에서 온다.[34]

더 나은 미래를 준비하는
노동하는 인간(Laborem Exercens)

2021년 10월, 국제노동기구(ILO) 통계에 따르면 코로나로 인해 세계적으로 1억 천만 명 이상이, 경제협력개발기구(OECD) 국가에서는 2천만 명 가량이 일자리를 잃었다.[35] 우리나라를 포함해 OECD에 속한 38개 국가의 2020년 2월 실업률은 2007~2008년 세계 경제 위기 직후의 실업률에 맞먹을 만큼 급증했다. 코로나가 노동 시장에 큰 타격을 입혔음에 틀림없다. 그런데 실업률이 감소해 2021년 10월에는 코로나 직전의 실업률과 유사해졌다. 팬데믹 시기 노동 시장의 변화와 영향에 대한 분석이 쏟아져 나올 것이고, 이 노동 시장 변화의 구체적인 내용도 곧 알게 될 것이지만, 뉴 노멀의 시간은 이미 시작됐다.

노동 시장의 급격한 변화로 안정적 직장과 불안정한 직장의 이중화(dualization) 문제가 우리 사회에서 도드라지게 된 것은 약 25년 전이다. 1997년 금융 위기를 겪으며 외환을 빌려주는 조건으로 국제통화기금(IMF)은 여러 가지 구조 조정 조치를 요구하였고, 그 이후로 한국의 노동 시장은 크게 변화하였다. 이러한 변화는 당시의 '뉴 노멀'이라 불릴 만한 것이었다. 그 이후부터 정규직, 비정규직의 근로 환경과 복지 여건 격차가 두드러졌고, 이는 심각한 사회 문제이자 정책적 과제로 받아들여졌다. 그러나 어느 순간부터 노동 시장의 이중화 문제는 다른 방식으로 진행되었다. 자동화, 디지털화, 인공지능(AI) 등으로 대표되는 '제4차 산업혁명'이라는 단어와 함께, 컴퓨터가 인간의 일자리를 빼앗는 미래가 곧 도래할 것이라는 비관적인 전망이 들려오기 시작하였다.

기술 변화의 속도는 빠르고 사람과 제도 변화는 그보다 더디다. 그렇다 보니 기술이 발전하고 산업 구조가 변하면 사람들은 직업에 대한 두려움을 갖는다. 하지만 암울한 미래 전망은 그런 미래를 피하기 위해 지금 할 일을 찾아야 한다는 의미이지, 그런 미래를 쏟아지는 비를 맞듯 그대로 받아들여야 한다는 것이 아니다.

최근 '프리캐리아트(precariat)'라는 말을 종종 접하게 된다. 이 말은 '불안정한'이라는 뜻의 이탈리아어 '프레카리오(precàrio)'와 사회 하위계급이자 생산수단을 가지지 않은 노동 계급을 지칭하는 독일어 '프롤레타리아트(proletariat)'의 합성어이다. 즉, 저임금과 일상적 불안정을 끌어안고 사는 사람들을 가리키는데 플랫폼 노동자들 중 다수가 이런 사람들이다. 전문가들은 평생 직장 개념이 사라진 유연한(flexible) 노동 시장에서도 안정(security)이 보장되는 유연안정성(flexicurity)을 위한 조건으로 사회 안전망의 강화와 더불어 '적극적 노동 시장 정책'을 강조한다.[36] 이 정책은 실업 상태에 빠지면 실업 급여만 제공하는 수동적 대응 대신 기술 발전에 따른 노동자 재교육 프로그램을 만들고 실질적인 이직 또는 재취업 방안으로서의 노동자 재교육 시스템을 갖춰야 한다는 것이다.

우리는 웰빙(well-being)하고 싶어 한다. 이 단어를 더 일상적인 표현으로 바꿔보면 '사람들은 행복한 삶을 누리고, 안녕하고, 복지를 누리는 상태를 추구한다' 정도일 것이다. 즉, '잘 사는 것', '좋은 삶'을 원한다는 것이다.[37] 그리고 '어떤 일에 얼마만큼의 시간을 들이고 있는가'가 웰빙의 가장 중요한 요건 중 하나이다.

헬레나 노르베리 호지는 그의 책 제목에 '오래된 미래'라는 표현을 썼다.[38] 그는 도시화, 세계화 속에 인간 중심적 삶을 추구하려는 움직임은 '새로운 것'이 아니라 이미 오래전부터 존재했다고 주장한다. 동일한 맥락에서 디지털화와 자동화로 대표되는 4차 산업혁명의 시기에 직업, 일, 노동의 외양은 급속히 변화하고 있지만, 인간은 노동을 통해 자아를 실현해야 한다는 오래된 노동의 의미를 새삼 진지하게 묻고 있다는 점에서, 우리는 지금 오래된 미래에 서 있다.

8장

온택트 시대의
경제 양극화

이나경 (서울여자대학교 경제학과 교수)

IMF 외환 위기 때 비정규직화-외주화가 벌어졌다면 코로나 확산기에 디지털화-자동화-비대면화가 산업 전반에 가속화되고 있다. (중략) 5년 이상 걸릴 전환인데 코로나-19 탓에 1년 만에 진도를 다 뺐다.

－김종진 한국노동사회연구소 선임연구위원, 〈한겨레신문〉 2022년 1월 25일 기사

2020년 코로나 팬데믹 발생 이후 소비자의 쇼핑 트렌드가 빠르게 변환하고 있다. 사회적 거리 두기가 강조됨에 따라 오프라인에서 온라인으로 소비 행태가 옮겨지면서 온라인 쇼핑 수요가 대폭 확대되었고, 온라인 쇼핑몰 창업도 매우 증가하였다. 오프라인 소비에서 e-커머스로의 전환 현상은 다른 시장과 비교하여 변화가 더디었던 사치품 명품 시장까지 확대되었다. 전통적으로 명품은 직접 보고 사는 구매 패턴이 일반적이었으나 최근에는 이러한 트렌드가 변화하고 있다. 즉, 판매 창구를 백화점과 면세점으로 제한해 온 하이엔드(High End, 최고의 품질과 성능, 사양을 갖춘 물건) 브랜드들까지 온라인 시장을 새로운 플랫폼으로 적극 활용하고 있는 것이다. 2020년 5월 까르띠에와 프라다가 공식 온라인몰'을 오픈하였으며, 구찌와 샤넬도

각각 네이버와 카카오톡 등의 온라인 플랫폼에 입점[2]하였다. 이러한 현상은 코로나 팬데믹에 따른 소비자들의 비대면 소비가 폭발적으로 증가한 것에 기인한 것이다. 이에 따라 온라인 판매를 통한 판매 실적은 계속 최고치를 기록하고 있다. 통계청에 따르면 2021년 온라인 쇼핑 거래액은 192조 8천 9백억 원[3]으로 2001년 통계 작성 이래 가장 많은 거래액을 기록하였다. 이렇게 우리는 과거 오프라인 중심의 유통 방식에서 온라인 유통 방식으로 급변하는 대전환기를 맞이하고 있다. 다만, 이러한 변화로 승자 독식 구조가 더욱 공고해지면서 양극화 확대와 같은 문제점도 초래되고 있다. 온라인 판매 실적은 최고치를 경신하고 있으나, 문을 닫는 오프라인 매장이 계속 늘어나고 있고, 오프라인 매장 직원들의 임금도 하락하고 있다.

실제로 코로나 팬데믹으로 유통업계는 많이 힘들어졌지만 샤넬 코리아의 2020년 영업 이익은 2019년 대비 34% 증가하였다.[4] 그런데도 샤넬뿐만 아니라 로레알, 시세이도 등의 브랜드 제품을 판매하는 백화점·면세점 판매 서비스 노동조합은 파업을 시도하였다. 이는 백화점 매장의 매출 급감과 관계가 있다고 할 수 있다. 주로 백화점 1층에 위치한 로레알 코리아(랑콤), 엘카 코리아(에스티로더), 샤넬 코리아(샤넬) 등 외국계 명품 화장품 매장에 근무하는 직원의 임금 체계는 최저 임금 수준의 기본급과 판매 인센티브로 구성되어 있다. 낮은 기본급 탓에 매출에 따른 인센티브에 크게 의존하는 셈이다. 하지만 코로나 팬데믹 이후 백화점 내점객의 급감으로 본사는 '카카오톡 선물하기'까지 진출하는 등 온라인 유통 채널을 강화하였고, 이에 따라 회사 영업 이익은 증가하였다. 그러나 백화점 서비스직 노동자들에게는 온라인 유통 채널이 오히려 독으로 작용하였다. 이들 매장의 오프라인 고객이 줄어듦에 따라 매출이 급감했고, 이는 근로자들의 임금 하락으로 이어졌다. 더구나 소비자들이 매장에서 제품을 고르고 쿠폰 등 할인권을 활용하여 온라인 구매를 하는 것이 일상화되면서, 백화점 내 판매 및 운영 인력은 더욱 줄어들고 소수의 근로자가 높은 강도의 노동에 시달려야만 했다. 이 근로자들에 따르면 화장품 온라인 매출은 홍보, 상담, 샘플 시연 등 매장 업무에 기반하고 있으며, 온라인 판매를 위한 제반 노동을 오프라인 근로자들이 공짜로 제공하고 있다고 주장한다. 따라서 이들은 온라인 매출 기여도를 인정해 달라고 요구하는 파업을 강행하였다.[5]

이렇듯 코로나 팬데믹은 디지털 경제로의 전환의 촉매제 역할을 하고 있다. 디지털 전환은 산업 전반에도 크게 영향을 미치고 있으며, 특히 경제 구성원 및 산업 간 양극화를 야기하고 있다. 따라서 본 장에서는 코로나 팬데믹이 촉발한 양극화의 상황을 여러 측면에서 살펴보고자 한다.

코로나 팬데믹이 경제에 미친 영향

코로나 팬데믹은 한국뿐 아니라 주요 선진국 및 주요 신흥국의 경제에 큰 충격을 준 것으로 드러났다. 경제에 타격을 주었다는 것은 경제 성장에 부정적 영향을 주었다는 것을 의미한다. 여기에서 경제 성장이란 일정 기간에 국내총생산(GDP) 규모가 증가한 것을 뜻한다. 경제가 이전과 비교하여 얼마나 성장하였는지를 구체적 수치로 알기 위해서는 백분율로 나타낸 경제 성장률을 고려한다.

코로나 팬데믹의 영향으로 전 세계는 큰 폭의 마이너스 경제 성장을 기록하였다. 마이너스 경제 성장이란 이전 시기와 비교하여 국내총생산(GDP)이 하락한 것으로, 경제 성장률 수치 계산 결과가 마이너스(−) 부호로 나타난 것을 의미한다. 특히 주요 선진국의 경우 2020년 2분기 독일의 전년 동기 대비 경제 성장률은 −11.29%로 두 자릿수 감소율을 기록, 국내 총생산이 크게 하락하였다. 이후 3분기에는 미국(−9.33%)과 일본(−10.33%)의 경제도 크게 영향을 받은 것으로 나타났다. 전년 동기 대비 경제 성장률이란 국내총생산이 전년 같은 분기보다 얼마나 증가하였는지를 나타낸 것이다. 예를 들면 2020년 3분기 전년 동기 경제성장률은 2019년 3분기와 비교하여 국내총생산(GDP)이 얼마나 변화했는지 계산한 것이다. 연간 국내총생산은 다음과 같이 계산한다.

$$경제\ 성장률(\%) = \frac{금년도(실질)GDP - 전년도(실질)GDP}{전년도(실질)GDP}$$

여기에서 '실질'이란 물가 변동을 반영한 것을 의미하며, 물가 변동을 반영하지 않은 것을 '명목'이라 한다.[6] 실질 국내총생산(GDP) 경제 성장률은 물가 변동을 고려하여 값을 구한 것이다. 특히 실질 GDP 산출 방법은 당해 연도의 가격이 아닌 기준 연도의 가격을 활용하여 생산량을 평가하므로 물가 상승분은 반영되지 않는다. 실질 GDP는 주어진 기준 연도의 가격에 그 해의 생산량을 곱해서 계산하므로 물가 상승 요인이 제거된다. 어느 나라에서 오른쪽 페이지의 표와 같이 노트북을 생산한다고 하자.

	단위 가격	노트북 생산량	명목 GDP	실질 GDP
2015년(기준 연도)	100만 원	10대		
2016년	130만 원	9대		
2017년	150만 원	8대		

명목 GDP는 그 해에 생산된 재화의 단위 가격에 생산량을 곱해서 산출된다. 2015년은 노트북 한 대당 가격이 100만 원이며 10대를 생산했으므로 1,000만 원이 되며, 2016년에는 130만 원×9대=1,170만 원이 2016년의 명목 GDP가 된다. 실질 GDP는 기준 연도의 가격(2015년도 가격)에 해당 연도의 생산량을 곱하여 계산한다. 따라서 2016년의 실질 GDP는 100만원×9대=900만 원, 2017년의 실질 GDP는 800만 원으로 계산된다. 실질 GDP는 물가 상승에 따른 화폐 가치의 변동 효과를 제거한 것이라 할 수 있다.

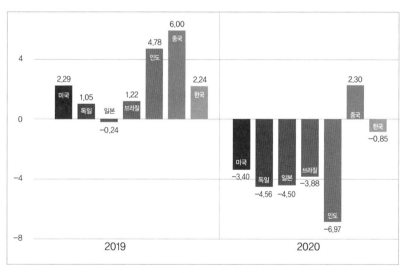

그림1 주요국 실질 국내총생산 증가율(GDP)(연간, %) 전기 대비

출처: OECD 자료를 토대로 저자 작성

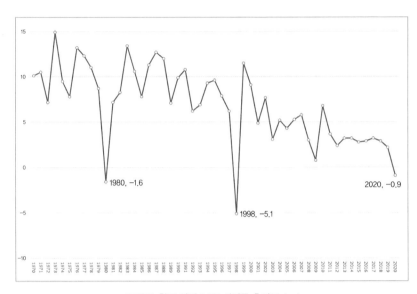

그림2 한국 실질 GDP 성장률 추이(연간, %)

출처: 한국은행, 통계청 자료를 토대로 저자 작성

따라서 실질 GDP를 통해서 실질적인 생산 능력을 파악할 수 있으므로, 경제를 비교하기 위해서는 명목이 아닌 실질 GDP 성장률을 고려하여야 한다.

앞 페이지의 그래프는 2019년과 2020년의 연간 GDP 성장률이다. 중국을 제외하고 미국, 독일, 일본 같은 주요 선진국과 더불어 브라질, 인도와 같은 주요 신흥국들도 2020년 국내총생산이 큰 폭으로 하락하였음을 보여준다. 이는 세계 경제가 코로나 팬데믹으로 큰 타격을 받은 것을 의미한다.

코로나-19 확산 사태로 2020년 우리나라의 경제 성장률은 -0.9%를 기록하며 마이너스 수치를 나타냈다. 실질 GDP 성장률이 마이너스를 기록한 것은 1998년 외환 위기 이후 22년 만에 처음이며, GDP라는 통계가 작성되기 시작한 1970년 이후로는 세 번째다. 참고로 첫 번째 마이너스 성장은

1980년 오일 파동 당시 −1.6%였으며, 두 번째는 1998년 외환 위기 당시 (−5.1%), 세 번째 마이너스 성장은 코로나 팬데믹이 본격화된 2020년에 발생하였다. 글로벌 금융 위기 당시인 2008~2009년에도 우리나라는 플러스 (+) 성장이었음을 고려할 때 코로나 팬데믹이 한국 경제를 얼마나 크게 위축시켰는지 알 수 있다.

구체적으로, 코로나 팬데믹이 전체 경제 활동 중 특히 어느 경제 활동 부문에 더 영향을 미쳤는지를 파악하기 위해서 성장 기여도 지표를 활용하는

표1 성장률(%) 및 기여도(%p)

		2018	2019	2020
성장률(%)		2.9	2.2	−0.9
기여도(%p)	민간 소비	1.5	1.0	−2.4
	설비 투자	−0.2	−0.6	0.6
	순수출	1.0	0.8	0.5
	정부 부문	0.8	1.6	1.0

그림 3 성장 기여도 (%p)

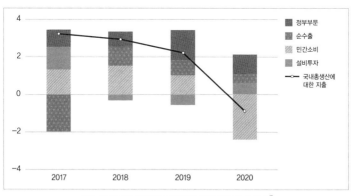

출처: 한국은행, 통계청 데이터를 기반으로 저자 작성[7]

것이 유용하다. 성장 기여도 지표란 경제 성장에서 어느 경제 활동 부문이 주로 기여했는가를 알아보기에 유용한 지표로 경제 성장률과 함께 공식적으로 공표되고 있다. 예를 들어 경제가 2% 성장했을 때 수출이 1.0%p, 내수가 1.0%p 차지하였다면, 각각의 기여도는 50%씩이라고 할 수 있다.

앞 페이지의 표와 그래프는 2018년부터 2020년까지 3년간의 경제 성장률과 성장 기여도 수치를 나타낸 것이다. 2020년 실질 경제 성장률은 앞에서 설명한 대로 마이너스 수치(-0.9%)를 기록하였으며, 이러한 결과의 주요인은 ①민간 소비 위축 ②수출 둔화로 파악된다. 즉, 2020년 민간 소비의 연간 성장 기여도가 −2.4%p로 경제 성장률을 대폭 하락시키는 요인으로 생각할 수 있다. 2020년 순수출의 기여도는 0.5%p로, 2018년과 2019년과 비교할 때 수출이 둔화된 점도 경제 성장률을 낮추는 요인으로 작용하였다.

다음 장에서는 민간 소비를 업태 및 업종별로 구분하여 각 부문에 코로나 팬데믹이 어느 정도 영향을 미쳤는지 알아보고, 이에 따른 노동 시장의 변화를 살펴보고자 한다.

소비 트렌드의 변화
─온라인 소비로의 전환

2020년 민간 소비가 크게 감소한 것은 코로나 팬데믹으로 소비 심리가 크게 위축된 것에 기인한다. 코로나 확진자 수의 급증으로 인한 관광객 감소, 외출 자제 분위기로 관광, 도소매업, 음식 숙박업 등 서비스업을 중심으

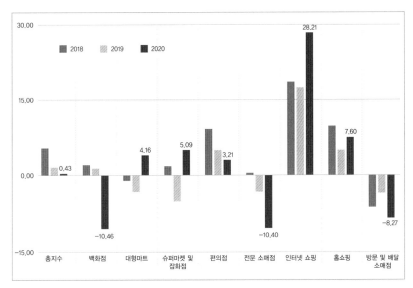

그림4 소매 업태별 판매액 지수 증감률(%)

출처: 통계청 데이터를 기반으로 저자 작성, 경상지수 기준

로 소비가 크게 위축되었다. 다만, 상권에 따라 소비 경향 및 소매점 유형별의 양극화가 뚜렷하게 나타났다.[8] 근거리 위주의 상권을 형성하는 슈퍼마켓, 편의점 등의 동네 상권의 경우 코로나가 본격적으로 확산된 2020년 당시 매출의 감소 폭은 상대적으로 적었다. 반면에 주요 핵심 상권에 입지한 백화점 매출은 코로나 팬데믹에 크게 영향을 받은 것으로 확인되었다. 소매 업태별 판매액 지수 증감률 그래프에서 흥미롭게 관찰되는 것은 총 판매액 지수의 증가율이 2020년 0.23%로 소폭 증가했음에도 백화점 매출은 오히려 2020년 두 자릿수 감소율(-10.46%)을 기록한 것이다. 이 중 가장 주목할 만한 현상은 인터넷 쇼핑 판매액이 28.1%로 매우 증가한 것이다.

인터넷 쇼핑 판매액의 증가는 코로나 확산으로 언택트 소비가 폭발적으로 증가한 것이 주된 요인이라 할 수 있다. 국내 배송 및 배달업체들은 코로나 팬데믹 이전에도 이미 일부 지역을 제외하고 신선식품 등을 포함한 대부분의 물품을 빠르게 배송할 수 있는, 혁신적인 배송 시스템을 갖추고 있었다(장지우, 김승인, 2019).[9] 이러한 기존의 온라인 쇼핑 경험이 있는 소비자들은 코로나 팬데믹으로 기존 배송업체들의 빠른 시스템을 활용하여 언택트 구매를 크게 늘린 것으로 보인다(황지영, 2020).[10]

소비자가 선호하는 구매 형태의 변화는 온라인 쇼핑업체의 성장세로 이어지며, 온라인 쇼핑 증가는 오프라인 매장의 위기로 귀결된다. 실제로 오프라인 매출의 증가율은 2019년부터 감소하여 마이너스(-1.8%)를 기록하는 등 하락세를 보였으며, 코로나 팬데믹이 본격화된 2020년 감소 폭이 크게 확대되었다(-3.6%). 반대로 온라인 매출의 증가율은 대폭 상승하였다. 2018년 온라인 매출은 1.8%에 불과하였으나 2019년부터 크게 상승하여 2020년 18.4%로 두 자릿수 증가율을 기록하였다.

코로나 팬데믹 등으로 민간 수요가 하락했음에도 온라인 매출 호조로 2020년 유통업체별 매출 증가율은 5.5%로 팬데믹 이전인 2019년 증가율(4.3%)과 비교하여 소폭(1.2%p) 상승하였다.[11] 이를 통해 오프라인에서 온라인으로 소비 형태가 변화하면서 유통업체 소매 업태별 매출에 양극화가 발생하고 있음을 알 수 있다. 이러한 추세는 지속될 것으로 예상된다.

코로나 팬데믹 이후 즉시성과 편의성을 중시하는 소비 문화가 정착되었고, 온라인·비대면 소비의 확산 추세로 구매 수요가 온라인으로 몰리게 되었다. 이러한 결과는 다음의 업태별 매출 구성비 그래프에서도 뚜렷하게

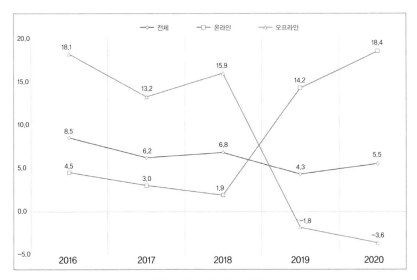

그림5 유통업체 매출 증감률(%)

출처: 산업통상자원부[12]

발견된다. 전체 매출 중 온라인 매출은 꾸준히 상승하는 추세를 보이고 있다. 다음 페이지의 그래프는 온라인 구성비를 나타내는데, 온라인 구성비가 해마다 상승하는 것을 확인할 수 있다. 특히 코로나 팬데믹이 본격화된 2020년에는 2019년과 비교하여 5.3%p 상승하였으며, 2021년에는 온라인 매출이 전체 매출 중 거의 절반인 48.3%를 차지하였다. 이러한 상승세는 계속 이어질 것으로 보인다. 반면에 오프라인 매출은 꾸준히 하락하고 있다. 특히, 대형 마트에서의 매출 비중은 2018년부터 매년 2%p씩 하락하고 있는 것으로 보아 소비자들의 소비 패턴이 오프라인에서 온라인으로 전환되고 있다는 것을 알 수 있으며, 이러한 전환은 당분간 지속될 것으로 예상된다.

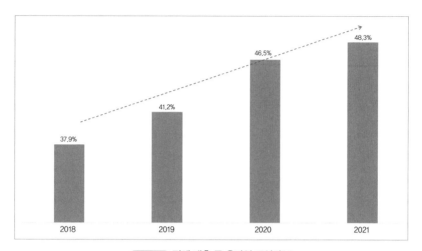

그림 6-1 전체 매출 중 온라인 구성비(%)

출처: 산업통상자원부 자료를 토대로 저자 작성

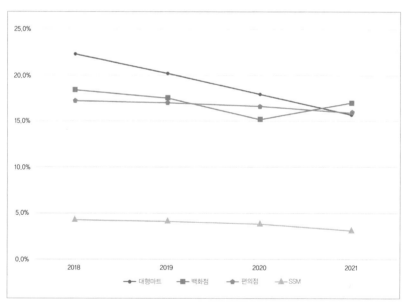

그림 6-2 전체 매출 중 오프라인 구성비(%)

출처: 산업통상자원부 자료를 토대로 저자 작성

언박싱 코로나

오프라인에서 온라인으로의 소비자 구매 행태 전환은 상품별 매출에도 영향을 주고 있다. 2020년 온라인 매출 증감율 통계에 따르면 서비스/기타 품목을 제외하고 모든 상품군에서 매출이 상승한 것으로 나타났다.[13] 특히, 온라인 식품의 매출이 2019년에 비해 50% 이상 상승한 것이 주목할 만하다.

온라인 식품 시장 규모는 2019년 17조 2천억 원에 불과하였으나, 2020년에는 큰 폭으로 증가해 25조 원에 이르렀으며, 이러한 상승 추세는 계속 이어질 것으로 보인다. 2022년 서울시에서 조사한 소비자 만족도 평가에서 업종별로는 '식품몰'이 평균 84.44점으로 지난해에 만족도가 가장 높은 것으로 나타났다.[14] 이는 코로나 팬데믹이 지속되면서 온라인에서의 식품 구매 수요가 증가하게 되고, 이에 따라 소비자들이 더 편리하게 식품을 구매할 수 있게 되었기 때문으로 풀이된다. 특히, 당일 예약 배송 시스템이 잘 갖춰진 식품몰이 만족도에서 가장 높은 평가를 받은 것은 식품 구매에 관해서는 소비 트렌드가 확실히 변한 것으로 볼 수 있다.

식품의 경우 짧은 재고 보관 기간, 높은 폐기율, 까다로운 배송으로 이전에는 다른 상품군에 비해 온라인 쇼핑 구매율이 낮았다. 그러나 코로나 팬데믹으로 수요가 대폭 상승하면서 기업들은 일정 시간대에 국한되지 않고 주문이 들어왔을 때 바로 배송할 수 있는 온 디맨드(On-demand) 배송 인프라를 구축하고, 이에 따른 대규모 투자를 이어가고 있다.

옴니채널의 등장

오프라인 매장을 가진 기존 유통업체들의 경우, 오랜 시간 식품을 전문적으로 판매하며 쌓아온 데이터를 통해 효율적인 운영이 가능하다. 즉, 오프라인 매장을 가진 플랫폼들이 효율성 측면에서 온라인 온리(Online-only) 플랫폼보다 물류 비용을 감소하면서 빠른 배송을 확대하는 데 더 유리하다. 따라서 기존 유통업체들은 온·오프라인을 넘나드는 옴니채널(Omni Channel)을 강화하고 있다.

옴니채널은 모든 것을 뜻하는 '옴니(Omni)'와 제품의 유통 경로를 의미하는 '채널(Channel)'을 결합한 합성어로, 오프라인·인터넷·모바일·콜센터 등 유통업체가 보유한 모든 채널을 융합해 소비자들이 시간과 장소에 구애받지 않고 제품을 구매할 수 있게 하는 쇼핑 시스템을 의미한다. 즉, 오프라인 매장이 있으면서 별도로 온라인몰을 운영하고 있는 대형 마트의 경우 그 기업이 운영하는 판매 채널들을 서로 연결해서 소비자로 하여금 시간과 장소에 구애받지 않게 하는 것이다. 따라서 소비자가 다른 판매 채널을 이용하더라도 동일 제품 및 서비스를 제공하는 것이 특징이라 할 수 있다(한현수 외, 2022).[15]

스마트폰의 등장으로 모바일 구매가 매우 증가하면서 유통업계가 옴니채널을 구축하여 경쟁을 벌이고 있으며, 옴니채널이 실제 매출에 큰 영향을 미치고 있다. 2010년대 유통업체들의 대표적 격전지는 헬스&뷰티 스토어 시장이었다. CJ가 처음 올리브영 매장을 낸 뒤 GS 리테일(랄라블라), 롯데쇼핑(롭스) 등 후발 주자들이 시장에 진입하여 경쟁하였다. 그러나 코로나 팬데믹 이후 올리브영이 옴니채널 전략을 적극 도입, 경쟁업체들을 물리치고 연 매출 2조 원을 바라볼 정도로 급성장하며 1위 기업으로 입지를 굳혔다.[16] 선제적으로 옴니채널을 도입한 것이 헬스&뷰티 스토어 시장 승부의 핵심이었던 것으로 분석된다. 올리브영은 2018년에 오프라인과 온라인 중 어디에서든 편안하게 상품을 구매할 수 있는 옴니채널 시스템을 구축하였다. 그중 하나가 '오늘드림' 서비스인데, 이는 온라인몰에서 구매한 상품을 인근 매장에서 당일 배송하는 서비스이다. 이 서비스는 경쟁업체가 따라잡기 힘든 올리브영만의 경쟁력이 되었으며, 전체 매출 중 온라인 매출이 25%까지 급상승하는 데 옴니채널이 크게 이바지한 것으로 보인다.[17]

이렇듯 옴니채널의 필요성이 크게 대두되면서, 온라인 유통업자들은 옴니채널을 통해 폭발적으로 늘어난 온라인 수요층을 흡수하기 위해 경쟁하고 있다(김병수, 김대길, 2022).[18] 여기에서 더 나아가 기업들은 단순히 온라인 수요층을 흡수하는 데에만 끝나지 않고 오프라인에서 온라인 쇼핑으로 전환한 수요층을 다시 오프라인으로 이끌기 위한 온라인·오프라인 결합 서비스 O2O(Online to Offline) 서비스를 확대하고 있다. O2O 서비스는 옴니채널의 한 형태로 휴대폰 앱 등을 통해 음식 주문, 택시·렌터카 호출, 숙박·레저 예약, 부동산 계약, 가사도우미 요청 등을 언제, 어디서나 실시간으로 공급자와 이용자 간에 매칭해 주는 서비스를 의미한다(김정아 외, 2021).[19] 배달의민족, 쿠팡이츠, 카카오택시 등이 대표적 O2O 서비스 업체이다. 2011년 국내에서 O2O 서비스가 본격적으로 도입된 이후 현재 전 영역에서 다양하게 제공되고 있으며, 코로나 팬데믹으로 산업계 전반에서 활용되고 있다. 2020년 현재 O2O 서비스 기업은 총 678개로 2019년과 비교하여 123개

표 2 O2O 서비스 현황(2020년)

구분	대표 기업	기업 수(개)	거래액(조 원)	매출액(억 원)
건물 임대 중개 및 유지 보수	직방 호갱노노	77	48.5	2,735
세탁 청소 및 가사 서비스	세탁의신 홈스토리생활	39	0.1	1,376
의료 및 보건 서비스	똑닥 메디하이	13	7	90
운송 서비스	카카오모빌리티 배달의민족	153	35.3	13,538
오락, 스포츠, 문화 및 교육 서비스	교보문고 바로드림 공부선배	189	0.4	4,240
음식점 및 숙박 서비스	식권대장 야놀자	80	26.8	10,692
개인 미용, 금융 및 보험, 기타 서비스	카카오헤어샵 웨딩북	127	7.6	2,474

출처: 과학기술정보통신부 자료를 토대로 저자 작성[20]

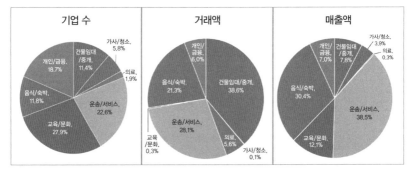

그림 7 O2O 서비스 거래액, 매출액, 기업 수 비율(%)

출처: 과학기술정보통신부 자료를 토대로 저자 작성

업체가 늘어났다.

　서비스 분야별로는 오락·스포츠 문화 및 교육 분야 기업 수가 2020년 기준 189개로 전체 업체 중 27.9%를 차지하고 있다. 2020년 O2O 서비스 플

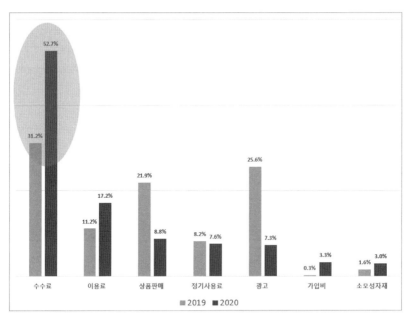

그림8 O2O 서비스 매출 발생 형태별 비중(%)

출처: 산업자원부 자료를 토대로 저자 작성

랫폼에서 이루어진 총 거래액은 125조 7천억 원으로 이는 2019년 대비 29.6% 상승한 수치이다. 이렇게 대폭 상승한 이유는 코로나 팬데믹으로 인해 상품 배송·음식 배달 수요가 폭발적으로 증가하였기 때문이다. 음식 배달이 속한 운송 서비스 분야의 거래액은 약 35조 3천억 원으로 2019년과 비교하여 23.7% 증가하였다. 이를 통해 운송 서비스 거래액 증가는 주로 음식 등의 배달이 주된 요인인 것으로 파악된다. 특히, 2020년 서비스 분야 매출액의 경우 운송 서비스(이사·퀵서비스·음식 배달 등)가 1조 3천억 원으로 가장 높은 것으로 나타났다.

O2O 서비스 매출 발생 형태별로는 수수료의 비중이 가장 큰 것으로 나

오락/스포츠/문화/교육 ,
5.4%

운송 서비스 , 9.6%

53.3 **만개**

개인미용/금융/보험/기타 ,
12.9%

음식점 및 숙박 , 67.4%

그림 9 제휴 가맹점 업종별 비율

출처: 산업자원부 자료를 토대로 저자 작성

타났다. 2020년 코로나 팬데믹으로 O2O 서비스 이용이 폭발적으로 증가하면서 수수료 비중은 2019년 대비 52.7%까지 증가하였다.

2020년 O2O 플랫폼에 입점해 서비스를 공급하는 제휴·가맹점 중 가장 높은 비율을 차지하는 것은 음식점 및 숙박 업종인 것으로 확인되었다. 이는 배달의민족, 요기요 등 음식 배달 O2O 기업(운송 서비스)에 입점한 음식점들이 음식점·숙박 분야의 가맹점으로 분류되기 때문이다. O2O 서비스 기업들 매출의 대부분은 음식점 및 숙박 등의 제휴 가맹점에서 부담하는 수수료인 것으로 나타났다.

특히 O2O 서비스의 매출액 대부분이 수수료인 만큼, 배달앱들은 점유율을 높이기 위해 다양한 유인책을 사용하였다. 온라인 음식 서비스(배달)의 시장 규모가 폭발적으로 확대되면서, 배달앱들은 가맹점들을 대상으로 수수료 할인 정책을 2년여간 유지하였고, 각종 할인 쿠폰 등을 통해 소비자들을 유인하였다. 이에 따라 2022년 1월 기준 배달의민족, 요기요, 쿠팡이츠 3사의 시장 점유율은 97.5%를 차지하고 있다. 배달의민족의 시장 점유율은 66%로 압도적 1위를 차지하고 있으며, 다음은 요기요로 점유율 17.9%, 3위는 쿠팡이츠로서 13.6%의 점유율을 차지하고 있다. 상위 3사가 시장 점유율의 97% 이상을 차지하고 있는 가운데, 코로나 엔데믹(Endemic, 감염병이 풍토병으로 굳어지는 것) 시대가 다가오고 서서히 일상으로 복귀함에 따라 배달앱들은 기존의 할인, 프로모션 등을 줄이고 배달 수수료 인상을 단행하였다. 배달 수수료 인상은 가맹점들의 부담으로 이어지는 만큼 배달앱과 가맹점 간 갈등이 촉발되고 있다. 배달앱 가맹점주들은 배달앱을 이용하여 매출은 늘었으나, 배달 수수료, 광고비 등의 각종 수수료 때문에 실질 소득은 줄어들었다고 주장한다.

코로나 팬데믹으로 일상 속 디지털 전환이 급속도로 이루어지면서 비대면 서비스를 제공하는 소수의 플랫폼 기업들이 독점적 지위를 누리면서 성장세를 거듭하고 있다. 이러한 상황에서 배달앱들의 수수료 인상은 고스란히 자영업자들의 비용 부담으로 이어지게 되고, 이러한 부담은 식비 상승으로 이어져 소비자들에게 전가된다. 디지털 전환으로 인한 편의성이 소수의 독점적 지위를 누리는 배달앱들에게는 큰 수익을 가져다주고 있지만, 이들의 수익 상승을 위한 조치는 수많은 가맹점주 및 소비자들의 부담 상승으로 이어져 이에 따른 새로운 갈등이 야기되고 있다.

고용 시장의 변화

코로나 팬데믹으로 소비 패턴이 급변하면서 일자리와 노동 측면에서도 큰 변화를 맞이하고 있다. 세계노동기구(ILO)에 따르면 코로나 팬데믹으로 노동 시간과 임금이 대폭 감소한 것으로 나타났다. 이렇게 줄어든 노동 시간을 주 48시간 일하는 정규직 일자리로 변환하면 4억 9천 5백만 개의 일자리가 없어진 것이라 할 수 있다.[21] 그런데 일자리 감소는 모든 일자리 분야에서 골고루 발생한 것이 아니다. 대면인지 비대면인지, 자동화 대체 가능성이 있는지 없는지 등 일자리의 특성에 따라 영향의 정도가 다른 것으로 나타났다. 비대면의 일상화, 디지털 전환의 가속화로 일자리의 지형이 크게 변화하고 있는 것이다.

비대면 서비스의 확산 및 디지털 전환의 가속화는 산업별 고용 시장에도 다르게 영향을 미친 것으로 나타났다. 고용노동부가 집계한 고용보험 가입자 현황에 따르면 비대면·디지털 전환 관련 서비스업의 일자리는 코로나 팬데믹의 여파로 더 빠르게 증가했다.[22] 비대면 및 디지털 바람을 타고 매장 없이 인터넷, 홈쇼핑, 배달, 방문 등의 방법으로 판매하는 무점포 소매업의 경우 2019년과 비교하여 2020년 고용보험 가입자의 증가 속도가 더 빨라진 것으로 확인되었다.

소프트웨어 개발 및 공급업을 포함하고 있는 출판업도 고용보험 가입자가 급증한 것으로 나타났다. 배송 물량의 증가로 창고 운송 서비스업도 가입자가 늘어났다. 이와 대조적으로 인터넷 뱅킹과 모바일 뱅킹의 활성화에 따라 기존 은행을 포함한 저축 기관에서는 고용보험 가입자가 감소한 것으

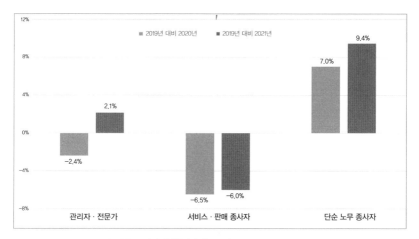

그림 10 직업별 취업자 수 증감률(2019년 4/4분기 대비)

출처: 고용노동부 통계를 바탕으로 저자 작성

로 나타났다. 따라서 코로나 팬데믹으로 인해 대면 접촉 여부, 디지털 전환 여부 등에 따라 일자리 구조의 재조정이 발생한 것으로 보인다.

특히 비대면 소비 확대에 따른 배송 물량의 증가로 택배원 및 배달원 등의 단순 노무 일자리가 대폭 확대된 것으로 나타났다. 반면에 재택근무가 어려운 판매 등의 서비스 일자리는 매우 감소하였다. 다만, 관리자, 전문가 등의 재택근무가 용이한 직업은 취업자 수의 변동 폭이 크지 않았다.

코로나 팬데믹으로 대면 서비스가 제약되고 비대면 서비스가 확산되며 디지털 전환이 가속화되는 등의 변화로 일자리 구조의 양극화가 심화되고 있다. 산업별로는 무점포 소매업, 출판업, 창고 운송 서비스업에서의 고용이 증가한 반면 온라인 및 모바일 뱅킹 확산으로 저축 기관의 고용은 감소하였다. 직업별로는 대면 서비스가 주를 이루는 일자리는 큰 폭으로 감소한 반면, 비대면 소비 확산으로 택배 배달원과 같은 단순 노무 일자리는 매우 증가하였다. 이를 직업 숙련도(고숙련, 중숙련, 중저숙련) 측면에서 살펴보면 일자리 수의 양극화를 더욱 뚜렷이 관찰할 수 있다.

한국은행 고용분석팀(오삼일, 송효진, 이종하)이 27일 발표한 「코로나19 이후 고용·재조정 및 거시경제적 영향」 보고서[23]에 따르면, 사무·판매직, 기능원, 조립원 등 중숙련·반복형(routine) 일자리는 감소한 것으로 나타났다. 이들 일자리는 대체로 반복 업무가 많고 재택근무가 여의치 않기 때문에 기업들이 이들을 자동화로 대체했기 때문이다. 반면, 고숙련·인지형(cognitive) 및 저숙련·육체형(manual) 일자리는 오히려 증가하였다. 특히 육체 노동의 비중이 높은 저숙련 일자리의 증가는 코로나로 인한 비대면 소비 급증으로 택배원, 배달원 등 단순 노무 종사자들의 일자리 수요가 늘어났기 때문인 것으로 보인다.

숙련도 측면에서의 일자리 수 양극화 현상은 임금 상승률에서도 관찰되었다. 중숙련 업종 노동자의 임금 상승률이 고숙련 및 저숙련 업종 노동자의 임금 상승률과 비교하여 가장 둔화된 것으로 나타났다. 이를 코로나 전후로 비교하면 더욱 명확히 관찰되는데, 중숙련 업종 노동자의 평균 임금 상승률의 경우 코로나 이전(2017~2019년)보다 코로나 이후(2020~2021년) 4.3%p 감소한 것으로 확인되었다. 고숙련(2.3%p), 저숙련(3.5%p) 업종 노동자의 평균 임금 상승률과 비교할 때 중숙련 업종 노동자의 임금 상승률이 가장 둔화된 것이다. 자동화 대체 가능성 여부에 따른 숙련도별 일자리 및 평균 임금 상승률의 양극화 현상은 당분간 지속될 것으로 보인다.

한편, 고용 시장의 변화는 유통업계에서 특히 뚜렷이 관찰된다. 코로나 팬데믹으로 인한 온라인 소비의 급증은 하이엔드 브랜드들까지 온라인몰을 오픈하게끔 하였다. 까르띠에와 프라다가 2020년 5월에 온라인몰을 오픈하였으며, 구찌와 샤넬도 네이버와 카카오톡을 통한 온라인 판매를 시작하였다. 다만, 샤넬 코리아 영업 이익은 오프라인에서 온라인으로의 유통방식 전환으로 2019년과 비교하여 2020년 대폭(34%) 증가하였다. 오프라인에서 온라인으로의 전환은 기업과 소비자 양측에게 이득을 주고 있기 때문이다. 즉, 기업 측면에서는 온라인 판매가 중간 유통비를 크게 줄일 수 있으므로 이익이 더 발생하게 되고, 소비자 입장에서는 동일 제품을 오프라인보다 더 싸게 살 수 있어 이득이 된다(정성광, 차경천(2020)[24]). 이렇듯 온라인 판매는 기업과 소비자에게 많은 이점을 주고 있지만, 관련 업계 노동자들에게는 오히려 독이 되고 있다는 평가다. 2021년 샤넬을 포함한 로레알, 시세이도 등 브랜드 제품을 판매하는 백화점 면세점 판매 서비스 노동조합은 파업을 강행하였다. 이들 파업의 주된 이유 중 하나는 '숨은 노동' 인정이다. 이러한 숨은 노동이 발생하는 이유는 다양한 채널로 동일한 상품을 소비자가 구매할 수 있기 때문이다. 다시 말하면, 소비자들은 온라인에서 해당 제품을 발견하고 오프라인 매장을 방문하여 해당 제품을 직접 눈으로 확인한 뒤 다시 가격 비교 사이트를 적극적으로 활용, 그 제품을 온라인에서 구입한다. 즉, 구경은 매장에서 하고 구매는 온라인에서 하는 '쇼루밍(Showrooming)'족이 급격히 증가하게 된 것이다(정성광, 차경천(2020)[25], 유광길(2021)[26]).

이에 따라 오프라인 매장의 매출은 급격하게 하락하고, 성과급 위주로 급여를 받는 근로자들의 임금은 크게 줄어들게 되었다. 따라서 노조는 오프라인 매장 직원들이 전시와 홍보, 상담, 포장 등 온라인 매출에 일정 부분

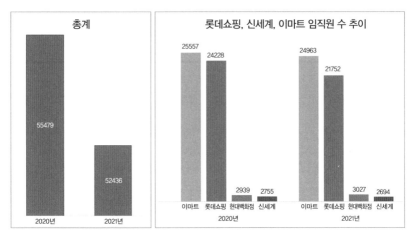

그림 11 대형 유통사 임직원 수 추이

출처: 금융감독원 전자공시시스템, 이투데이(2021.10.17.)

*현대백화점의 경우 2021년 임직원 수가 소폭 상승하였다. 이는 프리미엄 아울렛 2개(대전, 스페이스원)와 여의도 '더현대서울'을 오픈한 탓이다.

업무를 하고 있으므로 온라인 매출의 기여분을 인정해 달라고 주장하며 파업을 시도하였다.

다만, 오프라인 매장의 매출은 계속 줄어들고 온라인을 통한 매출은 늘어나게 되면서 유통업계는 온라인 위주로 마케팅 전략을 개편하고 있다. 이에 따라 기업들은 오프라인 매장의 인력 구조 조정을 적극적으로 단행하고 있다.[27] 롯데마트의 경우 오프라인 매장을 2020년 448개에서 2021년 427개로 줄였으며, 이외에도 롯데쇼핑, 이마트, 신세계그룹 등 대형 유통사들도 인건비 절감 등을 이유로 인력 구조 조정을 진행하였다.

소비 트렌드의 변화로 온라인 채널을 통한 소비 확대는 계속될 것으로 보이며, 기존 오프라인 매장의 인력 구조 조정은 지속될 것으로 보인다.

무인 매장

비대면 소비 확대와 디지털 전환의 가속화는 많은 편리함을 우리에게 안겨주지만 앞서 언급한 대로 노동 시장에는 긍정적인 영향만을 주는 것은 아니다. 특히 코로나 팬데믹 장기화와 소비 트렌드의 변화, 자동화 기술의 확대 및 최저 임금의 상승은 무인으로 운영하는 무인 점포가 급속도로 성장하게 된 배경으로 작용하고 있다. 맥도날드, 버거킹, KFC 같은 패스트푸드점 등 대형 점포의 결제 무인화는 이미 일상이 되고 있다. 주간에만 직원이 상주하고 야간에는 무인으로 운영되는 하이브리드형 편의점은 증가하는 추세이다. 이에 더 나아가 GS리테일은 계산대를 없애고 안면 인식 결제 시스템과 스마트 스캐너를 활용한 미래형 무인 편의점을 선보였으며, BGF 리테일은 고객이 점포 게이트를 통과하는 즉시 사전에 등록한 결제 애플리케이션을 통해 자동 결제가 이루어지는 시스템을 구축한 스마트 무인 편의점을 선보인 바 있다. 이러한 무인 매장은 카페, 아이스크림 가게 등 생활 밀착형 판매점에 주로 설치되고 있다.[28]

코로나 팬데믹의 장기화로 무인 점포가 확산되면서 무인 시스템을 가장 적극적으로 이용하고 있는 분야는 금융업이다. 은행은 이미 오프라인 점포 수를 크게 줄이는 동시에 인공지능(AI) 은행원이 고객을 응대하게끔 하고 있다. 무인 매장은 타인과의 불필요한 접촉을 최소화할 수 있으며, 이용자의 구매 형태를 AI가 분석함에 따라 더 최적화된 매장 설계 및 상품 추천이 가능하여 많은 편리성을 고객에게 제공하는 장점이 있다. 다만, 이러한 무인 매장의 확대는 일자리 감소라는 사회적 문제를 동시에 수반하고 있다.

한국고용정보원 보고서에 따르면 기술 대체 효과에 따라 2025년 우리나라 전체 노동자의 약 70%인 1천 8백만 명이 일자리에 타격을 입을 것으로 예상된다.[29] 이는 신체적 능력보다 대인 능력 및 기술 능력을 요하는 직업으로의 전환이 필요함을 의미한다.

산업별 양극화의 확대

코로나 팬데믹의 영향은 소비뿐 아니라 재화 및 서비스 수출 하락에도 큰 충격을 준 것으로 나타났다. 아래의 그래프에서처럼 2020년 2분기 수출은 전년 동기(2019년 2분기) 대비 13.9% 감소하였다.

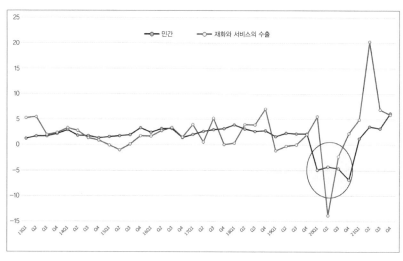

그림 12 국내총생산에 대한 민간 및 수출에 대한 지출 (전년 동기 대비, %)

출처: 통계청 자료를 토대로 저자 작성

언박싱 코로나

코로나 팬데믹이 경제 산업에 미치는 영향 중 주목해야 할 점은 코로나 위기가 각 산업에 미치는 충격의 정도가 매우 다르다는 것이다. 즉, 코로나 팬데믹으로 인해 일부 산업은 아주 커다란 충격을 받아 큰 위기를 겪은 반면, 다른 일부 산업의 경우 오히려 수요가 증가하는 양상을 보였다. 따라서 코로나-19를 겪으면서 산업 간 격차가 눈에 띄게 확대된 모습을 관찰할 수 있다.

서비스업

다음 페이지의 두 그래프는 서비스업 생산 지수에 관한 것이다. 서비스업 생산 지수는 국내 서비스 부문의 활동을 지수화한 것이다. 서비스업 부문의 경기 동향을 판단하는 데 유용하게 활동하는 지표이며, 2015년 생산 수준을 100으로 놓고 비교한 수치이다. 상단의 그래프는 2015년부터 2019년까지의 서비스업 생산 지수 증가율의 평균, 하단의 그래프는 코로나 팬데믹이 본격화된 2020년 서비스업 생산 지수의 증감률을 나타낸 것이다. 서비스업 총 생산 지수의 경우, 지난 5년간 평균 3.38% 상승한 것으로 나타났으나, 2020년에는 0.70% 감소한 것으로 확인되었다. 코로나 팬데믹이 서비스업에 상당한 충격을 준 것이다. 다만, 2020년 서비스업 생산 지수의 경우 일부 산업에서는 증가한 것으로 나타났다.

2020년 코로나 팬데믹의 직접적 영향을 받는 대면형 서비스업은 큰 타격을 받은 것으로 분석된다. 예술·스포츠 및 여가 관련 서비스업, 숙박 및

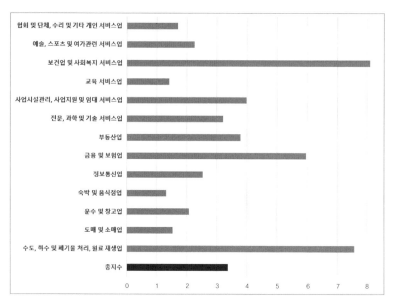

그림 13-1 2015~2019 서비스업 생산 지수 증가율의 평균(%)

출처: 통계청 자료를 토대로 저자 작성

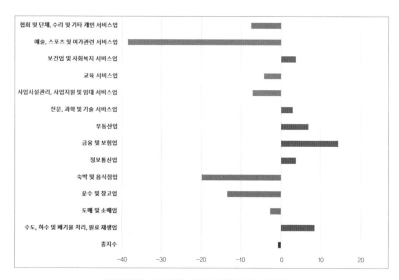

그림 13-2 2020년 서비스업 생산지수 증감률(%)

출처: 통계청 자료를 토대로 저자 작성

음식점업, 운수 및 창고업 등이 큰 피해를 입은 것으로 나타났다. 그중 예술·스포츠업의 생산 지수는 38.5%p 하락하였으며, 숙박 및 음식점업은 19.8%p, 운수 및 창고업은 13.4%p 하락하며 두 자릿수 포인트의 큰 타격을 입은 것으로 드러났다.

서비스업 생산지수를 통해 코로나 팬데믹 이후 산업의 내부적 변화를 확인할 수 있다. 특히, 정보통신업, 전문과학기술업 등이 대표적으로 각광받는 산업으로 부상했음을 알 수 있다. 통계청에서 발표하는 고용 동향 통계(2021년 12월 기준)에서도 정보통신업 및 전문과학기술업 고용이 코로나 팬데믹 이전 수준을 능가하는 것으로 나타났다. 실제 게임업계를 중심으로 국내 정보기술(IT)업계에서 경쟁적으로 인력을 충원하고 있으며, 이와 같은 맥락으로 5대 게임사(크래프톤, 엔씨소프트, 넷마블, 펄어비스, 카카오게임즈) 급여 총액[30]은 2020년과 비교하여 2021년에 38.8%(6천 256억 원에서 8천 684억 원으로 증가)나 증가하였으며, 직원 평균 연봉은 1억 원을 넘어섰다.

제조업

다음 페이지의 그래프는 주요 20대 품목에 대한 2019년과 2020년의 수출액 증감률에 관한 것이다. 2019년의 경우 주요 품목들 대부분의 수출액 증가율이 미·중 무역 분쟁 고조, 세계 경제 둔화 등으로 인해 마이너스(-)를 기록하였다. 그러나 코로나 팬데믹에도 불구하고 바이오헬스, 이차 전지, 화장품, 농수산 식품, 컴퓨터, 반도체 품목은 플러스(+) 성장을 보였다.

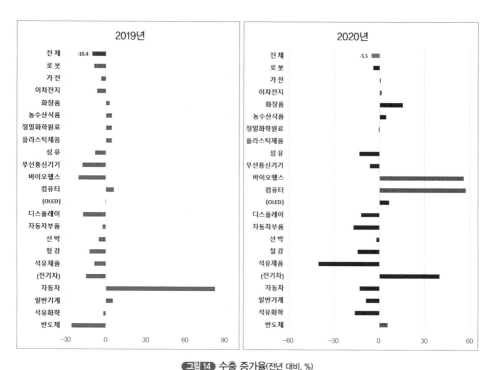

그림 14 수출 증가율(전년 대비, %)

출처: 통계청, 산업통상자원부 자료를 토대로 저자 작성

바이오 헬스 분야 수출의 경우, 코로나 팬데믹의 여파로 진단 키트 수출이 대폭 상승하였는데, 특히 인공호흡 기기·영상 기기 등 의료 기기 수출 호조세로 104.4% 상승하였다. 비대면 경제 활성화로 IT 관련 품목들(반도체, 컴퓨터, 이차 전지)의 수출액은 2019년 대비 늘어난 것으로 확인되었다. 반도체와 컴퓨터의 수출은 비대면 회의 및 재택근무 확대로 증가하였는데 특히, 컴퓨터 수출은 2019년과 비교하여 57.2%로 대폭 늘어났다. 미국·유로존 등의 지역에서 전기차 시장 확대로 인해 이차 전지의 판매량이 증가하였으며, 스마트폰 및 노트북 등의 IT 기기 판매 증가로 인한 리튬 이온 배

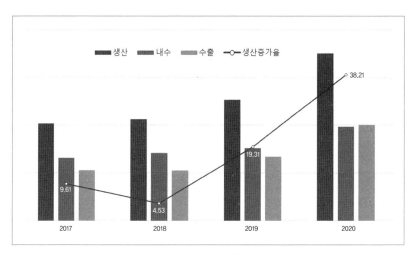

그림 15 바이오 산업 동향(조 원, %)

출처: 통계청 자료를 토대로 저자 작성

터리 수출액은 2019년과 비교하여 7.6% 증가하였다. 농수산 식품의 수출이 증가한 이유는 코로나 팬데믹의 영향으로 조리가 간편한 간편 식품의 수요가 상승한 것으로 분석된다.

바이오 산업 분야는 코로나 팬데믹 시기에도 불구하고 생산, 수출 등에서 고루 상승한 것으로 나타났다. 2020년 기준 바이오 산업 생산액은 2019년 대비 5조 1천 7백억 원 상승했다. 생산액 상승률은 38.21%로 2019년 산업 생산액 증가율과 비교하여 약 20%p 상승한 것으로 드러났다. 최근 5년간 연평균 생산 증가율이 10.9%임을 고려할 때 2020년 생산액은 대폭 상승하였음을 알 수 있다.

바이오 산업 중 가장 규모가 큰 것은 바이오 의약 산업으로 전체 바이오 산업 중 28.9%를 차지하는 것으로 나타났다. 바이오 의료 기기의 경

그림 16 바이오 산업 생산액(단위: 억 원)

출처: 산업통상자원부 자료를 토대로 저자 작성

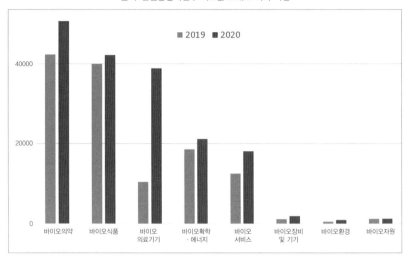

표 3 바이오 생산 규모

출처: 산업통상자원부 자료를 토대로 저자 작성

	바이오 의약	바이오 식품	바이오 의료기기	바이오 화학·에너지	바이오 서비스	바이오 장비 및 기기	바이오 환경	바이오 자원
2019	42,246	39,903	10,438	18,561	12,519	1,105	557	1,257
2020	50,629	42,146	38,795	21,124	18,099	1,936	986	1,211
증감률 (%)	19.8	5.6	271.7	13.8	44.6	75.2	77	−3.7

우 2020년 코로나 팬데믹의 영향으로 체외 진단 시장 규모가 2019년 대비 271.7% 증가함에 따라 3조 8천 8백억 원의 생산액을 기록하였다. 체외 진단은 인체로부터 채취한 다양한 검체에 대해 생화학적 반응을 활용하여 얻은 자료를 바탕으로 질병의 유무 및 경중을 판단하는 것을 의미한다. 참고

로 체내 진단은 내시경을 직접 활용하거나 방사선, 초음파 등 매개체를 활용하여 얻은 체내 영상 자료를 바탕으로 질병의 유무 및 경중을 판단한다. 이외에도 치료용 항체 및 바이오 위탁 생산 및 대행 서비스도 2019년 대비 크게 증가하여 생산 확대를 견인한 것으로 나타났다.

2022년 초 러시아의 우크라이나 침공 사태로 에너지 및 원자재 가격이 급등하게 되었다. 수입액이 사상 최대치를 기록하고 있으나, 수출 역시 최고 기록을 경신하고 있다. 무선 통신 기기, 디스플레이와 같은 IT 품목과 바이오헬스 등 유망 신산업 수출의 증가 폭이 확대되면서 수출 호조에 크게 이바지했기 때문이다. 특히, 바이오 헬스 분야는 2022년 3월 기준 18억 5천만 달러를 기록하며 역대 3월 중 2위를 기록하였으며, 1위는 컴퓨터(16억 8천만 달러) 수출이 차지하는 등 수출 신기록을 달성하였다. 시스템 반도체, 전기 자동차, 바이오헬스, OLED 등 유망 수출 품목들은 새로운 수출 동력원으로 자리매김한 것으로 분석된다.

어떻게 대응해야 할 것인가

코로나 팬데믹은 전 세계 경제와 사회에 크게 영향을 미치고 있다. 미국, 일본, 독일 등 주요 선진국뿐 아니라 브라질, 인도와 같은 신흥국들도 팬데믹으로 인해 상당한 경제 충격을 경험하였다. 한국 경제도 마찬가지로 2020년 실질 경제 성장률이 마이너스 수치인 −0.9%로 나타났다. 외환 위기를 겪은 1998년의 −5.1% 이후 첫 마이너스 수치이다. GDP라는 통계가 처음 작성된 1970년 이후 우리는 세 번의 마이너스 성장을 기록한 바 있으며, 2007년 글로벌 금융 위기 당시에도 플러스 성장한 것을 고려할 때 이번 코로나 팬데믹이 한국 경제에 미친 충격이 얼마나 막대한지 짐작할 수 있다.

코로나 팬데믹으로 인한 2020년 당시 경기 위축의 주 요인은 민간 소비 위축과 수출 둔화였다. 관광객 감소, 외출 자제 분위기, 거리 두기의 일상화 등으로 서비스업을 중심으로 소비가 크게 위축되었다. 소비 심리 위축에도 불구하고 온라인 쇼핑을 통한 소비는 2019년과 비교하여 폭발적으로 증가하였다. 코로나 확산으로 언택트 소비가 폭발적으로 증가한 것이 이런 증가의 주된 요인이라 할 수 있으며, 이에 따라 민간 수요의 감소에도 불구하고 온라인 매출은 대폭 상승한 것으로 나타났다. 반면 오프라인 매출 증감률은 마이너스(-3.6%)를 기록하고 있어 온라인과 오프라인 유통업체 소매 업태별 매출 상승률에 양극화가 발생하고 있음을 알 수 있다.

실제 전체 매출 구성비에서 온라인의 비중은 2018년 37.9%에 불과했던 것이 2021년 48.3%로 크게 상승하여 전체 매출 중 절반 가까이 차지하고 있다. 반대로 대형 마트, SSM(Super Supermarket, 대형 유통업체가 체인 형태로 운영하는 소매점) 등 대면 수요가 필요한 곳은 하락 추세를 보여, 소비자들의 소비 형태가 오프라인 소비에서 온라인 소비로 전환되고 있음을 알 수 있다. 이러한 소비자들의 쇼핑 트렌드 변화에 발맞추어 기업들은 빅데이터, 인공지능과 같은 첨단 기술을 적극 이용하고 있으며, 이에 따라 일상생활에 이러한 기술이 급속도로 퍼져 활용되고 있다. 특히 오프라인에서 온라인으로 옮겨 간 소비자들을 흡수하기 위해 기업들은 경쟁적으로 디지털 전환 및 서비스 지원에 적극 동참하고 있다. 예를 들어 신세계의 경우 오프라인 중심 사업 구조를 온라인 중심으로 전환하고 이를 위해 대규모 투자를 단행하고 있다. 롯데홈쇼핑도 가상현실(VR), 증강현실(AR) 기술을 적용하여 고객의 편의를 극대화한 디지털 전환에 적극적인 모습을 보이고 있다. 이에 멈추지 않고 오프라인 매장이 있는 기존의 유통업체들은 오프라인을 통해 쌓아온 데이터를 중심으로 온·오프라인을 결합한 옴니채널을 강화하고 있다. 옴니채널을 통해 소비자들은 시간과 장소에 구애받지 않고 제품을 구매할 수 있으며, 오프라인, 인터넷, 모바일, 콜센터 등 다른 판매 채널을 이용하더라도 동일한 제품 및 서비스를 제공받을 수 있게 되었다.

디지털 전환에 발 빠르게 적응한 기업들의 옴니채널 활용 여부가 실제 기업 매출에 상당한 영향을 미치고 있다. 2010년대 유통업체들의 격전지인 헬스&뷰티 스토어 시장의 경우 CJ 올리브영은 선제적으로 옴니채널을 도입하여 경쟁업체들을 물리치고 연 매출 2조 원을 바라볼 정도로 급성장하고 1위 기업으로 입지를 굳히고 있다. 선제적인 옴니채널 도입이 헬스&뷰티 스토어 시장의 승부를 결정지은 것으로 분석된다.

옴니채널 등을 통한 언택트 소비는 시간과 장소에 구애받지 않는 편의성 등의 장점이 있으며, 이러한 소비 형태는 더욱 증가할 것으로 보인다. 다만, 이렇게 온라인 시장이 성장하면서 쇼루밍족이라는 새로운 개념의 쇼핑족이 유통 시장에 핵심적인 경향으로 자리 잡았다(염미선(2015)).[31]

쇼루밍족의 급격한 증가는 고용 시장에도 큰 영향을 미치고 있다. 소비자들이 주로 온라인에서 상품을 구매하다 보니 오프라인 매장 직원을 많이 고용할 필요가 없어졌기 때문이다. 온라인 소비의 확대, 쇼루밍족의 증가 등으로 기업들은 오프라인 매장을 축소하고 온라인 시장을 더 확대하는 방향으로 개편하고 있다.[32] 이에 따라 오프라인 매장의 인력 구조 조정을 적극적으로 진행하고 있다. 다만, 온라인 위주의 소비 패턴에 따른 고용 시장의 변화는 모든 업종에 일률적으로 영향을 미치는 것은 아니다. 대면인지 비대면인지, 자동화로 대체될 수 있는지, 어느 정도 숙련되었는지에 따라서 다르게 나타나며, 이러한 양극화 현상은 지속될 것으로 전망된다(김남주 (2015)[33], 신기윤 외 (2020)[34], 한국은행(2021)).

코로나 팬데믹은 소비 지형뿐 아니라 각 산업에서도 양극화를 심화시켰으며, 개개인의 삶에도 큰 영향을 미치고 있다. 즉, 일부 산업에는 커다란 충격을 주어 큰 위기를 겪게 한 반면, 다른 일부 산업의 경우 오히려 수요가 증가하는 양극화 양상이 뚜렷이 나타나고 있다. 특히 제조업의 경우 코로나 팬데믹의 영향으로 수출액 기준 바이오 헬스, 이차 전지, 반도체 품목 등이 플러스(+) 성장을 한 것으로 나타났다. 이들은 새로운 수출 동력원으로 자리매김한 것으로 분석된다.

코로나 팬데믹은 경제뿐 아니라 개개인의 삶에도 큰 영향을 미치고 있다. 코로나 팬데믹으로 인한 언택트 소비의 생활화는 개인에게 편의성을 제공하였다. 이에 따라 택배원 및 배달원 등의 단순 노무 일자리는 증가했지만, 오프라인 매장의 일자리는 크게 줄어들고 있다. 기업들이 오프라인 매장 인건비 절감 등의 이유로 대규모 구조 조정을 단행하고 있기 때문이다. 다만 게임업계를 중심으로 한 IT 업계는 인력 대란에 시달리고 있어, 이러한 고용 시장의 양극화는 실제 임금 상승률에도 고스란히 반영되고 있다. 한국은행의 보고서에 따르면 디지털 전환으로 기술이 노동을 대체하는 과정에서 일시적으로 실업이 대거 발생할 수 있는 것으로 나타났으며, 중숙련 일자리가 가장 위태로운 것으로 분석하고 있다.

코로나 팬데믹으로 인한 디지털 전환 가속화는 수출 품목에도 영향을 미친 것으로 보인다. 비대면 경제 활성화로 반도체, 컴퓨터, 이차 전지 등의 IT 관련 품목들의 수출액이 증가한 것으로 나타났다. 특히, 시스템 반도체, 전기차, 바이오헬스, OLED 등 유망 수출 품목들은 우리나라의 새로운 수출 동력원으로 자리매김한 것으로 분석된다.[35]

디지털 전환은 코로나 팬데믹과 상관없이 진행 중이었으나, 코로나 팬데믹은 이 전환을 앞당기는 촉매제 역할을 하고 있다. 이러한 급격한 변화에는 효율성을 향상시키는 긍정적인 면도 존재하지만, 일부 산업과 고용 시장에는 부정적인 영향을 미치는 등 양극화 심화 우려도 낳고 있다. 국회미래연구원(2022) 보고서[36]에 따르면 디지털 전환 기술 발전은 중장기 경제 성장 효과로 이어지게 되지만, 중숙련 노동자의 수요 감소와 고용 구조의 양극화 등에 따라 경제 성장의 포용성[37]이 제한됨을 보인 바 있다. 따라서 디지털 전환 시대에서 초래되는 부작용을 해소하기 위한 정책적 대안이 절실히 요구된다.

나도 살고
지구도 살 수 있을까

– 팬데믹 한가운데서 친환경을 외치다

김민정(연세대학교 정치외교학과 강사)

코로나19는 끔찍하다. 그러나 기후 변화는 더 끔찍할 수도 있다.

— 빌 게이츠

생명을 위협받는 팬데믹 시대에
친환경을 말하는 이유

기후변화, 탄소 중립, 파리 기후 협정, 전기차, ESG, 그린뉴딜, RE100, 수소경제……. 하루에도 수십, 수백만의 코로나-19 확진자가 발생하고 사망자가 급증하는 전쟁 같은 팬데믹의 와중에도 우리는 매일같이 이런 단어들을 들었다. 원료 수입이 막히고, 제품 수출이 어려워지고, 공장을 돌릴 노동자가 없어지고, 해외 출장조차 가기 어려운 절체절명의 위기 상황인데도 기업들은 끊임없이 환경을 이야기했다. 대체 왜 우리는 내일의 건강과 생명조차 보장할 수 없는 팬데믹의 시대에 친환경을 논하고 있는 것일까?

사실 늘 환경을 이야기해 왔던 학자들과 환경 운동가들에게도 이런 현상은 놀라운 것이었다. 인간이 걱정할 수 있는 총량은 한정적인데, 걱정거리가 될 만한 위험 요소들은 상당히 많다. 따라서 이 위험 요소들 중 어떤 하나가 더 많이 위험해지고, 더 빨리 해결해야 하는 문제가 되면 사람들은 상대적으로 다른 위험 요소들에 대한 걱정을 덜 하게 된다는 가설이 지배적이다. 과거에도 금융 위기와 같이 심각한 위험이 닥쳤을 때 기후 변화 문제는 사람들의 생각 속에서 희미해졌고, 사람들은 당장 해결해야만 하는 경제적 문제들을 걱정하느라 지구를 걱정할 여유가 없었기 때문이다.[1] 그래서 전 세계인들의 건강과 생명을 위협하는 신종 바이러스의 대유행이 또 한 번 환경에 대한 관심과 노력을 후퇴시킬 것이라고 예상하는 사람들이 많았다.

그러나 실제 결과는 정반대였다. 백신과 치료제도 마땅치 않았던 바이러스의 대유행, 위중증자 및 사망자의 급증, 대량 실직, 기업 매출 급감, 셧다운 등의 수많은 위험 요소들이 우리를 위협하는 와중에도 시민들은 물론 정부, 기업, 투자자들은 모두 기후 변화를 걱정하고 적극적으로 해결 및 대응 방안을 논의했다. 2021년 16개국의 성인 1만 4천 514명을 대상으로 한 조사[2]에서 43%의 응답자들은 팬데믹 이전보다 이후에 더 기후 변화에 대해 걱정한다고 답했고, 이러한 경향은 서구 선진국들보다 신흥국에 해당하는 브라질, 인도, 멕시코, 남아프리카공화국, 한국 등에서 더 두드러지게 나타났다.

또한 2021년 마스터카드가 24개국의 소비자 2만 5천 519명을 조사한 결과,[3] 85%의 응답자들이 환경 문제 해결과 지속 가능성을 위해 개인적 행동들을 실천할 의지가 있다고 답했다. 42%의 응답자들은 자신의 소비가 친환경적인지에 대해 더 많이 생각하게 되었다고 말했으며, 37%의 소비자들이 기업들에게 폐기물 배출량 감소를 위한 노력을 요구했다. 또한 24%의 소비자들은 지속 가능성에 대한 미래 계획이 없는 브랜드에 대해 불매 의사를 밝히기도 했다.

이와 같이 팬데믹 이후에 오히려 환경에 대해 더 많이 고민하고 행동하는 트렌드는 시민들과 소비자뿐 아니라 기업들과 투자자들 사이에서도 확실하게 드러났다. 특히 기업들과 투자자들은 환경(Environmental)−사회(Social)−지배구조(Governance) 개선을 위한 이른바 ESG 경영, 지속 가능한 경영에 더욱 적극적으로 투자를 한 것으로 나타났다. 지속 가능성 관련 투자액은 팬데믹 중에도 꾸준히 증가했는데, 팬데믹 이전인 2019년에는 전세계 ESG 펀드에 들어간 돈이 2천 850억 달러였던 것에 비해 2020년에는 5천 420억 달러, 2021년에는 6천 490억 달러로 늘었다. 이로써 ESG 펀드는 전 세계 펀드 자산의 10%에 이르게 되었다.[4]

팬데믹 이후 소비자와 기업의 환경을 대하는 태도가 변화한 것은 분명하다. 그렇다면 그 변화의 구체적인 원동력은 무엇이었을까?

지구가 살아야 나도 산다
─소비자들의 환경에 대한 생각 변화

팬데믹 이후 우리가 친환경을 더 많이 이야기하게 된 중요한 이유 중 하나는 바로 시민들, 소비자들의 환경과 기후 변화에 대한 생각이 바뀐 것이다. 우선 신종 바이러스가 생겨나고, 이것이 엄청난 전염력을 통해 전세계적으로 유행하게 된 것은 인간 활동이 환경에 미치는 영향과 관련이 있다는 인식이 확산되었다. 그리고 매일 쓰고 버리는 엄청난 양의 마스크, 카페에서 다회용 용기 대신 쓰이는 일회용품, 식당에서의 식사가 어려워지면서 급증한 배달 플라스틱 용기, 의료진과 공무원들의 방역복 등 개인의 건강과 안전을 지키기 위해 쓰이고 버려지는 쓰레기가 급증하면서 여기에 대한 우려도 증가했다. 내가 살기 위해 파괴한 것들이 다시 나에게 부메랑처럼 돌아온다는 것을 절실히 깨닫기 시작하면서, 소비자들은 내가 살기 위해서는 지구를 함께 살려야 한다는 생각을 점차 하게 된 것이다.

또한 곳곳에서 시행된 셧다운도 이런 생각의 변화에 중요하게 작용했다. 팬데믹으로 인해 재택·비대면으로 업무나 교육의 방식이 바뀌었고, 사회적 거리 두기와 바닷길, 하늘길의 통제로 인해 사람들과 물건의 이동이 한꺼번에 중단되면서 일시적으로나마 대기질이 개선되거나 탄소 배출량 등이 감소하는 현상을 직접 목격했기 때문이다. 그동안 환경 오염, 기후 변화가 심각한 문제이긴 하지만 우리가 이제 와서 노력을 한다고 해도 무슨 소용이 있겠느냐고 생각했던 무력감이 "우리가 무언가를 하면 변화가 일어날 수도 있겠다"는 효능감으로 변화하기 시작한 것이다.

재택근무와 셧다운으로 인한 또다른 중요한 효과도 있었는데, 바로 사람들이 출퇴근이나 등하교를 하지 않게 되고, 집에서 혼자 보내는 시간이 늘어나면서 인간이 환경에 미치는 영향, 환경이 인간에게 미치는 영향에 대해 생각해 볼 시간도 증가했다는 점이다. 실제로 팬데믹 이후 환경과 지속 가능성에 대해 더 많이 우려하게 되었다는 사람들 중 44%는 이동 시간이 줄어들거나 셧다운 등을 겪으면서 평소보다 환경에 대해 생각할 시간이 더

많아진 것이 그러한 변화의 주요 원인이라고 답하기도 했다.[5]

시민들은 팬데믹으로 인해 발생한 경제적 어려움들 역시 단순히 경제 성장률, 매출액 증가, 무역 수지 흑자 등 수치의 개선만으로 해결할 것이 아니라, 질적으로도 환경을 해치지 않는 이른바 '녹색 회복(green recovery)' 방식으로 해결하기를 바란다. 2021년 16개국의 성인 1만 4천 514명을 대상으로 한 조사[6]에서 51%의 응답자들은 팬데믹 이후의 경제 복구 방식이 경제 성장이나 실업률 증가를 감수하더라도 친환경적인 녹색 회복의 방식으로 이루어져야 한다고 답해, 환경에 악영향을 미치더라도 경제를 가장 우선으로 하며 복구하는 방식보다 선호하는 것으로 나타났다.

특히 젊은 소비자들의 '가치 소비' 트렌드가 이와 같은 팬데믹 이후의 환경 인식과 맞물리면서 더 큰 시너지 효과를 보이게 될 가능성이 높다. 젊은 소비자들은 가장 싼, 혹은 가장 많이 팔리는 것을 소비하기보다는 자신이 스스로 가치를 판단해 소비하고, 그러한 가치 소비로 얻어지는 만족감을 중요하게 생각하는 새로운 소비 패턴을 보여준다. 그리고 단순히 나에게 주어진 선택지들 중 하나를 수동적으로 골라서 소비하는 것에 그치지 않고 내가 원하는 방식으로 물건을 만들라고 기업에 적극적으로 요구를 하기도 한다. 통조림 햄의 플라스틱 뚜껑을 반납하고, 두유에 붙어 있는 빨대를 반납하고, 롤케이크 상자에 딸려오는 플라스틱 빵 칼을 반납하는 등의 소비자 운동은 결국 이들 기업들이 제품을 생산하고 포장하는 과정에 대해 고민하게 만들고 개선책을 내놓도록 만들었다. 그리고 개별 기업들에 대한 소비자들의 요구는 업계 전체에 시그널을 보내 더 큰 규모의 변화와 파장을 만들어낸다.

지구를 죽이면 나도 죽는다
—기업 경영자, 투자자들의 위험 인식 변화

팬데믹 이후 환경에 대한 생각 변화는 소비자에게만 일어난 것은 아니다. 신종 바이러스의 팬데믹은 기존 경영 모델로 예측하지 못한 위험 요소였다. 순식간에 발생한 위기 상황에서 단기적 이윤 극대화만을 추구하던 기업들은 무척이나 당황하고 헤맸다. 팬데믹의 충격을 극복하기 위한 전략을 논의하는 과정에서 기업 경영자들과 투자자들은 구시대적인 경영 모델에서 벗어나야 한다는 점을 절실히 느끼게 되었다. 통제할 수 없는 위험 요소가 또 다시 등장한다면, 기업은 어떻게 살아남을 수 있는가에 대해 고민하기 시작한 것이다. J. P. 모건이 전 세계 50개 투자 기관의 투자자들을 설문한 결과, 71%의 응답자들은 코로나-19와 같이 '일어날 가능성은 낮고 그 영향력은 큰' 위험 요소를 경험하면서 기후 변화, 생물 다양성 감소와 같이 '일어날 가능성도 높고 그 영향력도 큰' 위험 요소를 인지하고 해결하기 위해 행동에 나서게 만들 것이라고 예상했다.[7]

사실 오랫동안 기업의 친환경 경영은 실제로 존재하지 않았다. 말로는 친환경을 이야기하면서도 실질적으로 그러한 말을 행동으로 옮기지 않았다. 그러한 언행 불일치의 가장 큰 요인은 친환경은 돈이 많이 든다는 판단 때문인 경우가 많았다. 기업의 가장 큰 목표는 비용 절감과 이익 극대화인데 그 계산이 주로 단기적인 시간 프레임 안에서만 이루어졌기 때문이다. 그런데 이 전통적인 단기적 비용-이익 계산식에 포함되어 있지 않던 팬데믹이라는 갑작스러운 위기가 실제로 일어났고, 기업들과 투자자들은 이러한 위기 상황을 고려하지 않는 단기적 계산식과 예측 모델의 한계를 뼈저리게 깨달았다. 경영자들은 회사의 주식을 가지고 있는 주주(shareholder)의 이익만을 고려하는 것이 아니라 환경, 사회, 노동자, 소비자 모두를 고려한 이른바 이해관계자(stakeholder) 경영으로 전환해야 할 필요성을 절감하게 되었다. 실제 팬데믹이 한창이던 2020년, 지속가능한 투자 펀드들(sustainable equity funds)의 4분의 3은 전체 투자 펀드 평균보다 더 많은 수익을 내며 장기적이고 지속 가능한 방식을 택한 기업들이 팬데믹의 위기에도 더 강하다는 사실을 보여줬다.[8] 결국 팬데믹을 통해 기업들과 투자자들은 단기적 이익에만 집중해 환경을 고려하지 않는 경영 방식은 결국 기업을 죽인다는 인식을 하게 된 것이다.

지구를 살리는 소비자
─불편하지만 쿨하게, 작지만 크게 소비하기

기후 변화 발생에 대해 우리는 흔히 기업들에게 화살을 돌린다. 물론 기업들이 제품 생산 및 유통 과정에서 직접적으로 다량의 온실가스를 배출하는 것은 사실이고, 온실가스 감축의 책임을 져야 하는 주체임은 분명하다. 그러나 또 한 가지 중요한 문제는, 과연 기업에게 책임을 물어 그들이 변화하는 것만으로 기후 변화 문제에 충분히 대응할 수 있냐는 것이다.

우리는 환경 문제를 주로 기술의 혁신이나 생산·판매 방식의 변화 측면에서만 접근하려는 경향이 있다. 화석 연료를 대체할 신 재생 에너지를 찾고, 생분해성 플라스틱을 개발하고, 재활용 소재를 활용하여 제품을 생산하고, 제품 과대 포장을 줄이는 방법들은 모두 이러한 접근법의 산물이다. 그런데 아무리 이러한 기술 혁신과 생산 방식의 변화를 권장하고 지원하고 환경 파괴적 방식을 규제한다고 해도, 생산의 측면에서만 이루어지는 노력으로는 기후 변화 문제를 해결하기엔 역부족이다.

제품 생산은 왜 이루어지는가? 그것을 소비하는 소비자들이 존재하기 때문이다. 계속해서 환경에 해를 끼치는 제품을 구매하고 사용하는 소비자들이 존재하는 한, 기업들은 그러한 시장을 포기하지 못하기 때문이다. 이미 1992년 유엔환경개발회의(UNCED), 일명 리우 지구정상회의(Earth Summit)에서 채택한 어젠다21에서는 제품의 생산 패턴과 소비 패턴 모두를 지구 환경이 지속적으로 악화되는 주 원인으로 명시했다.[9] 즉, 기업만의 노력과 변화만으로는 환경 문제를 해결할 수 없고, 소비자들의 인식과 행동도 근본적으로 수정해야 할 필요가 있다는 것이다.

리우 회의 이후 30년의 세월이 흐른 지금, 기업은 이미 상당한 기술적·인식적 변화를 보여주고 있다. 그러나 그동안 기업을 욕하기에만 바빴던 소비자들도 이제는 생각과 행동의 패러다임을 바꿔야 한다. 이어지는 내용에서는 지구와 나를 살리는 소비자의 생존 전략으로 주로 언급되는 두 가지를 설명한다. 우선 소비의 패턴을 바꾸어야 하는 이유와 친환경적 소비 패턴이란 무엇인지에 대해 이야기한다. 그리고 한 발 더 나아가서, 소비 패턴 변화만으로는 부족한 이유와 소비의 양을 줄여야 하는 이유를 다룬다.

1) 친환경적 소비 패턴 – 낯설고 불편한 것을 쿨한 것으로

산업화 이후 경제가 급속도로 발전하고 전 세계적으로 많은 사람들의 소득 수준이 늘어나면서 자연스럽게 인류는 소비의 시대를 맞았다. 소득이 적을 때는 생존에 꼭 필요한 소비만을 할 수 있었지만, 소득이 늘어나면서 여유 자금이 많아졌고, 인간은 더 많은 것을 소비하고자 하게 되었다. 그리고 소비 욕구는 더 많은 상품을 판매하려는 기업들의 전략과 맞물려 점점 더 증가해 왔다. 인간의 낭비적 소비는 이미 오래 전부터 환경을 파괴하고 기후 변화를 야기하는 주요한 원인으로 지적되어 왔다.[10]

낭비적 소비의 정의를 여러 수준에서 내릴 수 있겠으나, 가장 좁은 의미에서 정의한다면 환경 파괴적, 혹은 지속 불가능한 소비라 할 수 있다. 주로 경제학적 관점에서의 낭비적 소비에 해당하는 환경 파괴적 소비는 소비자들의 손익 계산 오류에 의해 발생하며, 환경 오염 물질을 너무 과도하게 많이 배출하거나 폐기물이 많이 발생되는 소비 패턴을 의미한다(이정전, 2013). 이는 단순히 구매 후뿐 아니라 해당 상품의 원료를 구하는 단계부터 해당 상품을 폐기하는 단계까지 상품의 전체 생애 주기에서 환경 파괴적인 특성이 있는 경우를 뜻한다. 원재료를 채취할 때 해당 지역의 자연과 생태계를 훼손시킨 제품, 생산 과정에서 화석 연료를 과도하게 사용하거나 온실가스를 많이 배출한 제품, 에너지 효율이 낮고 온실가스를 많이 배출하는 제품, 일회용 제품, 재활용이 불가능한 소재로 만들어진 제품 등을 소비하는 모든 행위가 바로 환경 파괴적 소비이다.

따라서 친환경적 소비 패턴으로의 변화는 우리가 생각하는 것보다 훨씬 더 광범위하게 이루어져야 하며, 낯설고 불편한 소비에 익숙해지는 과정을 필연적으로 요구한다. 단순히 재활용을 열심히 하고, 일회용품을 덜 쓰고, 전기차를 사는 것만으로는 부족하다. 물론 이런 작은 것부터 실천하는 것이 아무 소용도 없다는 뜻은 아니다. 분명히 작은 변화와 노력도 환경 문제를 해결하는 데 긍정적인 작용을 할 수 있다. 그러나 그 긍정적 효과의 정도가 너무 작은 것이 문제다. 어젠다21은 지속 불가능한 소비로 인해 자연 자원을 과도하게 소비하는 것을 경계하면서, 환경 파괴를 최소화하고 오염을 줄이며 효율적으로 자연 자원을 사용해야 한다고 강조한다.[11] 1994년에 나온 유엔환경계획(UNEP)의 정의에 따르면 지속 가능한 소비란 자연 자원과 독성 물질의 사용을 최소화하면서 상품의 전 생애 주기에 걸쳐 폐기물과 오염 물질 배출을 최소화하는 소비로, 미래 세대의 필요를 위협하지 않는 소비이다.[12] 이 정의에 따르면 소비 패턴의 변화는 근본적으로 우리가 소비 행위, 상품, 자연 자원을 바라보는 인식을 바꾸어야만 가능한 것이다.

경제학적으로 소비란 기본적으로 소비자 개인의 만족감이나 효능감이 구매에 들어가는 비용이나 구매로 인한 부정적 결과들보다 더 크다는 판단에 의해 이루어지는 행위이다. 그러나 친환경적 소비 패턴으로의 변화는 그러한 손익 계산이나 개인의 비용과 편익 외에도 미래 세대의 비용과 편익까지 고려해야 하는 것이다. 이것은 소비 행위의 합리성이 무엇을 의미하는지에 대한 중대한 인식 변화를 의미한다. 또한 이전에는 고려하지 않았던 상품의 전체 생애 주기를 살펴봐야 하기 때문에 정보를 얻는 데 들어가는 시간과 노력, 친환경적 제품의 상대적으로 높은 가격 등을 새로운 비용으로 포함해야 한다. 그리고 자연 자원을 단순히 상품의 원재료로만 보던 시각에서 벗어나 그 유한성과 자원 활용의 중장기적 영향까지 살피는 근본적 인식 변화가 요구된다. 이런 이유에서 친환경적 소비를 하기 위해서는 소비 행위 자체가 갖는 역할과 영향을 더 정확히 이해해야 한다.[13]

소비 패턴의 변화는 결국 풍요, 부, 경제적 성장을 정의하는 우리의 오래된 시각을 변화시키는 일이다. 더 많은 것을 소비하고, 내 몸에 더 편안한 것을 소비하고, 더 많이 소유하는 것이 성공과 풍요로움의 척도였던 과거의 인식에서 벗어나야 한다는 것이다. 이제 성공의 척도가 지구의 유한한 자원을 최소한으로 사용하고, 내가 불편하더라도 나의 소비가 지구에 미치는 악영향을 최소화하는 라이프 스타일로 바뀌어야 하는 시기가 되었다.[14]

다행히 이러한 소비 패턴의 변화는 가치 있는 소비를 선호하고 환경적 악영향을 줄이는 소비를 이른바 '쿨한' 소비, 자랑할 만한 행동으로 인식하는 젊은 세대로부터 빠르게 이루어지고 있다. 낯설고 불편한 소비의 새로운 패러다임을 멋지고 재미있는 것으로 보는 시각의 전환이 일어나고 있는 것이다. 기성세대가 명품 가죽 백, 모피 코트, 배기량이 엄청난 스포츠카, 다 먹지도 못할 정도로 많은 양의 소고기, 히터와 에어컨이 빵빵하게 나오는 집을 멋진 소비로 생각하고 남들에게 자랑하는 것과는 달리, 젊은 세대들은 에코 백, 비건 가죽 재킷, 전기 자동차나 자전거 혹은 만 보 걷기, 채식, 지구를 위해 전기 끄기 등을 트렌디하고 멋진 것으로 생각하고 이를 소셜 미디어에 전시한다. 실제 인스타그램에 #제로웨이스트, #지속가능성, #미닝아웃, #지속가능한패션, #지속가능한소비, #비건, #지속가능한디자인, #지속가능한뷰티 등의 해시태그를 단 게시물들이 적게는 천여 개에서 많게는 수십만 개까지 올라와 있다.

이렇게 '현명하고 지구 환경을 생각하는 나'를 자랑하고, 해시태그를 달아 바이럴로 만드는 젊은 세대들에게 친환경적 소비란 불편하고 어려운 퇴보가 아니라 흥미롭고 미래 지향적인 것이다. 또한 인간에게는 근본적으로 남들과 같은 것을 가지고 싶어 하고, 많은 사람들이 선호하는 것을 따라 하고 싶어하는 욕구가 있다는 점에서 이러한 트렌드의 파급력은 매우 크다. 이러한 새로운 패러다임이 충분히 일반화될 수 있다면 인류의 소비 패턴은 획기적으로 변화할 수 있고, 이는 다양한 환경 문제를 완화하고 해결하는 데 긍정적인 영향을 미칠 것이다.

2) 소비 축소 − 큰 목표를 위한 적은 소비

소비 패턴을 변화시키는 것도 의미 있고 중요한 노력이다. 그러나 결국 근본적으로 기후 변화 등의 환경 문제를 해결하려면 소비의 총량을 줄여야만 한다. 소비 패턴을 변화시키는 것만으로는 부족한 이유로는 크게 두 가지를 들 수 있다. 첫째, 아무리 친환경적인 소비라고 할지라도 모든 소비 활동은 직간접적으로 에너지 사용과 연관되어 있기 때문이다. 둘째, 모든 소비는 지속 가능성의 여부를 막론하고 탄소 배출과 연결되어 있다. 현재의 기술력으로는 재생 에너지원이나 탄소 제로 에너지원을 통해 생산될 수 있는 에너지양에 한계가 있다.[15]

소비 패턴을 친환경적으로 변화시키려 할 때, 사람들은 보통 부분적으로 친환경적인 패턴으로 자신의 소비 활동을 수정한다. 부분적 수정이라는 말은 두 가지 의미를 갖는데, 첫 번째는 그 정도나 수준에 있어서 전면적 수정이 아닌 부분적 수정이라는 뜻이고 두 번째는 모든 분야에서의 수정이 아닌 일부 분야의 소비에서만 수정이 일어난다는 뜻이다. 첫 번째 의미로서의 예로는 되도록이면 가까운 거리는 걷거나 자전거를 타지만 출퇴근 길에는 자동차를 이용하는 경우, 집에서 사용하는 가전 제품들 중 일부를 에너지 효율이 높고 탄소 발생량이 적은 제품으로 교체하는 경우 등이 있을 것이다. 또한 두 번째 의미로서의 부분적 수정 사례로는 식습관은 채식으로 패턴을 변경하지만 플라스틱 등 일회용품은 계속 사용하는 경우, 음료는 반드시 일회용 컵이 아닌 텀블러에 마시지만 카페를 갈 때는 자동차를 타고 가는 경우 등을 들 수 있다. 그리고 대부분의 소비자들은 이 두 가지 특성을 모두 포함하는 패턴 변경을 하는 경우가 많다. 즉, 일부 분야에 대해 부분적 수준으로 소비 패턴을 변경한다는 것이다.

물론 이렇게 부분적으로라도 소비 패턴을 바꾸게 되면 탄소 배출량이나 오염 물질 배출량을 줄이는 데 도움을 줄 수 있다. 그러나 문제는 이와 같은 감축 효과가 단기적으로만 유지되거나 너무 적다는 것이다. 또한 전체적인 소비의 절대량을 줄이지 않은 채 부분적 소비 패턴 변화만을 실천하는 경우에는 오히려 탄소 배출의 총량은 늘어나는 최악의 결과까지도 초래할 수 있다.

실제 한 연구[16]에서 소비 패턴의 친환경적 변화로 절약한 돈을 또다른 소비에 쓴다는 전제로 시뮬레이션을 해봤다. 그 결과 1단계에서 친환경적 소비 패턴 채택으로 얻어낸 에너지 소비 감축량이나 탄소 발생 감축량은 2단계에서 다른 분야에 대한 소비에 이 돈을 써서 소비 총량을 같게 만들었을 때 급감하거나 사라져 버렸다. 2단계의 또다른 소비 역시도 친환경적인 패턴을 유지한다고 전제했는데도 말이다. 예컨대 비건 식단과 같이 먹이사슬의 하위에 위치하는 생물이 재료인 음식을 주로 섭취하고 상위에 위치하는 생물의 고기, 생선, 유제품을 적게 섭취하는 이른바 '녹색' 식습관으로 기존 식습관에 비해 줄일 수 있는 에너지 소비는 약 5%, 감축할 수 있는 탄소 배출량은 약 13%이다. 그런데 채식 위주 식단으로 바꾸면서 절약된 돈을 또 다른 소비를 위해 사용하는 경우, 에너지 소비는 녹색 식습관으로의 변화 이전보다 오히려 2% 증가하고, 탄소 배출량도 기존 식습관 대비 2% 증가하는 것으로 나타났다. 이는 채식으로 줄일 수 있는 환경에 대한 긍정적 효과는 상대적으로 적은 데 비해, 절약한 돈을 가장 많이 재배분하는 소비가 이동 관련 소비이기 때문이다. 아무리 친환경적인 패턴으로 소비한다고 해도 차량 등 이동 수단을 사용할 수밖에 없기 때문에 가장 탄소 발생량이 많을 수밖에 없는 종류의 소비이다.

또 친환경적 이동 관련 소비, 친환경적 가정 생활 관련 소비로의 패턴 변화가 일어나는 1단계에서는 식습관 관련 소비 변화보다 훨씬 더 큰 비중으로 에너지 사용량과 탄소 배출량을 줄였으나, 이를 통해 아낀 돈을 다른 소비에 사용해 소비의 총량을 유지하면 감축 효과는 1단계에 비해 적게는 10%에서 많게는 30%까지 줄어든다. 이러한 감축 효과 감소는 일부 카테고리가 아닌 모든 분야의 소비를 친환경적으로 바꿀 때에도 나타나서, 에너지 소비량은 1단계 감축 효과의 약 33%, 탄소 배출량은 1단계 효과의 약 20%를 없애버리고 만다. 이와 같은 한계는 친환경 기술이 더 다양해지고 발전되는 것까지 고려하는 장기적 모델에서도 여전히 나타난다.[17] 한마디로 소비 총량을 유지하면서 부분적인 소비 패턴을 변화시키는 것으로는 충분한 감축 효과를 기대하기 어렵다는 이야기이다.

인간은 소유욕이 있는 존재이고, 소득 수준이 높아질수록 소비하고자 하는 욕구는 빠른 속도로 늘어난다. 문제는 이 소비 욕구가 소비 패턴의 변화로 얻어낼 수 있는 환경 문제 해결에 대한 기여도에 비해 지나치게 크고 빠르게 증가한다는 것이다. 또한 소비의 패턴 변화가 오히려 더 많은 소비를 부추기기도 한다는 것도 문제다.

텀블러를 사용하는 것이 일회용 컵을 사용하는 것보다 친환경적인 소비 방법이라는 것은 분명하지만, 텀블러 역시 생산 과정에서 탄소를 발생시키고, 재활용이 어려운 소재로 만들어지는 경우도 많다. 그런데 텀블러를 사용하는 것이 지속가능한 소비 행태이고, 멋진 소비이기 때문에 우리는 필요하지도 않은 텀블러를 여러 개 구매하곤 한다. 그리고 이러한 소비자의 지속 가능한 소비에 대한 욕구를 잘 파악한 기업들은 '한정판' 텀블러를 수만 개씩 생산하고, 그 텀블러를 가지고 싶다면 우리의 커피를 더 많이 사서 마시라고 광고한다. 지구 환경을 지킨다는 텀블러를 갖기 위해 다 마시지도 못할 양의 커피를 소비하는 행동은 매우 모순적이지 않은가?

화장품이나 위생용품의 경우도 마찬가지다. 친환경적 제품으로의 전환이 지나치게 강조된 나머지, 이미 사용하고 있는 샴푸나 칫솔 등이 있는데도 교체 시기가 되기 전에 새로운 친환경적 제품을 구매하는 소비자들이 많다. 결국 버려지는 폐기물의 양은 동일하고, 오히려 상품의 교체 주기만 짧아지게 만들 뿐인 이 행위를 친환경적 소비라고 할 수 있는가?

소비 패턴을 지속 가능한 방향으로 바꾸는 것도 중요하지만, 이제는 소비의 양, 소비의 레벨을 지속 가능하도록 줄이는 것이 매우 시급한 과제이다.

지구를 해치지 않는 기업만이 살아남는다

1) 미룰 수 없는 단 하나의 생존 전략

사실 기업의 환경적 책임이라는 개념은 생각보다 더 오래전에 등장했다. 1980년대 초반부터 경제 발전과 환경 문제의 연관성에 대해 본격적인 논의가 시작되었으며, 1987년에 유엔 세계환경개발위원회에서 발표한 '우리 공동의 미래(Our Common Future)' 보고서, 일명 '브룬틀란 보고서(Brundtland Report)'라 불리는 공식 문건에 지속 가능한 발전의 개념이 명시되었다. 이 보고서에서는 기업도 정부와 마찬가지로 환경 문제를 해결해야 하는 주체로 포함되어 있다. 2006년에 시작된 유엔 책임투자원칙(PRI)은 투자 결정을 할 때 대상 기업의 매출, 이익, 비용과 같은 재무적인 요소들뿐만 아니라 ESG와 같은 비재무 요소들도 평가하도록 했다. 하지만 이렇게 오래된 논의에도 불구하고 기업의 환경적 책임은 실제로 이행되지 않은 채 수십 년이 흘러왔다. 과거 기업들의 친환경 경영은 "착한" 기업들의 자발적 선행으로 인식되어 온 것이 사실이다. 그 선행조차 진짜로 하고 있는지 일반 소비자들과 투자자들은 정확하게 알지 못한 채 기업들이 자발적, 자율적으로 제공하는 정보만 제공받아 왔다.

그러나 최근 몇 년간 이러한 관행은 완전히 반전되었다. 기업의 환경적 책임은 먼 미래에 실현될 애매모호한 계획, 혹은 여러가지 옵션들 중 기업이 자기 입맛에 맞으면 자유롭게 선택할 수 있는 성질의 것이 더 이상 아니다. 그 이유에는 여러 가지가 있는데, 여기에서는 두 가지 핵심적 요인을 살펴보고자 한다.

첫째, 주요 투자자들의 기업 평가 기준이 달라진 것이 매우 중요한 계기였다. 이를 보여주는 가장 대표적인 예는 2020년 세계 최대 자산 운용사 중 하나인 블랙록(BlackRock)의 CEO 래리 핑크(Larry Fink)가 투자 대상 기업들에 보낸 연례 서한이다.「금융업의 근본적 변화(A Fundamental Reshaping of Finance)」라는 제목의 이 서한에서 그는 "기후 리스크는 곧 투자 리스크"라고 명시하면서, 블랙록이 투자한 기업들에게 지속 가능성 회계기준위원회(SASB) 가이드라인 또는 이와 비슷한 업계 기준에 따라 정보를 공개할 것과 기후 관련 재무 정보 공개 태스크포스(TCFD) 권장 기준에 따라 기후 리스크를 공개할 것을 요청했다. 또한 파리 기후 협정의 목표인 "산업혁명 이전 대비 지구 평균 온도 상승 2도 미만"의 시나리오가 실현된다는 가정을 하고 이에 따른 기업 운영 계획을 포함하도록 했다. 그리고 이러한 요청이 제대로 받아들여지지 않을 경우 블랙록이 해당 기업의 이사회 구성원들에게 그 책임을 물을 것임을 분명히 밝혔다.[18]

이처럼 친환경 경영, 지속 가능한 경영이 투자자들이 기업을 평가하는 중요한 지표가 되는 것은 블랙록뿐 아니라 다른 주요 자산 운용사들도 마찬가지다. 이들은 자체적으로 ESG 전문가들을 고용하고, 연구를 진행하며 투자자들이 투자하기 좋은 기업들을 평가해 이 정보를 제공하는 경우가 흔하다. 또한 유엔 책임투자원칙(PRI)에 서명한 투자 기관이 2021년 현재 전세계적으로 3천 826개에 달한다. 기업들이 비재무적 요소인 환경 리스크를 잘 관리하는 것이 재무적 요소인 비용 절감 및 생산성, 시장 및 자본 접근성, 영업 라이선스, 인수 대상으로서의 기업 가치 등에도 점점 더 많은 영향을 미치게 됨에 따라, 기업의 가치와 이익에 있어서도 중요해진 것이다(한국

거래소, 2021). 이처럼 기업의 성공적 경영을 위해 반드시 이행되어야 하는 목표들 중 하나로 지속 가능성이 대두되고, 이것이 투자 결정의 최우선적 기준이 되는 경우도 많아지면서 기업들은 선택의 여지 없이 신속하게 환경적 책임을 실질적으로 이행할 수밖에 없게 되었다.[19]

둘째, 국내외적 정부 규제들이 구체화되고 강력해진 것도 기업들의 전략 수정에 중대한 역할을 했다. 최근 몇 년 사이 주요 뉴스에서 기후 변화, 탄소 중립, 재생 에너지 등의 단어를 부쩍 많이 듣지 않았는가? 수십 년 동안 사실상 답보 상태에 있던 이러한 논의들이 갑자기 활발해지기 시작한 것과 파리 기후 협정이 2021년부터 발효된 것은 단순한 우연의 일치가 아니다. 이전의 교토 의정서가 주로 선진국들에게 온실가스 감축 의무를 부여한 데 비해, 2015년 채택된 파리 기후 협정은 모든 참여국들이 감축 의무를 지게 한다. 파리 기후 협정의 가장 핵심적인 목표는 지구의 평균 온도 상승을 산업혁명 이전 대비 2℃ 이하, 가급적이면 1.5℃ 이하로 유지하려는 것이다. 이를 위해 각국은 온실가스 감축을 위한 여러 정책들을 만들었으며, 이러한 정책들을 통해 대부분의 기업들이 더 이상 기존의 방식으로 경제 활동을 하지 못하도록 강력한 규제를 가하게 되었다.

특히 유럽연합(EU)과 미국 등이 이러한 환경 관련 규제들을 만들고 있다는 사실이 매우 중요하다. 거대한 시장에서 만들어지는 각종 규제들은 해당 지역뿐 아니라 전 세계의 기업들에 영향을 미치기 때문이다. 이런 규제의 대표적 예로는 EU 녹색분류체계 규정(EU Taxonomy Regulation), 탄소국경조정제도(CBAM) 등을 들 수 있다. 녹색분류체계 규정은 경제 활동의 지속 가능성을 판단하는 기준을 명확하게 제시함으로써 진정한 의미의 지속 가능한 투자를 증진하기 위해 마련되었다. 이 규정은 구체적으로 6개의 환경 목표(기후 변화 완화, 기후 변화 적응, 수자원의 지속 가능한 보전, 순환 경제, 환경 오염 방지 및 관리, 생물 다양성 보전)를 세우고 4개의 판단 기준(6개 환경 목표 중 한 개 이상의 달성에 기여할 것, 다른 환경 목표에 심각한 피해를 주지 않을 것, 최소한의 사회적 보호 장치인 법규를 위반하지 말 것, 기술 심사 기준에 부합할 것)을 해당 경제 활동이 모두 충족시키는 경우에만 이를 환경적으로 지속 가능한 녹색 경제 활동으로 본다. 이처럼 면밀한 기준으로 친환경 경제 활동을 정의하기 때문에, 말로만 친환경을 외치면서 실제로 행동은 하지 않는 기업들이나 실제보다 부풀려 정보를 제공하는 기업들, 하나의 환경 목표 달성을 위해 다른 환경 목표를 심각하게 훼손하는 기업들은 모두 배제된다. 한국에서도 이와 유사한 한국형 녹색분류체계(K-Taxonomy)를 2021년 말 발표해 유럽 시장을 대상으로 하는 기업은 물론 국내 시장에서 활동하는 기업들도 비슷한 기준으로 분류될 수 있도록 했다.

EU의 탄소국경조정제도는 유럽 시장에 수출하는 전 세계 기업들에 적용되는데, 핵심은 EU 국가들에 비해 온실가스 규제가 약한 국가에서 생산되어 EU 지역 내로 수출하는 상품들의 가격에 그러한 비용의 차이를 반영하는 것이다. 온실가스 규제를 강력하게 시행하고 있는 EU 가입 지역 내의 기업들에 비해 상대적으로 느슨한 규제를 받는 국가에서 생산되는 상품들은 제조 비용이 저렴하기 때문에 상품 가격도 저렴하게 판매할 수 있다. 이러한 국가 간 규제 수준 차이는 결국 강력한 규제를 받는 기업들의 경쟁력을 약하게 만든다. 그뿐만 아니라 비용 절감을 위해 온실가스 규제가 약한 국가로 생산 시설을 이동하는 이른바 탄소 누출로 이어질 수 있다. 이를 막기 위해 탄소국경조정제도가 도입되고 미국 등 다른 시장에서도 채택되면 전 세계 많은 기업들이 수출에 어려움을 겪게 될 것이다. 실제 산업연구원의 분석[20]에 따르면, EU 탄소국경조정제도가 도입될 경우 한국의 탄소 다배출 산업인 알루미늄 산업은 대EU 수출이 약 13.1% 감소할 것으로 예측되었다.

이처럼 점점 더 많은 국가들이 산업 정책, 경제 정책 등을 통해 기업들이 친환경 이외의 다른 옵션을 선택할 수 없도록 압박하고 있다. 이제 기업들이 친환경 경영을 하지 않으면 장기적인 비용이 증가하고 이익이 감소하는 것은 물론이고 환경 관련 규제를 위반할 경우 단기적으로도 대응 비용이 증가하게 될 것이다. 기업의 경제 활동에 다양한 측면으로 점점 더 많은 규제가 가해질 것이므로 이러한 새로운 규제들이 막대한 비용 부담으로 돌아오지 않도록 신속하게 선제적 조치를 취해야 한다.[21]

2) ESG? 그린워싱? – 진짜 친환경 기업 가려내기

친환경 경영의 필요성이 점점 더 커지고 있는데도, 여전히 많은 기업들의 ESG 경영 실상은 이른바 그린워싱(green washing)에 가깝다. 즉 실제로는 지속 가능성에 투자하거나 경영 방식을 친환경적으로 변화시키지 않으면서 마케팅이나 홍보를 통해 마치 그런 실천을 하고 있는 것처럼 꾸며내거나 과장 또는 세탁하는 것이다. 영국 경쟁시장청(CMA), 네덜란드 소비자 시장 당국(ACM), 국제소비자보호집행기구(ICPEN)의 합동 조사 결과에 따르면 전 세계적으로 온라인에서 이른바 친환경 제품 및 서비스를 판매하는 웹사이트 중 소비자가 오해할 가능성이 있는 전략을 쓰고 있는 곳이 약 40%에 달

했다.[22]

그 어느 때보다 소비자들의 친환경 상품에 대한 수요가 늘어나고 있는 지금, 더 많은 소비자들을 끌어 모으기 위해 그린 마케팅을 더욱 적극적으로 펼치는 것은 당연하다. 문제는 그린 마케팅이 그린워싱의 역할을 하는 경우다. 친환경이라는 말은 너무도 흔하고 쉬운 말이지만 친환경을 실천하는 구체적인 방법을 일반 소비자들이 정확하게 이해하기는 어렵다. 어려운 화학 성분들이 끝없이 나열된 성분표에서 어떤 것이 환경을 해치고 생물다양성에 유해한 것인지를 판단하기는 힘들다. 기업들은 각종 친환경 인증을 받았다며 제품 포장에 화려한 라벨을 붙이지만, 소비자들은 그 라벨들이 정확히 무엇을 의미하는지, 어떤 기준을 적용한 것인지 알기 어렵다. 기술 개발을 통해 친환경 신소재로 만들어졌다는 광고를 믿고 제품을 구매하지만, 그 신소재가 무엇인지 일반 소비자들은 그 이름조차 발음하기 힘든 경우가 많다. 또한 여러 가지 분류 체계와 규제들, 평가 지표들이 만들어지고는 있지만 매일 새롭게 쏟아져 나오는 그린 마케팅의 방대한 양과 빠른 속도를 따라가기엔 역부족이다.

투자자들 역시 그린워싱의 위험에서 자유롭지 못하다. 지속 가능성이 기업 평가의 중요한 지표가 되면서 기업들은 더 많은 투자를 받기 위해 실제보다 부풀려진 정보를 제공하거나 실제 자사의 상품과 크게 관련이 없는 친환경적 요소들을 전면에 내세워 홍보하기도 한다. 기업들뿐만 아니라 가장 적극적으로 ESG 평가에 앞장서고 기업의 환경적 책임을 강조하는 자산운용사들과 지표 평가 주체들도 지속 가능 경영을 객관적으로 평가하고 실질적으로 증진시키기보다는 그린워싱을 하고 있는 것에 불과하다는 비판도 많다.[23] 녹색 채권을 발행하는 주체가 화석 연료 산업 분야에 투자나 대출을 지속하는 경우, ESG 투자 성과를 실제보다 과장하는 경우, 실제로는 지속 가능성 기준을 충족시키지 못하는데도 ESG 투자 상품인 것처럼 허위 공시하는 경우 등이 모두 그린워싱에 해당한다.[24]

그린워싱은 분명 기업 입장에서는 달콤한 유혹일 수밖에 없다. 친환경 경영에는 불가피하게 비용이 들어가게 되고, 이 비용이 제품의 가격에 반영되면 시장에서 경쟁력을 잃을 수 있다. 그런데 실제로는 비용을 지출하지 않으면서 마치 친환경 경영을 하고 있는 것처럼 포장하면 제품 구매는 늘어날 것으로 기대되기 때문이다. 그러나 그린워싱은 투자자와 소비자에게 오해를 불러일으키고, 이러한 왜곡된 판단에 의해 이루어진 투자나 구매는 이들에게 직접적인 경제적 피해를 끼친다. ESG 투자자들이 그린워싱을 가장 걱정하는 이유가 바로 여기에 있다. 또한 친환경적 기업 운영에 대해 세금 및 제도적 혜택을 주는 국가들도 많기 때문에, 그린워싱을 통해 이러한 혜택만 챙기고 실제로 환경 문제 해결에는 기여하지 않는 기업들이 생겨날 우려도 크다. 따라서 여러 국가들은 녹색분류체계, 데이터 공시 의무화, 가이드라인 제공 등 정부 차원에서 그린워싱에 대한 조사와 규제를 강화하고 있다.[25]

어쩌면 그린워싱의 가장 심각하고도 장기적인 부작용은 소비자들과 투자자들로 하여금 친환경 제품은 모두 그린워싱이라고 의심하게 만들 수 있다는 것이다. 마치 늑대가 나타났다고 거짓말을 하던 양치기 소년의 일화처럼 그린 마케팅의 실상이 그린워싱이었던 경험을 여러 번 반복하게 되면 그 후에 접하는 모든 그린 마케팅은 가짜라고 생각할 가능성이 높아지기 때문이다. 이러한 불신이 커지면 녹색 제품에 대한 수요는 점점 줄어들 수밖에 없고, 시장이 작아지면 기업들이 친환경 제품을 개발하고 판매하는 데 들어가는 비용을 지불할 유인이 사라진다. 소비자들이 원하지도 않는 제품을 만들기 위해 연구 비용을 투자하고 새로운 원재료를 비싼 값에 사올 기업 경영자는 아무도 없을 것이다. 이는 결국 장기적으로 친환경 제품 생산과 개발을 더디게 만들고 환경 문제 해결도 어렵게 만드는 심각한 결과로 이어지게 된다.

친환경 마케팅 및 컨설팅 업체인 테라초이스(TerraChoice)는 2010년에 「그린워싱의 7가지 죄악(The 7 Sins of Greenwashing)」을 발표해 그린워싱의 대표적인 유형들을 제시했다.[26] 우리가 무비판적으로 받아들이고, 친환경이라고 생각해 더 선호했던 제품들과 기업들이 혹시 그린워싱의 죄악을 저지르고 있지는 않는지 자세히 들여다볼 필요가 있다.

표 1 그린워싱의 7가지 죄악

감춰진 상충 효과 **(trade-off)**	상품의 극히 일부분적 특성만을 근거로 친환경 상품이라고 말하지만, 해당 상품이 일으키는 다른 환경 문제들은 외면하는 경우 - 예시 1: 플라스틱 대신 종이를 사용해 친환경이라고 홍보하나 제지 과정에서 화석 연료 사용, 온실가스 배출, 수질 오염 등이 발생 - 예시 2: 태양광 패널 설치를 위해 생태계 파괴, 벌목, 냉각수 사용으로 인한 수질 오염 발생
증거 없음	접근이 쉬운 근거 자료나 신뢰할 만한 제3자의 보증 없이 친환경 상품임을 주장하는 경우 - 예시: 재생지로 만들어진 키친타월이라고 홍보하나 실제로 재생지를 사용했는지 증거를 제시하지 않음
애매모호함	너무 광범위하거나 정의하기 어려운 단어를 사용해 소비자들이 오해할 가능성이 높은 경우 - 예시: '전 성분 자연 유래 화장품'이라는 말로 친환경적인 상품이라고 오해하기 만드나, 실제로는 자연에서 유래한 독성 성분을 포함
관련성 없는 주장	꼭 거짓은 아니지만 친환경 상품을 찾는 데 있어서 중요하지 않거나 도움이 되지 않는 정보를 제공하는 경우 - 예시: 2010년 완전히 금지된 성분인 CFC를 포함한 상품은 시장에 아예 없음에도 "CFC 프리"임을 강조해 친환경 제품이라고 광고
유해 상품 정당화	친환경적 요소가 있기는 하지만 제품군 자체가 환경에 유해한 경우 - 예시 1: 유기농 담배 - 예시 2: 연료 효율이 좋은 자동차 - 예시 3: 재활용 섬유를 사용하지만 엄청난 물량과 신상품 출시 주기 축소로 과도한 옷 생산과 구매, 폐기로 이어지는 SPA 패션 브랜드
거짓말	친환경 상품이 아닌데 친환경 상품으로 주장하는 경우 - 예시 1: 실제로 인증받지 않은 친환경 인증을 받았다고 광고 - 예시 2: 배기가스 테스트를 조작해 오염 물질 배출량이 법적 기준을 훨씬 초과하는 자동차를 친환경 자동차인 것처럼 허위 광고 - 예시 3: 재활용이 불가능한 용기를 종이 등으로 가린 이중 패키징을 통해 마치 친환경 패키징을 한 것처럼 거짓으로 홍보하는 화장품
허위 라벨 부착	공인된 인증서와 유사한 허위 라벨 또는 단어를 사용하거나, 존재하지 않는 친환경 인증 라벨을 부착하는 경우 - 예시: 환경부 인증 친환경 마크와 유사한 마크를 부착한 제품

출처: TerraChoice(2010)의 기준과 예시를 바탕으로 필자가 추가로 작성

우리도 살고 지구도 살리는
친환경 소비-경영-정치의 연계

지금까지 이 글은 기업의 책임과 소비자의 책임, 그리고 정부의 역할을 다소 분리해 설명했다. 전통적인 사회과학적 논쟁의 시각을 취한다면, 도대체 이들 중 누가 기후 변화와 환경 파괴에 가장 큰 책임을 져야 하는지, 혹은 누가 이 문제를 주도적으로 해결할 수 있을 것인지에 관심이 있을 것이다. 그러나 기후 변화 문제, 환경 오염 문제를 완화시키고 근본적으로 해결하려면 소비-경영-정치가 유기적으로 연결되어 움직여야 한다. 소비자와 기업, 정부가 서로 감시하고 규제하는 채찍의 역할을 해야 하는 것은 물론이고, 서로 긍정적인 행동 패턴을 보일 수 있도록 당근을 주는 역할도 해야 한다. 이것이 우리도 살고 지구도 살리는 유일무이한 방법이다. 앞서 설명했던 이 세 주체의 다양한 역할은 아래 그림 1과 같이 정리할 수 있다. 그림의 내용 중 앞에서 충분히 다루지 못한 정부의 역할을 설명하면서 이 장을 마무리하려 한다.

1) 명확하게 합의된 "친환경"의 뜻과 평가

정부가 해야 하는 가장 중요하고도 시급한 일은 과연 "친환경"이라는 것을 어떻게 정의할 것인지, 그리고 그것을 어떻게 평가할 수 있는지 그 기준을 기업과 소비자에게 제공하는 것이다. 친환경이라는 용어는 흔하게 사용되지만, 그 용어를 저마다 다르게 이해한다. 실제로 현재 경영의 가장 핫한 이슈가 ESG이고 국내 대부분의 주요 기업들도 ESG 전담 부서나 위원회를

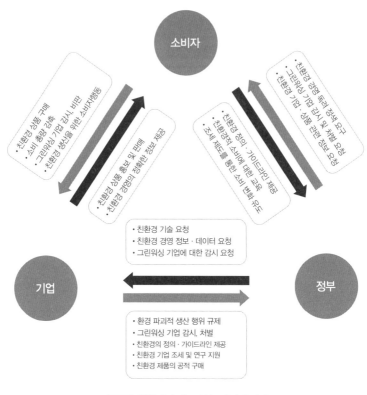

친환경 소비 - 경영 - 정치의 연계

그림 1 친환경 소비－경영－정치의 연계

이미 설치했으나, ESG 경영을 추진하는 데 있어 가장 큰 어려움의 원인들 중 하나로 "모호한 개념으로 인한 혼란"을 꼽기도 했다.[27] ESG가 대체 무엇을 의미하는지, ESG 중에서도 가장 최우선 순위에 해당하고 가장 역사가 오래된 환경의 측면에서조차 합의되고 명확한 정의가 없어 현실적으로 혼란을 겪고 있는 것이다.

이런 모호성은 소비자 입장에서도 혼란을 가중시킨다. 앞서 그린워싱의 사례에서도 언급했듯이, 기업이 상품을 홍보하면서 너무 광범위하거나 정의하기 어려운 단어를 사용하면 소비자들이 오해할 가능성이 높아진다. 명확한 정의가 존재하지 않는다면 소비자들은 끊임없이 그린워싱의 덫에 걸리고 말 것이다. 이는 환경적 측면에서 지속 가능한 생산과 소비란 무엇인지에 대해 시민, 정부, 기업이 모두 동일하게 이해할 수 있는 정의가 필요하다는 증거이기도 하다.

이런 혼란의 가장 큰 이유는 친환경을 평가하는 기준이 아직 정립되지 않았다는 점에 있을 것이다. 전세계적으로 다양한 기관들이 나름의 평가 잣대와 계산식을 통해 기업들의 친환경 성적표를 매기고는 있다. 그러나 이러한 평가 기준에 대해서 충분한 과학적 근거를 통해 만들어진 것인지, 평가 방식에 문제는 없는지, 평가 주체별로 서로 다른 기준을 통해 기업들을 평가하는 것에는 한계는 없는지, 평가 주체가 특정 산업이나 기업들과 이해관계를 갖고 있지는 않은지 등의 다양한 의문과 비판들이 존재한다.

예컨대 탄소 발생이 태생적으로 많을 수밖에 없는 제조업과 반대로 태생적으로 탄소 발생이 적으리라고 이미 예측되는 콘텐츠업을 동일한 기준으로 평가하는 것이 옳은 것인지 질문할 수 있다. 절대적인 탄소 배출량이 더 많다고 해서 제조 기업의 탄소 발생량 감축 노력은 평가에서 고려되지 않는 것이 맞을까? 아니면 탄소 배출의 절대량을 줄이는 것이 시급하고 중요하므로 제조업 자체를 감소시키거나 대대적인 에너지원 전환을 위해 제조 기업들의 친환경 지수를 콘텐츠 기업들보다 낮게 주는 것이 정당할까? 이와 비슷한 맥락에서 에너지 기업의 친환경과 IT 기업의 친환경은 같은 의미를 가지며 같은 기준으로 평가해야 하는지, 혹은 거대 다국적 기업과 국내 시장을 중심으로 하는 중소기업의 친환경 경영을 같은 평가 기준으로 판단해야 하는지 등도 최근의 논쟁거리가 되고 있다.

지금까지의 평가 기준들이 출발선에 설 생각조차 없었던 기업들에게 이제 여기에서 달리기 경기가 열릴 것이라는 점을 알리고 출발선에 모이라고 방송을 하는 역할을 했다면, 이제는 이미 시작된 경기에서 누가 잘하고 누가 못하는지를 판단하기 위해 좀더 세밀하고 세심한 방식의 평가 기준이 필요한 시기이다. 물론 민간 영역의 평가 기관들도 충분히 그 역할을 제공할 수 있겠으나, 정부가 중구난방식의 평가 기준들에 대해 일종의 가이드라인을 제공해야 할 책임도 있다. 특히 시장이 전 세계적 규모로 통합되고 확장된 상황에서 국제적인 공조를 통해 평가 방식을 표준화해야 한다.

이미 언급했듯이 기업이 친환경 경영을 제대로 하고 있는지 여부가 소비와 투자의 핵심적인 판단 기준이 되었기 때문에, 이를 명확하게 평가하는 것은 더욱 중요해졌다. 특정 기업이 '좋은' 기업인지 '나쁜' 기업인지를 가려내는 것은 사회적·도덕적으로 그 기업이 좋은 기업인지를 의미하기도 하지만, 소비자와 투자자들이 자신의 돈을 썼을 때 금전적으로든 심리적으로든 더 많은 이익을 가져다주는 좋은 기업인지를 의미하기 때문이다.

한국 정부 부처들도 이러한 책임에 대한 요구에 이미 움직이기 시작했다. 환경부는 앞에서도 다룬 '한국형 녹색분류체계'를 발표했는데[28], 해당 가이드라인의 목적이 "녹색 금융 활성화"와 "탄소 중립 사회"로의 전환이라고 분명히 밝혔다. 한국형 녹색분류체계는 EU 녹색분류체계 규정과 동일한 6대 환경 목표를 세우고, 이 목표들을 달성하는 데 기여하는 녹색 경제 활동을 세부적으로 분류했다. 즉 "진정한 녹색 경제 활동의 명확한 원칙과 기준"을 제시하려는 것이다. 환경부는 이 한국형 녹색분류체계를 제공함으로써 "더 많은 민간·공공 자금이 녹색 사업이나 녹색 기술"에 투자될 수 있도록 지원하고, 한편으로는 그린워싱으로 인한 피해를 예방하고자 한다. 또이 분류체계를 만드는 과정에서 국내 상황을 반영하기 위해 산업계와 시민사회 전문가들과 이해관계자들의 의견을 수렴하는 과정을 거치기도 해, 모두가 동의할 수 있는 친환경의 기준을 마련하려는 시도임을 확인할 수 있다. 또한 한국형 녹색분류체계는 '녹색부문'과 '전환부문'으로 카테고리를 구분하는데, '녹색부문'은 탄소 중립 및 환경 개선에 필수적인 진정한 녹색경제 활동을 의미하는 것으로 재생 에너지 생산, 무공해 차량 제조 등이 포함된다. '전환부문'은 최종 지향점인 탄소 중립을 이루는 과정에서 과도기적으로 필요한 경제 활동들을 말하는데, 화석 연료를 일부 포함하지만 탄소 발생량을 줄여나가는 노력을 한시적으로 녹색분류체계에 포함했다는 점에서 각 산업의 특성과 차이점을 반영하는 세부적인 분류를 시도했다.

또한 한국거래소는 「ESG 정보공개 가이던스」[29]를 제정했는데, 이는 상장법인들이 ESG 관련 정보를 공개할 필요성과 그 원칙을 제시하기 위한 것이다. 해당 가이던스는 ESG의 개념, 정보 공개의 필요성, ESG 이슈 관리를 위한 이사회·경영진의 역할, ESG 정보 공개 과정에서 준수해야 할 원칙, 중요성의 개념 및 중요성 평가 절차, 이해관계자 의견 수렴 등 보고서 작성 절차, 주요 정보 공개 표준 및 권장 공개 지표 등의 내용을 상세하게 담고 있다. 이 가이던스에서 특히 중요한 부분은 정보 공개 과정에서 기업들이 지켜야 할 원칙들을 제시한 부분이다. 이는 일선 기업들이 환경적 영향과 같은 비재무 정보를 숫자로 환산하고 정량화하는 데 어려움을 겪고 있는 상황을 일부 해결하는 데 도움이 될 것으로 보인다. 가이던스는 총 6가지의

표 2 ESG 정보 공개 과정에서 준수해야 할 원칙

출처: 한국거래소(2021). 「ESG 정보공개 가이던스」

원칙	내용
정확성 (Accuracy)	– 이해관계자가 기업의 성과를 평가할 수 있도록 정확한 정보 제공 – 정보 작성자의 체계적인 정보 관리를 통해 오류나 누락 방지
명확성 (Clarity)	– 이해관계자의 요구에 맞는 정보를 전달해야 하며, 이해관계자가 쉽게 이해 할 수 있는 방법으로 제공 – 지나치게 구체적이거나 개략적인 것은 지양 – 정성적 정보 및 정량적 정보를 적절히 사용

비교 가능성
(Comparability)
	– 이해관계자가 기업의 목표와 성과를 비교할 수 있고, 다른 기업의 성과와도
	  비교할 수 있도록 일관된 방법을 적용하여 정보 공개
	– 지표 산출 방법에 중대한 변화가 있다면 이전의 정보를 정정하고 변경 내용
	  을 명시
	– 글로벌 표준을 적용하고, 권장된 지표 및 방법론에 따라 보고

균형(Balance)	– 기업에 유리한 정보뿐만 아니라 불리한 정보도 이 보고서에 포함
	– 정보의 완전성을 보장하고 이해관계자가 조직 전반의 성과를 합리적으로 평
	  가할 수 있도록 함
	– 기업이 부정적인 이슈에 어떻게 대응하고 있는지 적극적으로 소명하는 것을
	  권장

검증 가능성 (Verifiability)	– 정보 검증이 가능하도록 정의, 수집 및 기록 – 정보 공개는 재무 보고서와 유사한 내부 통제 절차를 준수 – 독립적인 제3자 검증기관의 검증을 권장
적시성 (Timeliness)	– 이해관계자들이 정보를 효과적으로 활용할 수 있도록 정보를 정기적으로 공개 – 재무 보고서와 ESG 정보를 동일한 기간 동안 공개 – 재무 보고서 발간 이후 최대한 빨리 ESG 정보를 공개 – 재무적 결과에 중대한 영향을 미칠 수 있는 ESG 이슈가 발생한 경우 적시에 공개 권장

원칙으로 정확성, 명확성, 비교 가능성, 균형, 검증 가능성, 적시성을 제시하고 있으며 그 구체적인 내용은 표 2의 내용과 같다.

아직은 시작 단계에 불과하지만 정부 관련 부처들이 이러한 가이드라인

을 제공함으로써 기업들에게는 어떻게 친환경 경영과 생산을 해야 하는지 방향성을 제시하는 한편 소비자들에게는 어떤 기준으로 친환경 제품을 판단하고 평가할 것인지 정보를 제공한다는 점에서 긍정적인 신호라 볼 수 있다. 다만 이러한 가이드라인들이 파리 기후 협정의 목표를 제때 달성하기에 충분한지에 대한 비판적 시각들도 많다. 따라서 순차적으로 이러한 기준과 평가를 현재보다 더 강화해야 할 필요성이 지적된다.

2) 효과 있는 규제와 지원

기업들이 앞다투어 친환경 경영을 선언하고 실천하게 된 데는 물론 소비자와 투자자의 요구로 인한 시장의 변화도 큰 역할을 했지만, 국내외를 막론하고 급물살을 탄 환경 관련 규제들도 중요한 역할을 했다. 정부 차원의 규제는 기업의 장기적 손익 계산은 물론 단기적 계산식에도 반영되는 비용이기 때문이다. 앞서 살펴본 바와 같이 국제 시장에서는 이미 다양한 방식의 환경적 규제가 이루어지고 있는데, 국내 시장에도 이러한 국제 표준과 일관적이면서도 국내 사정에 맞는 현실적인 규제들이 도입되어야 할 필요가 있다. 기업들이 단순히 광고와 말뿐인 친환경 경영, 혹은 그린워싱에서 벗어나 실질적인 친환경 경영을 하도록 적절한 규제를 도입해야 하는 것이다.

2022년 3월부터 시행되는 '기후위기 대응을 위한 탄소중립·녹색성장 기본법(약칭 탄소중립기본법)'은 이러한 규제를 현실화하는 중요한 전환점이 될 것으로 보인다. 이 법은 정부가 중장기적인 감축 목표를 설정하고 이행 현황을 매년 점검하도록 한다. 정부는 기후 변화 영향 평가, 배출권 거래제, 목표 관리제, 탄소 중립 도시, 녹색 건축물, 녹색 교통, 국제 감축 사업 등

다방면으로 온실가스 감축을 위한 규제 정책들을 시행하게 된다(기후위기 대응을 위한 탄소중립·녹색성장 기본법, 2021). 이 법이 2021년 9월 제정되면서, 산업계는 발 빠르게 새로운 규제를 대비한 대응에 나섰다. 특히 탄소 배출량이 상대적으로 많은 철강업계를 중심으로 탄소 중립을 위한 전담 조직을 신설하고 기술 투자 계획을 세우는 등 정부 규제로 인한 비용 증가를 최소화하기 위해 대책을 마련하고 있다.[30]

규제를 통해 기업들의 신속한 생산 방식 변화를 유도해 내는 것은 분명히 효과가 있을 것이다. 그러나 규제만으로는 현실적으로 기업들의 행동을 변화시키기에 부족하고, 기업에게만 책임을 전가하여 자칫 비용을 지나치게 부담하게 할 위험도 있다. 실제로 2021년 말 정부가 2030년 국가 온실가스 감축 목표치를 2018년 배출량 대비 26.3%였던 것에서 40%로 상향하는 계획을 발표했는데, 탄소 고배출 업종인 철강·석유화학·시멘트 업계 등에서는 이것이 현재의 국내 기술 및 인력 상황으로는 달성하기 어려운 목표라며 반발했다.[31] 실제 경영 일선에서는 환경 관련 전담 부서를 설치한 경우에도 해당 부서의 구성원들의 관련 업무 경력이 매우 짧아 전문성을 갖춘 인력 확보에 어려움을 겪고 있다.[32] 또한 기업들은 거의 모든 친환경 관련 신규 법안들이 규제에만 초점을 맞추는 것에 대해 불만과 현실적인 어려움을 토로하고 있다.[33]

기업들이 기후 변화와 환경 문제 해결에 있어서 가장 직접적인 책임을 지는 주체라는 점은 부인할 수 없으나, 개별 기업 수준에서는 기술을 신속하게 개발하고 그것을 현장에 적용하기 어렵다는 현실적인 한계도 인지할 필요가 있다. 여기에서 정부의 역할이 중요하게 부각된다. 친환경 관련 기술 개발에 대한 적극적 지원, 친환경 상품과 서비스에 대한 투자 유도 등 기업들이 자발적으로 참여할 수 있는 인센티브도 필요하기 때문이다. 특히 일부 대기업이 아닌 경우 친환경 경영의 단기적 비용이 이로 인해 얻는 장기적 이익보다 과도하게 크게 인식될 수 있으므로 단기적 비용을 줄여주고 이익을 늘려주는 방식의 지원이 필수적이다. 탄소중립기본법에서 규제 조항 외에도 녹색 경제·녹색 산업에 대한 지원, 관련 기술 연구 개발과 사업화 주도 및 지원, 기후 위기 대응을 위한 조세 제도 및 금융 제도 개편, 친환경 기업을 위한 집적지·단지 조성, 관련 일자리 창출 등을 포함하는 것도 이러한 맥락에서 나온 것이다.[34] 또한 이 법은 정부가 기후 대응 기금을 설치하는 내용도 담고 있어, 이를 통해 온실가스 감축 기술 연구 및 인력 교육 등을 지원할 계획이다.

탄소 중립 경제를 달성하는 데 있어서 또 한 가지 간과해서는 안 되는 문제가 이른바 '정의로운 전환'의 이슈이다. 탄소 중립 목표를 추진해 나가는 과정에서 불가피하게 사라지는 일자리와 산업 분야도 분명 존재하고, 막대한 비용을 들여 기술이나 설비 전환을 해야 하는 경우도 흔하게 발생할 것이다. 진정한 지속 가능성이란 단순히 자연 자원의 지속 가능성 차원을 넘어선, 사회적 지속 가능성까지 포함하는 개념이다. 그러므로 이들 노동자와 산업계의 피해를 최소화하면서 온실가스 감축을 이룰 수 있도록, 정부가 충분한 사회적 합의를 이끌어 내고 그들을 지원해야 한다.

정부는 기업만 규제하고 지원해서는 안 된다. 소비자의 변화를 이끌어 내는 것도 정부의 역할이기 때문이다. 지속 가능성이란 생산과 소비 양 측면 모두의 변화를 통해서만 달성할 수 있는 목표이므로, 소비자들의 인식과 행동 패턴 변화를 유도해야 할 책임이 있는 것이다.[35] 기업에 대한 규제 위주의 정책과 제도와는 다르게 소비자에 대한 제도들은 주로 지원과 교육의 측면에 초점을 맞춘다. 정부 부처들과 지방 자치 단체들은 시민들이 친환경적인 소비가 무엇인지 인지하고 참여할 수 있도록 다양한 방식으로 캠페인을 펼치는 한편, 친환경 인증 등을 통해 소비자들이 쉽게 친환경 상품을 구분할 수 있도록 지원한다. 또한 올바른 재활용 방법 등을 홍보하는 것도 이러한 교육과 지원의 일환으로 볼 수 있다. 모두 소비자들이 스스로 환경과 지속 가능성에 대한 인식을 제고하고 이에 따라 새로운 소비 행동을 하는 것을 목표로 하는 제도들이다.

다만 이러한 교육과 홍보만으로 소비 측면에서 충분한 변화를 일으키기 어렵다는 비판도 있다.[36] 소비자들의 행동에도 적절한 규제가 필요하다는 것이다. 쓰레기 종량제 배출이나 음식물 쓰레기 배출에 대한 비용 부과, 재활용 쓰레기 분리 배출, 일회용품 및 비닐에 대한 자원 순환 보증금 제도 등의 규제는 이미 오랫동안 시행되어 왔거나 확정된 규제이다. 인식의 변화도 행동 변화를 이끌어 내는 중요한 동인이지만, 소비자의 지속 불가능한 소비 행태에 비용을 부과하는 것도 역시 즉각적인 행동 변화를 유도할 수 있는 효과적인 제도이다. 실제 어젠다21에서도 환경세, 환경 분담금, 환경 보증금 등의 적절한 경제적 도구들을 활용해 소비자 행동에 영향을 주어야 할 필요성을 명시하고 있다.[37] 일부 전문가들은 이러한 맥락에서 한 발 더 나아가 소비의 총량을 줄일 수 있도록 조세 구조를 개편해 '누진 소비세' 등을 신설하는 방안까지도 제안하기도 한다.[38]

정부는 생산과 소비 측면을 규제하고 지원할 뿐 아니라, 정부 자체가 지속 가능성에 미치는 영향도 고려해야 한다. 중앙과 지방의 행정 기관과 공공 기관들 역시 온실가스를 배출하는 주체이며, 엄청난 양의 소비를 하는 주체이기도 하기 때문이다. 특히 공적 부문이 경제 전반에서 차지하는 비중이 상대적으로 크고 기업 및 시민들에게 정부가 미치는 영향도 큰 한국과 같은 나라에서는 정부 스스로의 인식과 행동 변화가 더욱 중요하게 작용할 수 있다.[39] 탄소중립법에서 중앙 정부는 물론이고 지방 자치 단체도 탄소 중립 녹색 성장 기본 계획을 수립하고 시행하도록 하고, 행정 기관과 공공 기관들은 개선 사항을 정책에 의무적으로 반영하도록 정한 것도 이러한 변화를 만들기 위한 실천으로 볼 수 있다.

　코로나-19 팬데믹은 분명 인류에게 닥친 대재앙이었다. 엄청난 수의 사람들이 사망하거나 심각한 수준으로 고통받았고, 경제적 타격 역시 엄청났다. 그러나 우리는 이 비극의 한복판에서 또다른 대재앙을 대비하고, 다 함께 살아남을 수 있는 생존 전략을 논의하고 있다. 팬데믹은 그저 하나의 위기로 끝나지 않고 우리 모두가 외면해 왔지만 곧 다가올 지구의 어두운 미래를 직시하는 기회를 제공해 주었다. 기후 변화로 인해 닥칠 재앙은 팬데믹이 가져온 부정적 영향에 비해 훨씬 더 심각하고, 훨씬 더 장기간의 영향이 될 것이다. 이제 또다시 살아남기 위해, 우리 모두의 생각과 행동을 변화시켜야 할 때이다.

1장 팬데믹 속 전쟁의 언어와 민주주의의 위기

1   이 장은 〈문화와 융합〉 44권 6호(2022)에 실린 "코로나 시대, 전쟁 은유의 수사학"의 내용을 바탕으로 작성되었다.

2   Oprysko, C. and Luthi, S. 2020. "Trump labels himself 'a wartime president' combating coronavirus." Politico. March 18, 2020.
https://www.politico.com/news/2020/03/18/trump-administration-self-swab-coronavirus-tests-135590

3   대한민국 정책 브리핑.
https://www.korea.kr/news/policyNewsView.do?newsId=148887173 (검색일: 2022.02.23.)

4   이귀혜. 2007. "한국 대통령들의 위기 수사학에 관한 연구 : 노태우, 김영삼, 김대중, 노무현 대통령의 변호 전략 분석." 〈한국언론학보〉 51(6). p.63.

5   국립국어원 표준국어대사전.
https://stdict.korean.go.kr/main/main.do (검색일 2022.04.23.)

6   Richard, M. 2010. "Crises: A Rhetorical Construct." Hamilton College News.
https://www.hamilton.edu/news/story/crises-a-rhetorical-construct (검색일: 2022.03.11.)

7   위의 글.

8   Rapp, C. 2022. "Aristotle's Rhetoric." Stanford Encyclopedia of Philosophy.
https://plato.stanford.edu/entries/aristotle-rhetoric/ (검색일: 2022.03.11.)

9   이귀혜. 앞의 글. p.66.

10   Coombs, W. T. and Holladay, S. J. 1996. "Communication and attribution in a crisis: An experimental study in crisis communication." Journal of Public Relations Research 8(4). pp.279-295; 이귀혜. 앞의 글. p.68.

11   Scambler, G. "Habermas and Crisis Tendencies", Graham Scambler.com, March 5, 2013.
http://www.grahamscambler.com/habermas-and-crises-tendencies/ (검색일: 2022.03.11.)

12   Richard, M. 앞의 글.

13   Kelley, C. E. 2007. Post-9/11 American Presidential Rhetoric, A Study of Protofascist Discourse. Lanham: Lexington Books.

14   https://www.merriam-webster.com/ (검색일: 2022.04.22.)

15   Hetherington, M. J. and Nelson, M. 2003. "Anatomy of a Rally Effect: George W. Bush and the War on Terrorism." PS: Political Science and Politics 36(1). p.37.

16   Gregg II, Gary L. 2003. "Crisis Leadership: The Symbolic Transformation of the Bush Presidency." *Perspectives on Political Science* 32(3). pp.144–145.

17   스펙터클 정치는 사실보다 이미지가 강조되어 사람들의 현실 인식을 압도하는 경향을 의미한다. 기 드보르 저. 유재홍 역. 2014. 〈스펙터클의 사회〉. 서울: 울력.

18   Kellner, D. 2007. "Bushspeak and the Politics of Lying: Presidential Rhetoric in the "War on Terror." *Presidential Studies Quarterly* 37(4). pp.626–630.

19   Ursano, R. 2005. "Preparedness for SARS, influenza and bioterrorism." *Psychiatry Online* 56(1).

20   Wallis, P. and B. Nerlich. 2005. "Disease metaphors in new epidemics: The UK media framing of the 2003 SARS epidemic." *Social Science and Medicine* 60(11). p.2629.

21   Ibrahim, Y. 2007. "SARS and the Rhetoric of War in Singapore." *An Interdisciplinary Journal of Southeast Asian Studies* 18(2). p.90.

22   Weaver, D. H. 2007. "Thoughts on agenda setting, framing, and priming." *Journal of Communication* 57(1). p.143.

23   Ibrahim, Y. 앞의 글. p.93.

24   Warren, V. 1991. "The 'medicine is war' metaphor." *HEC Journal* 3(1). p.40.

25   Ibrahim, Y. 앞의 글. p.93.

26   Watney, S. 1989. "The subject of AIDS." In P. Aggleton, G. Hart, and P. Davies, eds. *AIDS: Social Representations and Social Practices.* London: Taylor Francis.

27   Segal, J. Z. 1997. "Public discourse and public policy: Some ways that metaphors constrain health care." *Journal of Medical Humanities* 18(4). pp.217–231.

28   Teo, P., Yeoh, B. S., and Ong, S. N. 2005. "SARS in Singapore: surveillance strategies in a globalising city." *Health Policy* 72(3). pp.279–291.

29   Stelzenmuller, C. 2020. "Coronavirus is also a threat to democratic constitutions." Brookings. April 15, 2020. https://www.brookings.edu/blog/order-from-chaos/2020/04/15/coronavirus-is-also-a-threat-to-democratic-constitutions (검색일: 2022.02.23.)

30   Lakoff, G. and Johnson, M. 2008. *Metaphors we live by.* Chicago: University of Chicago press.

31   Kellner, D. 앞의 글. p.629.

32   Guest Authors. 2020. "Are We at War? The Rhetoric of War in the Coronavirus Pandemic." The Disorder of Things. April 20, 2020. https://thedisorderofthings.com/2020/04/10/are-we-at-war-the-rhetoric-of-war-in-the-coronavirus-pandemic/ (검색일: 2022.04.11.)

33   Siripurapu, A. 2021. "What Is the Defense Production Act?" Council on Foreign Relations. December 22, 2021. https://www.cfr.org/in-brief/what-defense-production-act (검색일: 2022.02.23.)

34   위의 글.

35   Wagner, J. and Itkowitz, C. 2020. "Trump orders GM to manufacture ventilators under the Defense Production Act." The Washington Post. March 7, 2020. https://www.washingtonpost.com/politics/trump-raises-prospect-of-ordering-gm-ford-

to-manufacture-ventilators/2020/03/27/92f82db6-7043-11ea-aa80-c2470c6b2034_
story.html (검색일: 2022.04.23.)

36   Guest Authors. 앞의 글.

37   Feiner, L. 2020. "New York Gov. Cuomo says the coronavirus pandemic has inflicted 'trauma' and PTSD on Americans." CNBC. September 16, 2020. https://www.cnbc. com/2020/09/16/new-york-gov-cuomo-says-the-coronavirus-pandemic-has-inflicted-trauma-and-ptsd-on-americans.html (검색일: 2022.04.11.)

38   서유진. 2021. "코로나 사재기에 매대 텅 비었다… '방역모범국' 대만 쇼크." 〈중앙일보〉 2021년 5월 16일. https://www.joongang.co.kr/article/24059218#home (검색일: 2022.04.11.)

39   Ibrahim, Y. 앞의 글.

40   Walker, S. 2020. "Hungary passes law that will let Orbán rule by decree." The Guardian. March 30, 2020. https://www.theguardian.com/world/2020/mar/30/hungary-jail-for-coronavirus-misinformation-viktor-orban (검색일: 2022.02.23.)

41   Repucci, S. and Amy Slipowitz. 2020. "The Impact of COVID-19 on the Global Struggle for Freedom." Freedom House Special Report 2020.
https://freedomhouse.org/report/special-report/2020/democracy-under-lockdown (검색일: 2022.02.23.)

42   Embassy of Sri Lanka-France. 2021. "President Gotabaya Rahapaksa's Special Address to the Nation." https://srilankaembassy.fr/en/page/689-president-gotabaya-rajapaksas-special-address-nation (검색일: 2022.04.11.)

43   French24. 2021. "Sri Lanka ends forced COVID-19 cremations after Khan's visit." February 26, 2021. https://www.france24.com/en/live-news/20210226-sri-lanka-ends-forced-cremations-after-imran-khan-s-visit (검색일: 2022.02.23.)

44   Aljazeera. 2020. "Sri Lanka to hold coronavirus-delayed election on August 5." June 11, 2020. https://www.aljazeera.com/news/2020/6/11/sri-lanka-to-hold-coronavirus-delayed-election-on-august-5 (검색일: 2022.04.11.)

45   U.S. Global Leadership Coalition. 2021. "COVID-19 Brief: Impact on Democracy Around the World." December 2021. https://www.usglc.org/coronavirus/democracy/ (검색일: 2022.02.23.)

46   위의 글.

47   Repucci, S. and Amy Slipowitz. 앞의 글.

48   Russack, S. 2021. "The effect of Covid on EU democracies." European Policy Institutes Network Report. p.2.

49   Repucci, S. and Amy Slipowitz. 앞의 글.

50   Chapman, C. M. and D. S. Miller. 2020. "From metaphor to militarized response: the social implications of "we are at war with COVID-19"-crisis, disasters, and pandemics yet to come." International Journal of Sociology and Social Policy 40(9).

51   U.S. Department of State. 2021. "The Summit for Democracy."
https://www.state.gov/summit-for-democracy/ (검색일: 2022.02.23.)

52   O'rielly, Kevin and P. Natiello. 2021. "Vaccine Diplomacy in Latin America and the

Caribbean: The Importance of U.S. Engagement." Foreign Relations Committee. November 18, 2021. https://www.foreign.senate.gov/hearings/vaccine-diplomacy-in-latin-america-and-the-caribbean-the-importance-of-us-engagement (검색일: 2022.02.23.)

53   Chapman, C. M. and D. S. Miller. 앞의 글.

54   Guest Authors. 앞의 글.

55   표시영, 정지영. 2021. "감염병과 혐오의 팬데믹 속 언론의 자화상: 코로나 19 감염병 전파에 대한 언론보도에서 나타나는 '혐오 조장 표현'이 이용자에게 미치는 영향 분석." *Korean Journal of Journalism & Communication Studies* 65(2). p.291.

56   Chapman, C. M. and D. S. Miller. 앞의 글.

57   Guest Authors. 앞의 글.

58   Sampath, J. 2020. "Doctors, the Soldiers I the War against Covid-19." The Federal. April 21, 2020. https://thefederal.com/the-eighth-column/doctors-the-soldiers-in-the-war-against-covid-19/ (검색일: 2022.02.23.)

59   Guest Authors. 앞의 글.

60   위의 글.

2장   가짜뉴스와 팬데믹의 "디지털 결혼"

1   엄밀히 말하면 케이크가 아니라 "브리오슈를 먹으라고 하세요"이다. 혹자는 왕비가 고기를 먹으라고 했다고 말하기도 한다.

2   Campion-Vincent, Véronique and Christine Shojaei Kawan. 2002. "Marie-Antoinette et son célèbre dire : deux scénographies et deux siècles de désordres, trois niveaux de communication et trois modes accusatoires." *Annales historiques de la Révolution française* 327. pp.29-56.

3   Anonymous. "Fake News: Misinformation, Disinformation, and Malinformation." Pace University. https://libguides.pace.edu/fakenews (검색일: 2022.03.20.)

4   Frankfurt, Harry. 2005. *On Bullshit*. Princeton, NJ: Princeton University.

5   Mukerji, Niki. 2018. "What is Fake News?" *Ergo* 5(35). p.929.

6   옥타비아누스와 안토니우스의 선전전에 관한 더 자세한 내용은 다음의 문헌 참조. Scott, Kenneth. 1933. "The Political Propaganda of 44-30 B.C.." *Memoirs of American Academy in Rome* 11. pp.7-49; Scott, Kenneth. 1929. "Octavian's Propaganda and Antony's De Sua Ebrietta." *Classical Philosophy* 24(1). pp.133-141; Sifuentes, Jesse. 2019. "The Propaganda of Octavian and Mark Antony's Civil War." World History Encyclopedia. November 20, 2019. https://www.worldhistory.org/article/1474/the-propaganda-of-octavian-and-mark-antonys-civil/ (검색일: 2022.04.10.)

7   삼국유사에 실린 신라 향가인 〈서동요〉 역시 이러한 방식의 가짜뉴스의 예라고 볼 수 있다.

8   중세시대의 성경과 관련된 의미 있는 시간이 아니라 시계로 측정되는 누구에게나 동질적이며 특별한 의미를 가지지 않는 시간이라는 의미로 발터 벤야민(Walter Benjamin)이 사용한 말이다.

Anderson, Benedict. 2006. *Imagined Communities*. 2nd ed. London: Verso. p.24.

9   위의 책.

10 History.com Editors. 2020. "The Great Moon is Published in the "The New York Sun." History.com. August 24, 2020. https://www.history.com/this-day-in-history/the-great-moon-hoax (검색일: 2022.04.20.)

11 이러한 사례는 르완다 내전, 발칸 반도의 내전들, 그리고 현재 진행되고 있는 우크라이나 전쟁에서도 발견된다.

12 Nambi, Karthick. 2021. "How Fake News Dragged USA into a War with Spain-USS Maine Explosion." Medium.com. March 30, 2021. https://medium.com/illumination-curated/how-fake-news-dragged-usa-into-a-war with-spain-uss-maine-explosion-4eb23f20d812 (검색일: 2022.04.20.)

13 BBC. 2017. "The Corpse Factory and the Birth of Fake News." February 17, 2017. https://www.bbc.com/news/entertainment-arts-38995205 (검색일: 2022.04.15.)

14 안재원. 2020. 〈아테네 팬데믹: 역병은 어떤 정치를 요구하는가〉. 고양시: 이른비. p.14.

15 위의 책.

16 McMillen, Christian W. 2016. *Pandemics: A Very Short Introduction*. New York: Oxford Univesity Press.

17 Vergano, Dan. 2014. "1918 Flu pandemic that Killed 50 Million Originated in China, Historians Say." *National Geographic*. January 24, 2014. https://www.nationalgeographic.com/adventure/article/140123-spanish-flu-1918-china-origins-pandemic-science-health (검색일: 2022.04.11.)

18 Mawdsley, Hannah. 2019. "Fake News and the Flu." Wellcome Collection. September 18, 2019. https://wellcomecollection.org/articles/XXIeHhEAACYAldKz (검색일: 2022.04.23.)

19 Cohut, Maria. 2020. "The Flu Pandemic of 1918 and Early Conspiracy Theories." Medical News Today. September 29, 2020. https://www.medicalnewstoday.com/articles/the-flu-pandemic-of-1918-and-early-conspiracy-theories (검색일: 2022.04.15.)

20 Cohut, Maria. 2020. "The Flu Pandemic of 1918 and Early Conspiracy Theories." Medical News Today. September 29, 2020. https://www.medicalnewstoday.com/articles/the-flu-pandemic-of-1918-and-early-conspiracy-theories (검색일: 2022.04.15.)

21 Appadurai, Arjun. 2006. *Fear of Small Numbers: The Geography of Anger*. Durham, NC: Duke University Press.

22 Sherif, Muzafer. 1988. *Robbers Cave Experiment: Intergroup Conflict and Cooperation*. Middletown, CT: Wesleyan University.

23 DellaPosta, Daniel, Yongren Shi, and Michael Macy. 2015. "Why Do Liberals Drink Latte?" *American Journal of Sociology* 120(5). pp.1473-1511.

24 Parfit, Derek. 1984. *Reasons and Persons*. New York: Oxford University Press.

25 Fearon, James. 1999. "What is Identity (As We Now Use the Word)?" Unpublished.

26 Kahneman, Daniel. 2011. *Thinking, Fast and Slow*. New York: Farrar, Strauss and Giroux.

27 Oyserman, Daphne and Andrew Dawson. 2021. "Your Fake News, Our Facts." In Rainer Greiffender, Mariella Jaffe, Erin Newman, and Norbert Schwartz, eds. *The Psychology of*

언박싱 코로나

Fake News: Accepting, Sharing and Correcting Information. New York: Routledge.

28   이 과정은 대체 편향으로 알려져 있으며 하나의 속성(계산이 어려운 문제)을 다른 속성(계산이 쉬운 문제)로 대체하는 편향이다. Kahneman, Daniel and Shane Frederick. 2002. "Representativeness Revisited: Attribute Substitution in Intuitive Judgment." In Thomas Gilovich, Dale Griffin, and D. Kahneman, eds. *Heuristics and Biases: The Psychology of Intuitive Judgment*. New York: Cambridge University Press.

29   Díaz, Javier-Bostos and Ruben Nicolas-Sans. 2021. "Covid-19 and Fake News." Encyclopedia MDPI.

30   위의 글.

31   Parks, Miles. 2020. "Ignoring FBI and Fellow Republicans, Trump Continues Assault on Mail in Voting." NPR. August 28, 2020. https://www.npr.org/2020/08/28/906676695/ignoring-fbi-and-fellow-republicans-trump-continues-assault-on-mail-in-voting (검색일: 2021.03.10.)

32   KHN. 2020. "KHN Morning Briefing: Trump Fueled 38% of Pandamic Misinformation, Conspiracies: Study." https://khn.org/morning-breakout/trump-fueled-38-of-pandemic-misinformation-conspiracies-study/ (검색일: 2021.4.10.)

33   Brown, David. 2022. *The First Populist: The Defiant Life of Andrew Jackson*. New York: Scribner.

34   2020년 대선 이후 공화당은 투표권을 제한하는 많은 법안들을 통과시켰다. 이 법안이 통과되고 적용되는 주들에는 선거에서 경합이 벌어졌던 많은 주들이 포함되어 있다. 대선 이후 현재까지 22개 주에서 53개의 새로운 투표권을 제한하는 조치들이 도입되었으며, 이 중 41개는 공화당이 주로 혹은 단독으로 발의하였다. 581개의 투표권 제한 법안을 주의회에서 발의하였으며, 이 중 89%는 공화당이 발의한 것이다. 581개 중에서 402개는 통과되지 못했거나 주지사가 거부권을 행사하였다. 여러 차례의 시도에도 불구하고 연방 차원의 투표권 관련 법안을 통과시키지 못했으며, 주의회에서 통과된 투표권 제한 법안들이 효력을 가질 것으로 예상된다. 투표권 관련 법안은 연방 상원에서 통과하지 못하였으며, 필리버스터 폐지 법안도 통과하지 못하고 있다. 투표권을 제한하는 법안들은 대개 코로나로 인해 일시적으로 확대된 부재자 투표를 축소하는 내용들이지만, 신분 증명 요건의 강화나 자동 투표 등록 금지 등도 포함되어 있다. 이러한 조치들이 도입되면 소수 인종의 투표권을 제한하는 등 실제적인 효과를 가지게 될 것으로 보인다.

35   Brown, Emma, Aaron C. Davis, Jon Swaine and Josh Dawsey. 2021. "The Making of a Myth." The Washington Post. May 9, 2021. https://www.washingtonpost.com/investigations/interactive/2021/trump-election-fraud-texas-businessman-ramsland-asog (검색일: 2022.04.25.); Epstein, Reid J. 2021. "Michigan Republicans Debunk Voter Fraud Claims in Unsparing Report." The New York Times. July 8, 2021. https://www.nytimes.com/2021/06/23/us/politics/michigan-2020-election.html (검색일: 2022.04.25.)

36   Reality Check Team. 2020. "US Election 2020: Fact-checking Trump Team's Fraud Claims." BBC News. November 23, 2020. https://www.bbc.com/news/election-us-2020-55016029 (검색일: 2022.04.26.)

37   Subramaniam, Tara, Holmes Lybrand, and CNN staff. 2020. "Fact-checking Giuliani and

the Trump Legal Team's Wild, Fact-free Press Conference." CNN. November 20, 2020. https://edition.cnn.com/2020/11/19/politics/giuliani-trump-legal-team-press-briefing-fact-check/index.html (검색일: 2022.04.26.)

38 Caldera, Camille. 2020. "Fact Check: Dominion Voting Machines Didn't Delete Votes From Trump, Switch Them to Biden." USA Today. November 14, 2020. https://www.usatoday.com/story/news/factcheck/2020/11/14/fact-check-dominion-voting-machines-didnt-delete-switch-votes/6282157002/ (검색일: 2022.04.26.)

39 Stanglin, Doug. 2020. "Fact Check: Claims Linking Dominion Voting Systems to Democrats are Wrong or Misleading." USA Today. November 14, 2020. https://www.usatoday.com/story/news/factcheck/2020/11/20/fact-check-alleged-dominion-democrats-links-wrong-misleading/6248542002/ (검색일: 2022.04.26.)

40 Blake, Aaron. 2021. "The Trump Team and Fox News alleged dead voters. Most cases were either debunked or actually involved Republicans." The Washington Post. October 25, 2021. https://www.washingtonpost.com/politics/2021/10/25/trump-team-fox-news-alleged-dead-voters-most-cases-were-either-debunked-or-actually-involved-republicans/ (검색일: 2022.04.26.)

41 Murray, Mark. 2022. "Poll: 61% of Republicans Believe Biden didn't Win Fair and Square in 2020," NBC News (September 28) https://www.nbcnews.com/meet-the-press/meetthepressblog/poll-61-republicans-still-believe-biden-didnt-win-fair-square-2020-rcna49630 (검색일: 2022. 11.10.)

42 Blanco, Adrian. Daniel Wolfe, Amy Gardner. 2022. " Tracking Which Election DeniersAre Winning, Losing in the Midterms." https://www.washingtonpost.com/politics/interactive/2022/election-deniers-midterms/ (검색일: 2022. 11.30.)

43 Fivethirtyeight, "60 Percent of Americans Will Have an Election Denier on Their Ballot This Fall." https://projects.fivethirtyeight.com/republicans-trump-election-fraud/ (검색일: 2022. 11.8)

44 Horse, Aggie J. Yellow, Russell Jeung, and Ronae Matriano. 2022. "Stop AAPI Hate National Report." StopAAPIhate.org. March 22, 2022. https://stopaapihate.org/wp-content/uploads/2022/03/22-SAH-NationalReport-3.1.22-v9.pdf; Human Rights Watch. 2020. "Covid-19 Fueling Anti-Asian Racism and Xenophobia Worldwide." May 12, 2020. https://www.hrw.org/news/2020/05/12/covid-19-fueling-anti-asian-racism-and-xenophobia-worldwide; Robertson, Noah. 2021. "'Tip of the iceberg': Mapping the pandemic jump in anti-Asian hate'." The Christian Science Monitor. March 12, 2021. https://www.csmonitor.com/USA/Politics/2021/0312/Tip-of-the-iceberg-Mapping-the-pandemic-jump-in-anti-Asian-hate (검색일: 2022.05.02.)

45 Yam, Kimmy. 2022. "Anti-Asian hate crimes increased 339 percent nationwide last year, report says." NBC News. February 15, 2022. https://www.nbcnews.com/news/asian-

america/anti-asian-hate-crimes-increased-339-percent-nationwide-last-year-repo-rcna14282 (검색일: 2022.05.01.)

46 Kim, Claire. 1999. "Racial Triangulation of Asian Americans." *Politics and Society* 27(1). pp.105-138.

47 Appadurai, Arjun. 앞의 책.

48 Lippman, Walter. 1991[1922]. *Public Opinion*. New York: Transaction Publishers.

3장 백신 거부와 과학의 정치화

1 Cowan, S. K., N. Mark, and J. A. Reich. 2021. "COVID-19 Vaccine Hesitancy Is the New Terrain for Political Division among Americans." *Socius* 7; Fridman, A., R. Gershon, and A. Gneezy. 2021. "COVID-19 and vaccine hesitancy: A longitudinal study." *PloS one* 16(4). e0250123.

2 Our World in Data. 2022. "United States: COVID-19 weekly death rate by vaccination status." https://ourworldindata.org/grapher/united-states-rates-of-covid-19-deaths-by-vaccination-status (검색일: 2022.02.28.)

3 보건복지부. 2022. "보도자료: 오미크론 치명률은 델타에 비해 1/4 수준, 예방접종 완료시 오미크론 치명률은 계절독감과 유사하거나 낮아지는 것으로 분석." 2022년 2월 23일. http://www.mohw.go.kr/react/al/sal0301vw.jsp?PAR_MENU_ID=04&MENU_ID=0403&page=1&CONT_SEQ=370317 (검색일: 2022.02.28.)

4 The World Bank Open Data. 2022. https://data.worldbank.org/indicator/SH.IMM.MEAS; https://data.worldbank.org/indicator/SH.IMM.HEPB; https://data.worldbank.org/indicator/SH.IMM.IDPT (검색일: 2022.02.28.)

5 Stöckl, A., and A. Smajdor. 2017. "The MMR debate in the United Kingdom: Vaccine scares, statesmanship and the media." In Christine Holmberg, Stuart Blume, and Paul Greenough, eds. *The Politics of Vaccination: A Global History*. Manchester: Manchester University Press.

6 Corcoran, B., A. Clarke, and T. Barrett. 2018. "Rapid response to HPV vaccination crisis in Ireland." *The Lancet* 391(10135). p.2103.

7 Suppli, C. H., N. D. Hansen, M. Rasmussen, P. Valentiner-Branth, T. G. Krause, and K. Mølbak. 2018. "Decline in HPV-vaccination uptake in Denmark – the association between HPV-related media coverage and HPV-vaccination." *BMC Public Health* 18(1). pp.1-8.

8 Khubchandani, J., S. Sharma, J. H. Price, M. J. Wiblishauser, M. Sharma, and F. J. Webb. 2021. "COVID-19 vaccination hesitancy in the United States: a rapid national assessment." *Journal of Community Health* 46(2). pp.270-277.

9 Willis, D. E., J. A. Andersen, K. Bryant-Moore, J. P. Selig, C. R. Long, H. C. Felix, and P. A. McElfish. 2021. "COVID-19 vaccine hesitancy: Race/ethnicity, trust, and fear." *Clinical and Translational Science* 14(6). pp.2200-2207.

10   Robertson, E., K. S. Reeve, C. L. Niedzwiedz, J. Moore, M. Blake, M. Green, and M. J. Benzeval. 2021. "Predictors of COVID–19 vaccine hesitancy in the UK household longitudinal study." *Brain, Behavior, and Immunity* 94. pp.41–50.

11   Mundasad, Smitha. 2020. "Black People 'twice as likely to catch coronavirus'." BBC. November 12, 2020. https://www.bbc.com/news/health-54907473 (검색일: 2022.02.28.)

12   Bohra, Neelam, and Cristina Zdanowicz. 2021. "A Black man feared the vaccine because of the Tuskegee experiment. After Covid–19 devastated his family, he changed his mind." CNN. August 2, 2021. https://edition.cnn.com/2021/08/02/us/tuskegee-experiment-covid-vaccine-hesitancy-trnd/index.html (검색일: 2022.02.28.)

13   Heller, Jean. 1972. "Syphilis Victims in U.S. Study Went Untreated for 40 Years." The New York Times. July 26, 1972. https://www.nytimes.com/1972/07/26/archives/syphilis-victims-in-us-study-went-untreated-for-40-years-syphilis.html; Brown, DeNeen L. 2017. "'You've got bad blood': The horror of the Tuskegee syphilis experiment." The Washington Post. May 16, 2017. https://www.washingtonpost.com/news/retropolis/wp/2017/05/16/youve-got-bad-blood-the-horror-of-the-tuskegee-syphilis-experiment/ (검색일: 2022.02.28.)

14   Hamel, Liz, Lunna Lopes, Cailey Munana, Samantha Artiga, and Mollyann Brodie. 2020. "KFF/The Undefeated Survey on Race and Health." Kaiser Family Foundation. October 13, 2020. https://www.kff.org/racial-equity-and-health-policy/report/kff-the-undefeated-survey-on-race-and-health/ (검색일: 2022.02.28.)

15   Kostov, Nick. 2021. "How France Overcame Covid–19 Vaccine Hesitancy." The Wall Street Journal. September 27, 2021. https://www.wsj.com/articles/how-france-overcame-covid-19-vaccine-hesitancy-11632735002 (검색일: 2022.02.28.)

16   Pew Research Center. 2021. "Demographics of COVID–19 vaccination status within the Republican and Democratic Party." September 17, 2021. https://www.pewresearch.org/ps_2021-09-15_covid19-restrictions_a-02/ (검색일: 2022.02.28.)

17   Kates, Jennifer, Jennifer Tolbert, and Kendal Orgera. 2021. "The Red/Blue Divide in COVID–19 Vaccination Rates." Kaiser Family Foundation Policy Watch. September 14, 2021. https://www.kff.org/policy-watch/the-red-blue-divide-in-covid-19-vaccination-rates/ (검색일: 2022.02.28.)

18   The COCONEL Group. 2020. "A future vaccination campaign against COVID–19 at risk of vaccine hesitancy and politicisation." *The Lancet* 20(7). pp.769–770.

19   European Centre for Disease Prevention and Control. 2022. "COVID–19 Vaccine Tracker." https://vaccinetracker.ecdc.europa.eu/public/extensions/COVID-19/vaccine-tracker.html#uptake-tab (검색일: 2022.02.28.)

20   The World Bank Open Data. 2022. "Unemployment, total (% of total labor force) (modeled ILO estimate) – Hungary." https://data.worldbank.org/indicator/SL.UEM.TOTL.ZS?locations=HU (검색일: 2022.02.28.)

21   Vock, Ido. 2021. "How Hungary's purchase of Chinese and Russian vaccines could

undermine the EU." The Newstatesman. February 15, 2021. https://www.newstatesman.com/world/2021/02/how-hungary-s-purchase-chinese-and-russian-vaccines-could-undermine-eu (검색일: 2022.02.28.)

22 Vaski, Tamas. 2021. "Fidesz Starts Campaign against 'Anti-Vaccine Opposition'." Hungary Today. April 6, 2021. https://hungarytoday.hu/fidesz-campaign-orban-hungary-vaccines-opposition-parties-vaccine-campaign/ (검색일: 2022.02.28.)

23 De Figueiredo, A., E. Karafillakis, and H. J. Larson. 2020. "State of Vaccine Confidence in the EU+UK." A Report for the European Commission.

24 Portfolio. 2021. "COVID-19: Nearly 400 deaths, more than 27,000 new cases over the weekend in Hungary." November 22, 2021. https://www.portfolio.hu/en/economy/20211122/covid-19-nearly-400-deaths-more-than-27000-new-cases-over-the-weekend-in-hungary-512022 (검색일: 2022.02.28.)

25 De Figueiredo, A., Karafillakis, E., and H. J. Larson. 앞의 글.

26 Reuters. 2021. "Slovak coalition in turmoil over Russian vaccine purchase." March 4, 2021. https://www.reuters.com/article/us-slovakia-government-sputnik-idUSKBN2AV2A6 (검색일: 2022.02.28.)

27 Novy Cas. 2021. "A large survey among Slovaks: Which vaccine would we choose! How did Sputnik turn out?" March 7, 2021. https://www.cas.sk/clanok/1097883/velky-prieskum-medzi-slovakmi-ktoru-vakcinu-by-sme-si-vybrali-ako-dopadol-sputnik/ (검색일: 2022.02.28.)

28 Higgins, Andrew. 2021. "Slovakia Claims a Bait-and-Switch With the Russian Vaccines it Ordered." The New York Times. April 8, 2021. https://www.nytimes.com/2021/04/08/world/europe/slovakia-coronavirus-russia-vaccine-sputnik.html (검색일: 2022.02.28.)

29 Minarechova, Radka. 2021. "News Digest: Fear of Covid vaccines behind low vaccination rate in Slovakia." The Slovak Spectator. September 27, 2021. https://spectator.sme.sk/c/22751234/news-digest-fear-of-covid-vaccines-behind-low-vaccination-rate-in-slovakia.html (검색일: 2022.02.28.)

30 The Slovak Spectator. 2021. "Finance Minister Matovic has a new way of boosting vaccination: €500 vouchers." November 30, 2021. https://spectator.sme.sk/c/22793723/finance-minister-matovic-has-a-new-way-of-boosting-vaccination-500-vouchers.html (검색일: 2022.02.28.)

31 Jones, Sam, James Shotter, and Guy Chazan. 2021. "Covid backlash: Europe's populists eye opportunity in never-ending pandemic." Financial Times. December 1, 2021. https://www.ft.com/content/7ef50a97-c12d-4905-b6da-75c3c7bb4f16 (검색일: 2022.02.28.)

32 국민의힘. 2021. "어르신 백신은 언제 나오나. 문재인 정권은 지금부터라도 협상을 다시 하라." 김은혜 대변인 논평. 2021년 2월 19일.
http://www.peoplepowerparty.kr/renewal/news/briefing_delegate_view.do?bbsId=SPB_000000001987904 (검색일: 2022.02.28.)

4장　메타버스와 미래의 정치 참여

1　최병화. 2021. "메타버스 시대를 맞이하여." 서유진 편. 〈말씀밥 프로젝트〉. 고양: 도서출판 훈훈.
　　p.94.

2　정태웅. 2022. "MBN 대선 후보 메타버스 대담…'청년 공약' 직접 답하다." 〈MBN〉. 2022년 3월
　　7일.
　　https://mbn.co.kr/news/politics/4712958 (검색일: 2022.04.11)

3　이바름. 2022. "포항 시민단체, 'No 포스코, 밀실공천 중단' 촉구 집회." 〈뉴시스〉. 2022년 4월
　　20일. https://news.v.daum.net/v/20220420145559455 (검색일: 2022.04.11.)

4　이완, 채반석. 2022. "청년이 '메타버스 대선 토론장'서 말했다…"한번 비정규직 되면…" 〈한겨레〉.
　　2022년 2월 28일. https://www.hani.co.kr/arti/politics/politics_general/1032954.html (검색일:
　　2022.04.11.) 출처: https://www.hani.co.kr/arti/politics/politics_general/1032954.html

5　김지윤. 2021. "하남과 영월 청소년들이 '가상세계'에서 만났어요." 〈한겨레〉. 2021년 10월 4일.
　　https://www.hani.co.kr/arti/society/schooling/1013810.html (검색일: 2022.04.11.)

6　Weatherbed, Jess. 2021. "Bill Gates predicts that most meetings will move to the
　　Metaverse within 3 years." Techradar.pro. December 13, 2021.
　　https://www.techradar.com/au/news/bill-gates-predicts-that-most-meetings-will-
　　move-to-the-metaverse-within-3-years (검색일: 2022.04.11.)

7　김상균, 신병호. 2021. 〈메타버스 새로운 기회〉. 서울: 베가북스. p.143.

8　NWESD Communications. 2021. "The Three Evils of Society by Martin Luther King
　　Jr." January 20, 2021. https://www.nwesd.org/ed-talks/equity/the-three-evils-of-
　　society-address-martin-luther-king-jr/#:~:text=To%20honor%20this%20week%20
　　where,American%20challenges%20to%20this%20day (검색일: 2022.04.11.)

5장　피할 수 없다면 누리자! 코로나-19로 인한 고령층의 일상 변화와 적응

1　과학기술정보통신부, 한국지능정보사회진흥원. 2020. "2020년 디지털정보격차 실태조사."

2　한국소비자원. 2020. "고령소비자 비대면 거래 실태조사."

3　조숙인. 2021. "코로나19 상황 속 맞벌이 가구의 일·가정 양립 실태와 요구." 〈육아정책포럼〉 68.
　　pp.6-16.

4　한국언론진흥재단. 2021. "2021 소셜미디어 이용자 조사."

5　네이버 트렌드. https://datalab.naver.com/ (검색일: 2022.04.30.)

6　하나금융경영연구소. 2021. "트로트 열풍으로 보는 오팔세대의 부상과 팬덤경제." 〈하나 CEO 경영
　　이슈〉 3호.

7　정재학. 2022. "임영웅의 팬들은 어떻게 팬덤 문화를 바꿨나." 〈시사저널〉 1693호.

8　오주현. 2018. "베이비붐 세대의 여가활동이 ICT 이용 능력에 미치는 영향." 〈디지털융복합연구〉
　　16(3). pp.1-12.

9　한국소비자원. 2021. "2021 한국의 소비생활지표 실태조사."

10   과학기술정보통신부, 한국지능정보사회진흥원. 앞의 글.

11   위의 글.

12   위의 글.

6장   흩어지면 살고, 뭉치면 죽는다?—거리 두기와 마음의 건강

1   Torales, J., M. O'Higgins, J. M. Castaldelli-Maia, and A. Ventriglio. 2020. "The outbreak of COVID-19 coronavirus and its impact on global mental health." *International Journal of Social Psychiatry* 66(4), pp.317-320.

2   위의 글.

3   Moreno, C., T. Wykes, S. Galderisi, M. Nordentoft, N. Crossley, N. Jones, M. Cannon, C. U. Correll, L. Byrne, S. Carr, E. Y. H. Chen, P. Gorwood, S. Johnson, H. Kärkkäinen, J. H. Krystal, J. Lee, J. Lieberman, C. López-Jaramillo, M. Männikkö, M. R. Phillips, H. Uchida, E. Vieta, A. Vita, and C. Arango. 2020. "How mental health care should change as a consequence of the COVID-19 pandemic." *The Lancet Psychiatry* 7(9), pp.813-824.

4   위의 글.

5   보건복지부. 2021. "청년·여성, 대응인력, 확진자 등 코로나 우울 고위험군에 대한 심리지원 강화." 2021년 6월 2일.
http://www.mohw.go.kr/react/al/sal0301vw.jsp?PAR_MENU_ID=04&MENU_ID=0403&CONT_SEQ=365925&page=100 (검색일: 2022.04.30.)

6   Myers, D. G. 저. 신현정, 김비아 역. 2008. 〈마이어스의 심리학〉. 서울: 시그마프레스.

7   Kazdin, A. E. 2000. *Encyclopedia of Psychology*. Washington, D.C.: American Psychological Association.

8   Pinder, C. C. 1998. *Work Motivation in Organizational Behavior*. New York: Psychology Press.

9   Kazdin, A. E. 앞의 책.

10   위의 책.

11   Pinder, C. C. 앞의 책.

12   보건복지부. 2022. "2021년 코로나19 국민 정신건강 실태조사 분기별 결과 발표." 2022년 1월 11일.
http://www.mohw.go.kr/react/al/sal0301vw.jsp?PAR_MENU_ID=04&MENU_ID=0403&CONT_SEQ=369669 (검색일: 2022.04.30.)

13   위의 글.

14   충남대학교 아시아여론연구소. 2021. "한국사회과학조사(KAMOS)."
http://cnukamos.com/kor/sub1/menu_1.php (검색일: 2022.04.30.)

15   문주영. 2021. "코로나 이후 '중증 우울' 29%로 3배 늘어…"정부, 취약계층 등 국민 심리 방역 나서야"." 〈경향신문〉. 2021년 5월 13일. https://www.khan.co.kr/people/people-general/article/202105132156015 (검색일: 2022.04.30.)

16 위의 글.

17 최승호. 2021. "[외국정책사례] 독일의 코로나 블루와 심리방역." 〈월간 공공정책〉 186. pp.66–69.

18 European Commission. 2019. "Stopping online disinformation: six ways you can help." July 9, 2019. https://medium.com/@EuropeanCommission/stopping-online-disinformation-six-ways-you-can-help-d25489724d45 (검색일: 2022.04.30.)

19 Falci, C., and C. McNeely. 2009. "Too many friends: Social integration, network cohesion and adolescent depressive symptoms." *Social Forces* 87(4). pp.2031–2061.

20 이민아. 2013. "사회적 연결망의 크기와 우울." 〈한국사회학〉 47(4). pp.171–200.

21 Portes, A. 1998. "Social capital: Its origins and applications in modern sociology." *Annual Review of Sociology* 24(1). pp.1–24.

7장   코로나-19로 앞당겨진 노동의 미래

1 모리오카 고지. 2017. 〈고용 신분 사회(원제: 雇用身分社會)〉. 서울: 갈라파고스.

2 Reich, Robert. 2021. "Covid-19 pandemic shines a light on a new kind of class divide and its inequalities." The Guardian. April 26, 2021.
https://www.theguardian.com/commentisfree/2020/apr/25/covid-19-pandemic-shines-a-light-on-a-new-kind-of-class-divide-and-its-inequalities (검색일: 2022.04.11.)

3 OECD. 2021. "5 charts that explain how COVID-19 has affected employment in OECD countries." September 27, 2021.
https://www.weforum.org/agenda/2021/09/oecd-employment-outlook-covid-19/ (검색일: 2022.03.28.)

4 위의 글.

5 이진원. 2021. "코로나19 이후 노동환경의 미래." 〈포브스 코리아〉 2021년 04호.
https://jmagazine.joins.com/forbes/view/333522 (검색일: 2022.03.28.); McKinsey Global Institute. 2021. "The Future of Work after COVID-19." February 18, 2021. https://www.mckinsey.com/featured-insights/future-of-work/the-future-of-work-after-covid-19 (검색일: 2022.04.13.)

6 Frey, C. and M. Osborne. 2013. "The Future of Employment: How Susceptible are Jobs to Computerisation?" *Oxford Martin School Working Paper*. September 1, 2013; OECD. 2016. "Automation and Independent Work in a Digital Economy." Policy Brief on the Future of Work. May 2016. https://www.oecd.org/els/emp/policy%20brief%20-%20automation%20and%20independent%20work%20in%20a%20digital%20economy.pdf (검색일: 2022.03.28.)

7 Manyika, J., M. Chui, M. Miremadi, J. Bughin, K. George, P. Willmott, and M. Dewhurst. 2017. "Harnessing Automation for a Future that Works." McKinsey Global Institute Report. January 12, 2017. https://www.mckinsey.com/featured-insights/digital-disruption/harnessing-automation-for-a-future-that-works (검색일: 2022.05.02.)

8 고용노동부. 2021. "2021~2028 중장기 인력수급전망." 2019년 12월 17일. https://eiec.kdi.re.kr/

policy/materialView.do?num=195783 (검색일: 2022.05.02.)

9   Marcolin, L., S. Miroudot and M. Squicciarini. 2016. "Routine jobs, employment and technological innovation in global value chains." *OECD Science, Technology and Industry Working Papers* 2016/01. Paris: OECD Publishing.

10   고용노동부. 2018. "궁금함이 쏙쏙 풀리는 유연근무제 Q&A". http://www.moel.go.kr/news/enews/report/enewsView.do?news_seq=8549 (검색일: 2022.05.02.)

11   김승남 · 주종웅. 2014. "원격근무의 정의, 현황, 그리고 전망." 〈정보화정책〉 21(2). pp.89–110.

12   이희성. 2011. "원격근무와 근로자보호." 〈한양법학〉 22(4). pp.51–76.

13   통계청. 2022. "경제활동인구조사-연령별 유연근무제 활용현황." https://kosis.kr/statHtml/statHtml.do?orgId=101&tblId=DT_1DE7105S&vw_cd=MT_ZTITLE&list_id=101_B1A&seqNo=&lang_mode=ko&language=kor&obj_var_id=&itm_id=&conn_path=MT_ZTITLE (검색일: 2022.04.30.)

14   고용노동부. 2021. [재택근무 우수기업 따라잡기] "with 코로나 시대? with 재택근무가 답이죠!" https://www.moel.go.kr/local/daeguseobu/common/downloadFile.do?file_seq=20220100516&bbs_seq=20220100335&bbs_id=LOCAL1 (검색일: 2022.04.30.)

15   김성진. 2020. "[이슈&진단] 코로나19 시대 언택트 서비스 확대 가속화…중점 육성 분야 1순위 '원격의료'." 경기연구원. 2020년 5월 21일. https://www.gri.re.kr/web/contents/media01.do?schM=view&id=31681 (검색일: 2022.04.30.)

16   OECD Family Database. "The labour market position of families (LMF)." https://www.oecd.org/els/family/database.htm (검색일: 2022.04.30.)

17   백일현. 2021. "출퇴근 시간에 집안일…직장인 90% "코로나 끝나도 재택 원해"." 〈중앙일보〉. 2021년 9월 21일. https://www.joongang.co.kr/article/25006369#home (검색일: 2022.05.01.)

18   Harvard Business School Online. 2021. "Most Professionals Excelled While Working from Home." https://online.hbs.edu/Documents/work_from_home_infographic.pdf (검색일 : 2022.5.1.).

19   Thomas, Maura. 2021. "Improving Work–Life Balance: Is There Such A Thing As Business Hours Anymore?" Forbes. March 29. 2021. https://www.forbes.com/sites/maurathomas/2021/03/29/improving-work-life-balance-is-there-such-a-thing-as-business-hours-anymore/?sh=456c80972e69 (검색일: 2022.05.01.)

20   구본권. 2020. "재택근무가 알려준 '비효율성의 가치'." 〈한국인터넷자율정책기구(KISO) 저널〉 39. pp.26–29.

21   최영훈 · 김두현 · 신영진. 2020. "ICT기반 원격근무체계의 진단과 개선방안에 관한 연구." 〈융합사회와 공공정책〉 14(2). pp.33–74.

22   이동욱. 2021. "재택근무에 따른 코로나19로 인한 삶의 영향과 감정." 2021년 한국노동패널 학술대회 발표문.

23   이승윤 · 백승호 · 남재욱. 2020. "한국 플랫폼노동시장의 노동과정과 사회보장제의 부정합." 〈산업노동연구〉 26(2). pp.77–135; 장지연. 2020. "플랫폼노동자의 규모와 특징." 〈고용 · 노동브리프〉 104. pp.1–7; 한인상 · 신동윤. 2019. "플랫폼노동의 주요 현황과 향후과제." 〈NARS현안분석〉 76. pp.1–16.

24 박재성. 2016. "플랫폼 노동 혹은 크라우드 워크." 〈국제노동브리프〉 2016년 8월호. pp.3-6.

25 정흥준. 2019. "플랫폼 노동에 대한 전반적인 이해를 위하여." 〈경제사회노동위원회 사회적 대화〉 12. pp.42-47.

26 이승윤 · 백승호 · 남재욱. 앞의 글.

27 KBS. 2020. "다큐 인사이트: 별점인생." (방영일: 2020.04.30.)

28 고용노동부. 2021. "[보도자료] 2021년 플랫폼 종사자, 취업자의 8.5%인 220만 명." 2021년 11월 18일. https://www.moel.go.kr/news/enews/report/enewsView.do?news_seq=12928 (검색일: 2022.05.01.)

29 권오성. 2021. "플랫폼 노동자의 근로자성." 〈노동법포럼〉 32. pp.1-23.

30 이철. 2015. "표준고용관계의 쇠퇴에 대한 새로운 접근이 필요하다!" 〈동향과 이슈〉 2015-6. pp.1-9.

31 서울특별시. 2021. "[보도자료] 서울시, 전국 최초 '간병인 표준근로계약서' 개발…업무범위 · 임금조건 명확화." 2021년 8월 23일. https://www.seoul.go.kr/news/news_report.do#view/345761 (검색일: 2022.05.01.)

32 고용노동부. 2019. "[정책브리핑] 전속성 기준 충족 배달라이더, 보험 가입여부 관계없이 산재보상 대상." 2019년 11월 27일. https://www.korea.kr/news/actuallyView.do?newsId=148866947 (검색일: 2022.05.02.)

33 이승윤 · 백승호 · 남재욱. 앞의 글.

34 최영준 · 최정은 · 유정민. 2018. "기술혁명과 미래 복지국가 개혁의 논점: 다시 사회투자와 사회보호로." 〈한국사회정책〉 25(1). pp.3-43.

35 ILO. 2021. "ILO Monitor: COVID-19 and the world of work(8th edition)." October 27, 2021. https://www.ilo.org/wcmsp5/groups/public/---dgreports/---dcomm/documents/briefingnote/wcms_824092.pdf (검색일: 2022.05.02.)

36 김현경 · 김기태. 2020. "유연안정성 모델 국가들의 코로나19 대응 노동정책: 덴마크와 네덜란드." 〈국제사회보장리뷰〉 13. pp.36-46.

37 오민용. 2020. "존 피니스(John Finnis)의 웰빙(well-being)이론에 관한 연구." 〈법철학연구〉 23(1). pp.109-166; 조용기 · 김승남. 2019. "웰빙(Well-being)에 대한 인문학적 접근." 〈한국엔터테인먼트산업학회논문지〉 13(7). pp.321-346.

38 헬레나 노르베리-호지 저. 양희승 역. 2015. 〈오래된 미래: 라다크로부터 배우다〉. 서울: 중앙북스.

8장 온택트 시대의 경제 양극화

1 강은영. 2020. "에르메스, 까르띠에도 '공홈' 오픈." 〈한국일보〉. 2020년 5월 29일. https://www.hankookilbo.com/News/Read/202005281725075823 (검색일: 2022.04.30.)

2 김은성. 2021. ""샤넬 · 구찌 · 피아제도 온라인으로" 명품 품은 이커머스." 〈경향신문〉. 2021년 8월 18일. https://www.khan.co.kr/economy/economy-general/article/202108181600011 (검색일: 2022.04.30.)

3 이민경 · 김성규. 2022. "2021년 12월 및 연간 온라인쇼핑동향." 통계청 보도자료. 2022년 2월

3일.

https://kostat.go.kr/portal/korea/kor_nw/1/12/1/index.board?bmode=download&bSeq=&aSeq=416587&ord=1 (검색일: 2022.04.30.)

4   김은빈. 2021. "샤넬, 한국서 작년에만 9300억 팔았다…첫실적 공개." 〈중앙일보〉. 2021년 4월 14일.

https://www.joongang.co.kr/article/24035295#home (검색일: 2022.04.30.)

5   조미덥. 2021. "백화점 로레알·샤넬·시세이도 판매직원들이 추석 연휴에 파업하는 이유는." 〈경향신문〉. 2021년 9월 18일.

https://www.khan.co.kr/national/labor/article/202109181643001 (검색일: 2022.04.30.)

6   KDI 경제정보센터. 2013. "명목과 실질 사이." 참조

https://eiec.kdi.re.kr/material/clickView.do?click_yymm=201303&cidx=1936

7   한국은행. 2021. "2020년 4/4분기 및 연간 실질 국내총생산(속보)." 국민소득통계 보도자료. 2021년 1월 26일.

https://www.bok.or.kr/portal/bbs/P0000559/view.do?nttId=10062593&menuNo=200690 (검색일: 2022.04.30.)

8   문새하. 2020. "포스트코로나 시대 언택트 소비로 인한 소매공간 수요변화와 시사점." 〈국토연구원 워킹페이퍼〉 WP20-14.

9   장지우·김승인. 2019. "이커머스의 신선식품 배송을 위한 패키지 디자인 사례연구—국내외 사례를 중심으로—." 〈한국융합학회논문지〉 10(7). pp.115-120.

10   황지영. 2020. "코로나가 촉발한 언택트 소비트렌드와 미래전망." 〈Future Horizon+〉 46(3·4). pp.28-35.

https://www.khan.co.kr/national/labor/article/202109181643001 (검색일: 2022.04.30.)

11   유통업체별 매출 변화에 따르면 2020년 전체 매출 증가율은 5.5%로 나타났다. 산업통상자원부. 2021. "2020년 주요 유통업체 매출 전년 대비 5.5% 증가." 2021년 1월 28일 보도자료.

https://www.motie.go.kr/motie/ne/presse/press2/bbs/bbsView.do?bbs_cd_n=81&bbs_seq_n=163757 (검색일: 2022.04.30.)

12   산업통상자원부. 2020. "2020년 주요 유통업체 매출 동향."

https://www.motie.go.kr/common/download.do?fid=bbs&bbs_cd_n=81&bbs_seq_n=163757&file_seq_n=1 (검색일: 2022.04.30.)

13   산업통상자원부(위의 자료)에 따르면 2020년 온라인 매출의 경우 가전/전자(21.2%), 도서/문구(30%), 패션의류(2.2%), 스포츠(8.9%), 화장품(16%), 아동/유아(13.3%), 식품(51.5%), 생활/가구(25.3%), 서비스/기타(-11.9%) 증감한 것으로 나타났다. (검색일: 2022.04.30.)

14   서울포커스 기자. 2022. "서울시, 공정경쟁과 소비자 만족도 제고를 위한 2021년 인터넷 쇼핑몰 평가 결과 발표." 〈서울포커스신문〉. 2022년 3월 15일.

http://www.seoulfocus.kr/news/articleView.html?idxno=111386 (검색일: 2022.04.30.)

15   한현수·임동수·강태욱. 2022. "옴니채널의 상대적 이점에 기여하는 채널 통합 요인 탐색." 〈기술혁신학회지〉 25(2). pp.227-246.

16   이소아. 2022. "올해 상장 청신호? CJ올리브영 매출 2조원 찍고 역대 최대." 〈중앙일보〉. 2022년 3월 24일.

https://www.joongang.co.kr/article/25057914#home (검색일: 2022.04.30.)

17   박종관. 2021. "남들 철수할 때… 올리브영 '옴니채널'로 대박." 〈한국경제신문〉. 2021년 12월 6일.
      https://www.hankyung.com/economy/article/2021120690371 (검색일: 2022.04.30.)

18   김병수 · 김대길. 2022. "옴니 채널에서 오프라인 채널과 모바일 채널의 서비스 경험이 브랜드 충
      성도에 미치는 영향: 커피전문점을 중심으로." 〈지식경영연구〉 23(2). pp.69-88.

19   김정아 · 김판수 · 박성민. 2021. "O2O 서비스 품질이 고객의 서비스 만족과 충성도에 미치는 영
      향." 〈고객만족경영연구〉 23(3). pp.21-47.

20   과학기술정보통신부. 2021. "2020년 O2O 서비스 산업 조사."
      https://eiec.kdi.re.kr/policy/callDownload.do?num=212604&filenum=1&dti
      me=20210408222657 (검색일: 2022.04.30.)

21   International Labour Organization. 2020. "ILO Monitor: COVID-19 and the world of work.
      Sixth edition." September 23, 2020.
       https://www.ilo.org/wcmsp5/groups/public/----dgreports/----dcomm/documents/
      briefingnote/wcms_755910.pdf (검색일: 2022.04.30.)

22   고용보험. 2022. "고용보험 통계연보-2020년." 2022년 1월 14일.
      http://www.keis.or.kr/common/proc/main/bbs/302/fileDownLoad/47900.do (검색일:
      2022.04.30.)

23   오삼일 · 송효진 · 이종하. 2021. "코로나19 이후 고용재조정 및 거시경제적 영향." 〈한국은행 BOK
      이슈노트〉 제2021-31호.
      https://www.bok.or.kr/portal/bbs/P0002353/view.do?nttId=10068128&menuNo=200433
      (검색일: 2022.04.30.)

24   정성광 · 차경천. 2020. "1인 가구의 쇼루밍 이용 속성, 쇼루밍 태도와 지속적 쇼루밍 의도의 관계."
      〈마케팅연구〉 35(3). pp.69-89

25   앞의 글.

26   유광길. 2021. "골프용품 소비자의 쇼루밍 이용 속성, 쇼루밍 태도 및 지속적 쇼루밍 의도의 구조관
      계." 〈한국체육과학회지〉 30(4). pp.407-420.

27   안경무. 2021. "계속되는 감원 칼바람.. 오프라인 유통 빅3 구조조정 규모 2배 늘었다." 〈이투데이〉
      2021년 10월 17일.
      https://www.etoday.co.kr/news/view/2069452 (검색일: 2022.04.30.)

28   남주현. 2021. ""하루에 1개 꼴 오픈" 편의점에 부는 무인화 바람." 〈이투데이〉. 2021년 5월 8일.
      https://www.etoday.co.kr/news/view/2019613 (검색일: 2022.04.30.)

29   박가열 · 천영민 · 홍성민 · 송양수. 2016. 〈기술변화에 따른 일자리 영향 연구〉. 음성: 한국고용정보
      원.

30   급여총액은 주식보상, 보험비, 세금 등을 포함한 것이다.

31   염미선. 2015. "합리적 행동이론을 적용한 소비자 쇼루밍 행동의 이해." 〈유통연구〉 20(4). pp.79-
      103.

32   샤넬코리아와 전국백화점면세점판매서비스노동조합 소속 샤넬코리아 지부는 2021년 12월 협상을
      타결하고 총파업을 철회하였다. 노사 양측은 4%대 임금 인상과 법정 유급 휴일 보장 등에 합의한
      것으로 전해졌다.

33   김남주. 2015. "중숙련(middle-skill) 일자리 감소가 고용 없는 경기 회복에 미치는 영향에 관한 연
      구." 〈노동경제논집〉 38(3). pp.53-95.

34 신기윤 · 여영준 · 이정동. 2020. "디지털 전환에 따른 경제 및 노동시장 파급효과: 산업연관 및 사회계정행렬 분석을 중심으로." 〈한국혁신학회지〉 15(3). pp.1-28.

35 오삼일 · 송효진 · 이종하. 앞의 글.

36 여영준. 2022. "디지털전환 시나리오별 한국 경제사회의 중장기 변화 전망과 시사점" 〈국가미래전략 Insight〉 제42호. 2022년 4월 4일.
https://www.nafi.re.kr/new/report.do?mode=view&articleNo=3293 (검색일: 2022.10.30.)

37 포용적 성장이란 양적인 경제 성장 중심의 성장 정책에서 벗어나 사회 구성원의 삶의 질 향상, 사회의 다양한 불평등 문제 해소, 계층 간 형평성 있는 분배 등의 목표를 함께 추구하는 개념이다.

9장 나도 살고 지구도 살 수 있을까—팬데믹 한가운데서 친환경을 외치다

1 김민정. 2021. "코로나19와 환경." 송민 편. 〈소셜헬스와 코로나19 이후의 우리 사회〉. 서울: 연세대학교 대학출판문화원; Weber, E. U. 1998. "Perception and expectation of climate change: Precondition for economic and technological adaptation." In M. Bazerman, A. Tenbrunsel, and D. M. Messick, eds. *Environment, Ethics, and Behavior: The Psychology of Environmental Valuation and Degradation.* San Francisco: Jossey–Bass; Whitmarsh, L. 2011. "Scepticism and uncertainty about climate change: Dimensions, determinants and change over time." *Global Environmental Change* 21(2). pp.690–700.

2 Mohommad, A. and E. Pugacheva. 2022. "Impact of COVID–19 on Attitudes to Climate Change and Support for Climate Policies." *International Monetary Fund Working Paper* No. 2022/023.

3 Mastercard. 2021. "How the COVID–19 Pandemic has Impacted Consumer Attitudes About the Environment."
https://www.mastercard.com/news/media/qdvnaedh/consumer–attitudes–to–the–environment–2021.pdf (검색일: 2022.04.30.)

4 Kerber, R. and S. Jessop. 2021. "Analysis: How 2021 became the year of ESG investing." Reuters. December 24, 2021.
https://www.reuters.com/markets/us/how–2021–became–year–esg–investing–2021–12–23/ (검색일: 2022.04.30.)

5 Mastercard. 앞의 글.

6 Mohommad, A., and E. Pugacheva. 앞의 글.

7 J. P. Morgan. 2020. "Why COVID–19 Could Prove to Be a Major Turning Point for ESG Investing." J. P. Morgan Research Report.
https://www.jpmorgan.com/insights/research/covid–19–esg–investing (검색일: 2022.04.30.)

8 Moran, Michael. 2021. "COVID–19 Made Sustainable Investments Go Viral." Foreign Policy. March 21, 2021.
https://foreignpolicy.com/2021/03/31/covid–19–made–sustainable–investments–go–viral/

(검색일: 2022.04.30.)

9   United Nations. 1992. "Chapter 4: Changing consumption patterns." Agenda 21: United Nations Conference on Environment and Development at Rio de Janeiro, Brazil, 3 to 14 June 1992, New York: United Nations Department of Public Information.

10   이정전. 2013. "기후변화 문제에 대한 다양한 시각과 연구과제." 〈환경논총〉 52. pp.5–18; United Nations. 위의 글.

11   United Nations. 위의 글.

12   UNEP. 2010. "ABC of SCP: Clarifying Concepts on Sustainable Consumption and Production." https://sustainabledevelopment.un.org/content/documents/945ABC_ENGLISH.pdf (검색일: 2022.04.30.)

13   United Nations. 앞의 글.

14   위의 글.

15   Alfredsson, E. C. 2004. ""Green" consumption–no solution for climate change." Energy 29(4). pp.513–524.

16   위의 글.

17   위의 글.

18   Fink, Larry. 2020. "BlackRock CEO 연례서한: 금융업의 근본적 변화." https://www.blackrock.com/kr/larry-fink-ceo-letter# (검색일: 2022.04.30.)

19   전국경제인연합회 K–ESG 얼라이언스. 2021. "2021 ⓚ기업 ESG 백서 – 110개 사 분야별 ESG 경영 모범사례." 2021년 12월. http://www.esgtomorrow.co.kr/supload/2021%20K%20ESG%20%EB%B0%B1%EC%84%9C(%EC%B5%9C%EC%A2%85),pdfinfo156_1.pdf; 한상범 · 권세훈임 · 상균. 2021. 〈글로벌 ESG 동향 및 국가의 전략적 역할〉. 세종: 대외경제정책연구원; Iskow, Julie. "ESG Is Here And There's No Turning Back." Forbes. January 11, 2022. https://www.forbes.com/sites/forbestechcouncil/2022/01/11/esg-is-here-and-theres-no-turning-back/?sh=639684574a17 (검색일: 2022.04.30.)

20   양주영 · 임소영 · 김정현. 2021. 〈산업연구원 ISSUE PAPER: 탄소국경조정에 대한 주요국의 입장과 국내 무역 경쟁력 변화〉. 세종: 산업연구원.

21   Gerber, M. S., Scott C. Hopkins, Kenton J. King, Greg Norman, Simon Toms, Helena J. Derbyshire, Adam M. Howard, Patrick Tsitsaros, Rodolfo Araujo, Helen Nowicka, Charles Palmer, Kosmas Papadopoulos, and Martin Porter. 2020. "The New Normal: ESG Drivers and the COVID-19 Catalyst." Skadden. November 12, 2020. https://www.skadden.com/insights/publications/2020/11/the-new-normal (검색일: 2022.04.30.)

22   Competition and Markets Authority. 2021. "Global sweep finds 40% of firms' green claims could be misleading." Press Release from United Kingdom Government. January 28, 2021. https://www.gov.uk/government/news/global-sweep-finds-40-of-firms-green-claims-could-be-misleading (검색일: 2022.04.30.)

23   Krull, Peter. 2022. "ESG Investing Is Not Sustainable Investing." Forbes. January 4, 2022.

언박싱 코로나

https://www.forbes.com/sites/peterkrull/2022/01/04/esg-investing-is-not-sustainable-investing/?sh=2339f9d6271b (검색일: 2022.04.30.)

24 홍지연. 2022. "글로벌 그린워싱(Greenwashing) 사례 및 규제 강화." 〈자본시장포커스〉 2022-03호. pp.1–5.

25 위의 글.

26 TerraChoice. 2010. "The Sins of Greenwashing: Home and Family Edition." https://www.twosides.info/wp-content/uploads/2018/05/Terrachoice_The_Sins_of_Greenwashing_-_Home_and_Family_Edition_2010.pdf (검색일: 2022.04.30.)

27 전국경제인연합회. 2022. "300대 기업 2022 ESG 사업 키워드: 매출 300대 기업, 올해 ESG 사업 더 키운다." 전국경제인연합회 보도자료. 2022년 2월 9일.

28 환경부. 2021. "한국형 녹색분류체계 제시…녹색금융 활성화 기대." 환경부 보도자료. 2021년 12월 30일.
    http://me.go.kr/home/web/board/read.do;jsessionid=+3qSFe6ztmvkOlOoYilWhus8.me home1?pagerOffset=10&maxPageItems=10&maxIndexPages=10&searchKey=&searchValue=&menuId=10525&orgCd=&boardId=1498700&boardMasterId=1&boardCategoryId=&decorator= (검색일: 2022.04.30.)

29 한국거래소. 2021. 〈ESG 정보 공개 가이던스〉. 서울: 한국거래소(KRX).

30 이세현. 2022. "'탈탄소 기조 맞춰라'…철강업계 탄소감축 준비 박차." 〈뉴스1〉. 2022년 3월 13일. https://www.news1.kr/articles/?4611426 (검색일: 2022.04.30.)

31 강기헌 · 김경미. 2021. "산업계, "NDC 40% 불가능…이상 아닌 현실적 목표 수립해야"." 〈중앙일보〉. 2021년 10월 8일.
    https://www.joongang.co.kr/article/25013374 (검색일: 2022.04.30.)

32 전국경제인연합회. 앞의 글.

33 전국경제인연합회. 2021. "ESG 관련 제21대 국회 계류법안 현황: 97개 계류법안 244개 조항 중 규제 · 처벌이 지원의 약 11배." 전국경제인연합회 보도자료. 2021년 9월 6일. http://m.fki.or.kr/bbs/bbs_view.asp?cate=news&content_id=308e5e85–6b5b–470b–b910–d7e4e1bd724b (검색일: 2022.04.30.)

34 〈법률 제18469호: 기후위기 대응을 위한 탄소중립 · 녹색성장 기본법〉 2021년 9월 24일.

35 United Nations. 앞의 글.

36 이정전. 앞의 글.

37 United Nations. 앞의 글.

38 이정전. 앞의 글.

39 United Nations. 앞의 글.

언박싱
코로나

1판 1쇄 발행 2023년 2월 20일

지은이 연세대학교 디지털사회과학센터
펴낸이 최용범

편집 이자연, 예진수
디자인 김규림
관리 이영희
인쇄 ㈜다온피앤피

펴낸곳 페이퍼로드 paperroad
출판등록 제10-2427호(2002년 8월 7일)
주소 서울시 동작구 보라매로5가길 7 1322호

이메일 book@paperroad.net
페이스북 www.facebook.com/paperroadbook
전화 (02)326-0328
팩스 (02)335-0334

ISBN 979-11-92376-21-9 03300